湖南出土簡牘とその社会

伊藤敏雄
窪添慶文
關尾史郎　編

汲古書院　刊

湖南出土簡牘とその社会　目次

第二部　社　会 93

まえがき

窪添慶文

本書は、二〇〇八〜二〇一一年度日本学術振興会科学研究費補助金・基盤研究（A）（一般）により行なった共同研究「出土資料群のデータベース化とそれを用いた中国古代史上の基層社会に関する多面的分析」（研究代表者：關尾史郎／課題番号：二〇二四二〇一九　「南北科研」と略称）の研究成果をまとめたものである。ただし、それは、これより以前から継続して行なっていた共同研究の延長線上に位置するものである。ゆえにそのことについて述べる必要があり、もって「まえがき」に代えたい。

一九七〇年代から陸続と出土あるいは出現する簡牘が戦国・秦漢史を大きく変えつつあることは言を俟たない。それを目にしつつ出土資料の少なさを嘆いていた魏晋南北朝史研究者にとって、一九九六年に出土し、『文物』一九九九年第五期に発掘報告が掲載された長沙走馬楼呉簡は大きな朗報であった。しかも点数は十万余点という（後に約十四万点と判明）。そして關尾史郎氏の呼びかけで長沙呉簡研究会が立ち上がり、第一回の研究会が始まったのが一九九九年十月、非常に早い反応であったと言えよう。

爾来十五年、メンバーに出入はあるが研究会活動は継続して行なわれ、現在に至っている。その活動の特色は以下のようにまとめられよう。

まず第一に、研究会例会の開催の回数の多さがある。近年はやや減少したが、当初は一ヶ月に一度のペースで集まり、別に合宿をもったこともある。会場は東京都内であるが、参加者は京阪神、北陸からそれぞれ複数、一時は九州、東北からも集まった。

第二に共同作業が挙げられる。研究会では呉簡のもつ特性から、データベース作成が必要であるとの認識をもち、『長沙走馬楼三国呉簡』が刊行されるごとに参加者が共同してその作成作業に取り組み、完成するとそれを各自に配布している。それらデータベースは各人の研究遂行に大いに役立つとともに、研究会開催時にも適宜利用されることになる。なお本データベースについては、『長沙走馬楼三国呉簡』の全巻完結にあわせて、公開したいと考えている。

第三に研究成果の公表の少なくないことがある。『長沙呉簡研究報告』は二〇〇一年の第一集を皮切りに第三集（二〇〇七年）まで刊行し、続いて南北科研の年次報告集として『長沙呉簡研究報告　特刊』を二〇〇八年度、二〇〇九年度、二〇一〇年度と続けて刊行した。またデータベース作成の直接の成果として、『嘉禾吏民田家莂数値一覧（Ⅰ）』（二〇〇五年）・『同（Ⅱ）』（二〇〇七年）・『「長沙走馬楼出土呉簡に関する比較史料学的研究とそのデータベース化」研究成果報告書』（二〇〇七年）を出している。このほか、研究会のメンバーが各種の媒体に発表した関係論文は数多い。

第四に国際的な研究協力が得られたことを挙げることができる。科研費が得られるようになると、海外の研究者をメンバーに加えることがどの科研の場合も見られるが、本研究会はそれ以前から積極的に海外の研究者に連携を求めてきた。北京呉簡研討班の会合には留学した我が研究会のメンバーの参加が認められていたのであり、またこれは研究協力というよりは、宋少華氏のご厚意によるが、二〇〇一年には当時長沙市博物館に寄寓していた長沙市文物考古研究所の作業室で行なわれていた呉簡の整理作業の見学を許されている。科研費によって、北京呉簡研討班とは二〇〇五年に学術討論会を北京大学で行ない、翌年には他の方をも交えて東京で国際シンポジウムを開催した。二〇〇九年にも東京で国際ワークショップを開いている。さらに二〇一一年には、現地長沙で、長沙呉簡研討班や北京呉簡研討班などと共催で学術討論会を開催した。以上に述べた以外の個別の研究協力という点でも数多くの研究者がおられるが、特には、王素・羅新・朴漢済氏のお名前を記して感謝の意を表したい。

最後に挙げることになるが、実は最も重要な特色と私が考えるのは、研究会の重視してきた研究方法である。呉簡研究のみならず簡牘研究は、釈文と写真をもとに遂行することが中心となる。実際に簡牘を目視して確認することは、種々の事情がありかなり困難である。しかし公開された写真は不鮮明である場合が少なくないし、釈文が絶対に正しいかと言えば、必ずしもそうではない。確認することが必要な場合が往々にして生じる。この観点から研究会では、事前に点検する必要のある簡牘を選び出してそのリストを提出し、それら一点一点について長沙市文物考古研究所、新たに長沙簡牘博物館が完成して以後は同博物館において、計測、自ら持ち込んだカメラでの撮影、赤外線付き拡大鏡による釈文の妥当性の検討、簡牘に付された記号や編綴痕の確認、莂の側面の検討などの作業を行なった。それによって判明したことは非常に多いとは言えないまでも、新たな発見は少なくなかったし、それは研究に反映されている。できれば研究で取り上げたすべての簡牘に同様の作業を行ないたかったところであるが、それは時間的にも不可能である。ただこの研究姿勢をもち続けることの必要性は、あらためて確認しておきたい。

以上のような特色のもと進められてきた研究の現段階の地平を示すのが本書である。残念ながら呉簡の全容はまだ明らかでない。今後公刊される竹簡部分の内容によっては、本書の叙述に変更を必要とする状況が起こる可能性もある。しかし、当初の分からないことばかりと言ってもよいような状態は遠く去り、数多くの研究者の努力により呉簡研究は精緻の度を高めてきた。それは本書を一読すれば了解していただけるであろう。今後も精度の向上と新たな問題の解明に向けて、研究を進めて行くことが求められるのであり、我々はそれを行なう所存である。そのためにも、本書に対する忌憚ない批判を願うものである。

研究会の当初からのメンバーであり、科研の研究協力者でもあった森本淳氏（中央学院大学講師）が二〇〇九年に、研究分担者であった鶴田一雄氏（新潟大学教授）が二〇一三年に、お二方とも急逝された。お達者でおられたら、本書の構成はまた別のものとなったであろうと思うと残念でならない。ただお叱りを受けることはないと信じたい。

凡例

一　本書で用いる漢字は、引用史料ならびにその訓読、および引用史料の抜粋などについては原則として正字とし、それ以外の部分については常用漢字とした。ただし簡牘史料については、可能な限り原文を忠実に表記するようにつとめた。

二　簡牘史料の釈文は、大型図録本である『長沙走馬楼三国呉簡』などの釈文に依拠したが、実見調査の結果などをふまえ、修正した箇所が少なくない。また釈文で用いる記号を用いる場合も大型図録本のそれを踏襲しているが、「☑」や「□」などの使用の可否は、各著者の判断に委ねた。

三　簡牘史料の整理番号は、それぞれの出典である大型図録本などの史料集や報告書のそれに従っている。『長沙走馬楼三国呉簡』の場合、吏民田家莂については、嘉禾四年莂を「四・」で、同五年莂を「五・」で示した。竹簡については、巻数を大字で示した。また『長沙東牌楼東漢簡牘』の場合は、釈文の通し番号（整理号＝図版号）と、遺物としての整理番号（標本号）とを併記した。

四　史料集や報告書などのほか、参考文献についても、本文・註には略号で示した。詳細については、巻末に掲げたリストを参照されたい。

湖南出土簡牘とその社会

総説

關尾史郎

本書は、「まえがき」にあるように、二〇〇八～二〇一一年度日本学術振興会科学研究費補助金・基盤研究（A）「出土資料群のデータベース化とそれを用いた中国古代史上の基層社会に関する多面的分析」（研究代表者：關尾／課題番号：二〇二四二〇一九）による研究成果を一書に編んだものである。この科研は、南北科研という通称にも示されているように、長沙市走馬楼の井窖から出土した三国・呉の時代の簡牘（以下、「長沙呉簡」）をはじめ、湖南省各地で出土した後漢～魏（呉）晋時代の簡牘を対象とした西南班と、河西をはじめとする西北地域で出土した魏晋・五胡十六国時代の鎮墓瓶や画像磚などを対象とした西北班から構成されたので、本書に収録されたのはこのうち前者の成果ということになる。

一九九六年に出土した長沙呉簡の史料的な意義については、あらためてくりかえす必要はないと思うが、一〇万点以上とも言われる簡牘は、当時この地に置かれていた長沙郡臨湘侯国の行政のメカニズムやそのもとにあった地域社会の諸相をあますところなく伝える一級の一次史料群である。またこれは、里耶秦簡をはじめとして湖南省各地から出土した簡牘にも共通することだが、居延や敦煌など西北地域出土の簡牘にはあまり例のない、木牘や長さ二尺以上の大木簡、さらには竹牘などが少なからず含まれている。任意の研究組織である長沙呉簡研究会の成果の上に、二〇〇四〜二〇〇六年度日本学術振興会科学研究費補助金・基盤研究（B）「長沙走馬楼出土呉簡に関する比較史料学的研究とそのデータベース化」（研究代表者：關尾／課題番号：一六三二〇〇九六）、通称呉簡科研を発足させて、長沙呉簡の研究とデータベースの作成に取り組んだのも、それゆえである。しかしながら、比較対照すべき同時代の史料群をほとんど欠いていたこと、大型図録本『長沙走馬楼三国呉簡』の刊行が遅延気味だったことなどもあり、その分析の困難さは、想像を大きく上回るものであった。

　ところが、その後、呉簡科研がまさにスタートした二〇〇四年に、走馬楼に隣接する東牌楼の井窖から後漢時代の簡牘すなわち東牌楼漢簡が出土し［長文二〇〇五］、さらにこれと前後して湖南省南端の郴州市蘇仙橋の井窖からは、呉と西晋の簡牘が出土するに至った［湖文他二〇〇五］［湖文他二〇〇九］。郴州呉簡・郴州晋簡である。* 総数は九〇〇枚以上と言われている郴州晋簡はまだ一部が公開されているだけだが、長沙からは長沙呉簡の直前の時代の簡牘が、また郴州からは長沙呉簡と同時代ならびに直後の時代の簡牘がほぼ同時に出土したわけで、これにより長沙呉簡をとりまく研究環境は大きく変化したのである。そこで私たちは、呉簡科研の成果をふまえ、これら新出簡牘も視野に入れながら、あらためて基層社会の解明に取り組むことにした。これが南北科研である。本書はささやかではあるけれど、その成果ということになる。

　もっとも簡牘は一次史料であるとは言え、その分析を通じて直ちに基層社会の実像が浮かび上がってくるわけではない。これは、比較対照すべき史料群が増えても同じである。そもそも史料群としての長沙呉簡の性格自体についても、なお統一的な見解が定まってはおらず、個別の簡牘に対する分析も、史料群の性格を確定することを視野に入れながら同時に進める必要があった。また長沙呉簡が、少なくとも臨湘侯国にゆかりのある官文書や簿籍を中心とする史料群であってみれば、内容を読み解く前提として、それらに対する古文書学的な分析と、県に相当する臨湘侯国の文書行政システムの、可能な範囲での復元作業も不可欠と言えよう。その意味では、本書の成果は、なお試行錯誤の段階を脱していない。むしろ、試行錯誤そのものと言うべきかもしれない。

南北科研の四年間に公刊された図録本『長沙走馬楼三国呉簡』は、期間満了直前に公刊された竹簡肆だけであったが（二〇一一年十一月）、本書には、これとともに、期間満了後に刊行された竹簡柒（二〇一三年十二月）の内容が一部に反映されている。ただし現時点では、竹簡の伍や陸の公刊については、情報さえ届いておらず、未公開の簡牘が少なからず残されていることになる。また本書で言及されている簡牘は既発表のものだが、その全てに対して、形状観察・計測・釈読・撮影を骨子とする実見調査が完了しているわけでもない。このことはあらかじめお断わりしておかなければなるまい。その上で、各論について、収録の順番にしたがって簡単に紹介しておく。

第一部の「簡牘」には、簡牘の様式と形態（書体）に関する三篇を収録した。

髙村武幸「長沙東牌楼漢簡中の公文書と書信」は、唯一東牌楼漢簡を取り上げ、本来は書信に用いられていた語句が公文書にも用いられるとともに、かかる書信自体が公文書化することを指摘し、その要因について展望する。

伊藤敏雄「長沙呉簡中の「叩頭死罪白」文書木牘」は、髙村も注目した様式の文書を集め、その性格や機能について検討し、一枚に報告内容と侯相の判語を書き入れるため、木牘という形状が選択された可能性を指摘する。

王素・宋少華（石原遼平訳）「長沙呉簡書法研究序説」は、篆隷・草書・行書・楷書という書体ごとに呉簡中の文書と簿籍について解説を施す。湖南省各地で出土している全ての後漢・魏晋簡の書体にも関わる。なお本稿は、「長沙東呉簡牘書法特輯」と銘打たれた『中国書法』二〇一四年第五期に掲載された「長沙走馬楼呉簡書法綜論」を原文としている。紙幅の都合で一部省略してある。

第二部の「社会」には、簡牘により制度と社会について論じた五篇を収録した。

關尾史郎「簿籍の作成と管理からみた臨湘侯国――名籍類を中心として――」は、簿籍の作成と管理こそが地方官府の主要業務とする考えから、吏民簿をはじめとする名籍類の作成状況について検討する。

安部聡一郎「典田掾・勧農掾の職掌と郷――長沙呉簡中所見「戸品出銭」簡よりみる――」は、上行文書であると同時に、編綴されると簿籍にもなる表題の簡に見えている県吏の典田掾が、勧農掾とともに郷の支配や管理に重要な役割を果たしたことを説く。

谷口建速「長沙走馬楼呉簡にみえる佃客と限米」は、衣食客と佃客という二種類の客が、名籍である吏民簿で異なった方法で記載されていることから、その身分的な位置づけには大きな違いがあり、とくに後者は一般の良民であったことを明らかにする。

鷲尾祐子「分異の時期と家族構成の変化について――長沙呉簡による検討――」は、漢〜魏晋期の家族構成について、戸ごとの吏民簿を復元しながら、男性の成年化や結婚が必ずしも分異に直結するわけではなく、また多くの男性が終生分異しなかったことを述べる。

福原啓郎「長沙呉簡の傷病表記の特徴」は、やはり吏民簿に見える傷病表記に着目し、その様式により分類してそれぞれの傷病の本質に迫ると同時に、これらの表記と労役の免除との関係について明らかにする。

試行錯誤とは言え、これら八篇のうちには、長い研究史に見直しを迫るものも含まれている。忌憚のないご意見をいただければ幸いである。

なお南北科研のスタート後、二〇一〇年には、東牌楼の北側に隣接している五一広場の井窖で、一世紀末から二世紀初頭にかけての後漢簡が大量に出土した［長文二〇一三］。五一広場後漢簡である。また二〇一三年には、長沙市の西北に位置する益陽市は兔子山遺址の複数の井窖から、前後漢・呉の時代の簡牘が出土したというニュースに接した。**幸いにして、南北科研の後継プロジェクトとも言うべき、二〇一三〜二〇一六年度日本学術振興会科学研究費補助金・基盤研究（A）「新出簡牘資料による漢魏交替期の地域社会と地方行政システムに関する総合的研究」（研究代表者：關尾／課題番号二五二四四〇三三）が採択されたので、『長沙走馬楼三国呉簡』の続刊を俟ちつつ、これら新出簡牘も対象に含めた実証的・理論的な検討に着手したところである。いただいたご意見は、必ずやこの検討に反映されるであろう。

*　郴州呉簡の概要については、［關尾二〇〇八］を参照。

**「湖南益陽出土五〇〇〇簡牘　時間跨度従先秦到三国／兔子山遺址還蔵著多少秘密？」、全国哲学社会科学規画弁公室のＨＰ（二〇一三年七月二十三日）http://www. npopss-cn. gov. cn/BIG5/n/2013/0723/c219468-22288326. html

第一部　簡　　牘

長沙東牌楼漢簡中の公文書と書信

高村武幸

はじめに

敦煌・居延漢簡中には数多くの書信が含まれており、中には公務に関連する内容を持つものも少なくない。かつて筆者は先行研究の指摘を参考に[一]、公務に関連する内容の書信を考察し、これらが書信の簡便かつ非公式という性格を利用しつつ、実質的に公文書と同等の機能を発揮したと考え、これらを「公文書的書信」と仮称した［高村二〇〇九］。この中で長沙呉簡を引用して、前漢後半期から後漢、三国期に至るまでの変化についても簡単に触れ、長沙東牌楼後漢簡牘（以下、「東牌楼漢簡」と略記）について注記し、東牌楼漢簡中の書信類には、公文書的書信が含まれているのではないかとの見通しを示した。

そこで本稿では、東牌楼漢簡を題材として、前稿における見通しを再検討した上で、前漢後半期～後漢初の公文書的書信が後漢末に至ってどのような変遷を遂げたと考えられるのか、それはいわゆる公文書の変化とどのようなかかわりがあるのかを考察しておきたい。

なお行論の都合上、別稿での議論の結論ではあるが、公文書と書信の区別を、

（a）『公的権威もしくは権力の元に公的なものとして行なわれた』という形式をとる意思表明手段」が公文書

（b）『公的権威もしくは公的権力の元に公的なものとして行なわれたのではない』という形式をとる意思表明手
　　段」が書信

としておく［髙村二〇一二］。また、東牌楼漢簡は崩れた隷書や草書体で記された簡が多い——それは敦煌・居延漢簡など前漢後半期書信簡牘の特徴にも通ずる——ため釈読が困難で、テキストの釈文について訂正案が示されている［中村二〇〇七］［鄔二〇〇八］［研読班二〇〇八］。その多くは妥当なものだと思われるので、本稿ではテキスト釈文に各種訂正案を反映した釈文を用いた。テキストでは簡牘に個別の題名が付され、適宜分類もなされているが、題名は便宜的なものであり、また分類も従来用いられてきたものとかなり異なっており、本稿では簡牘に付された番号のみを示すこととする[二]。

一　東牌楼漢簡中の公文書

本節では、東牌楼漢簡中で公文書的書信を考える前提として、東牌楼漢簡中で公文書と考えられる事例を掲げる。先の定義に従った場合、東牌楼漢簡中で公文書と考えられる例としてまず以下の史料が挙げられる。

［1］光和六年九月己酉朔十日戊午監臨湘李永例督盗賊殷何叩頭死罪敢言之
中部督郵掾治書檄曰民大男李建自言大男精張精昔等母姃有田十三石前置三歳田税禾当為百二下石持喪葬皇宗
事以張昔今強奪取田八石比暁張昔不還田民自言辞如牒張昔何縁強奪建田檄到監部吏役摂張昔実核田
所界付弾処罪法明附証験正処言何叩頭死罪死罪奉按檄輒径到仇重亭部考問張昔訊建父升辞皆曰
升羅張昔県民前不処年中升娉取張同産兄宗女姃為妻産女替替弟建建弟顔顔女弟條昔則張弟男宗病物

故喪戸在堂後妊復物故宗無男有余財田八石種替建皆尚幼少張升昔供喪葬宗訖升還羅張昔自墾食宗
田首核張為宗弟建為妊敵男張建自倶為口分田以上広二石種与張下六石悉畀還建張昔今年所畀
建田六石当分税張建昔等自相和従無復証調尽力実核辞有後情続解復言何誠惶誠
恐叩頭死罪死罪敢言之
監臨湘李永例督盗賊殷何言実核大男李建与精張諍田自相和従書　詣在所
九月其廿六日発
（五／一〇〇一）

この文書は幅広の封検の裏側に記されており、二枚の板を組み合わせて縛って封泥を施せば容易に内容を余人に知られない工夫がなされたものである。(三) 内容は土地の相続を巡る親族間の争いを調停し和解させた報告である［籾山二〇一一］。

一行目に年月日の記載、発信者の官職名と名が記される点、二行目から発信者の監臨湘李永・例督盗賊殷何らの文書作成・送付の要因となった中部督郵掾治書檄の要点を再録してある点、(四) 四行目半ばから例盗賊殷何が中部督郵掾治書檄の指示によって執行した職務とその結果が記してある点など、居延漢簡などにみられる公文書類と多くの特徴が一致しており、多少語句などに変化があるとしても、本質的に同類とみなしてよいだろう。また書体も比較的読解しやすく著しく崩してはいない点も、「公文書」と考えられる根拠となる。似たような特徴を持つ東牌楼漢簡には次のようなものが挙げられよう。

［2］〼頭死罪敢言之
〼子黙盗取文書亡怯則……亭長劉
〼文楪雄并力精人兵詣覚所□捕何人

☐劉掾在前与至広楽亭止恚在後□日輔
☐出□盗取恚文書筒二枚銭二千大刀一口時長
☐草於亭南苑二□中得恚□□□□付　(六／一〇七〇)

[3]□□□□□□□□□□……☐
不得実問恚辞随府五官劉掾檐文書当☐
時於長蘭亭北五里下留飲水何人従草中☐
蘭亭長張姓発民作亭顔与進雄袁□☐
劉掾従少胡久□長坂駅卒番鍾隨踵☐
一所昏窴疏紀長蘭山中尽力游登□☐
無素惶恐叩頭死罪死罪敢言之☐
☐知□☐　(七／一〇七五)

[2]の五行目末尾が[3]の四行目に続くことが指摘される［鄔二〇〇八］。形状としては[1]と同様の封検であろう。残念ながら[2]の一行目が完全ではないが、「敢言之」で改行してある点から[1]と同様の書式で記されていたと推測される。

[4]熹平五年二月癸巳朔六日戊戌□騎吏……
□□□所今月五日初卒為邪風所中頭身□□……　(九／一一四一正面)
□以願□於□□督名□□輒自……　(九／一一四一背面)

この[4]は太目の両行（二行書きの簡牘）に二行にわたって記されている。一行目に年月日の記載、発信者の官職名と名が記される点、二行目から用件に入っている点で、〔1〕の文書と書式は同様である。他にも断片的な類例や、皇帝への上書草稿と思われるもの（一二／一一〇五）もあるが、判別が難しいため、本節では引用しないでおく。

〔1〕・〔2〕の一行目の年月日の記載方法は、居延漢簡中の後漢紀年を有する公文書にもみられ、東牌楼漢簡でも公文書かどうかを判断する有力な手がかりとなる。それでは、簡牘形状などが〔1〕と類似している次の事例はどうであろうか。

〔5〕　合　檄　一　封
隠　□　左　部　勧　農　郵　亭　掾　夏　詳　言　事
□　□▣
□　郵　□　詣　如　署
中平三年二月廿一日己亥言安定亭　（三／一〇〇四正面）

詳死罪白掾馬玄前共安定亭令詳推男子蔡蒲陳伯……比蒲伯
□訊辞玄不処年中備郵亭掾本与玄有不平恚□……□得寧
□詳内無半言之助在職二年遭遇賊唐鐃等□……□曹掾
□持兵上下皆見知詳為劇願乞備他役不□……信詳死
罪死罪　（三／一〇〇四背面）

欠損があって内容の理解は難しいが、左部勧農郵亭掾の夏詳が、郵亭掾の馬玄という人物について「他役に備えんことを乞う」と、配置転換（転換先は不明）を上申したようである。

〔1〕と異なり、発信年月日が本文中に記されず、「詳死罪白す」との記載も、「例督盗賊殷何叩頭死罪敢言之」と比

べて省略されている。一方で書体は［1］と同様崩れてはおらず、正面の記載などは官職名の記載や郵による送達を指示するなど、公文書の体裁を整えている。

［6］兼主録掾黄章叩頭死罪白章□□□□□□之……

明府下車得備領列曹□□不□□□□□□□□故不責細小

章叩頭死罪死罪□見□具□□□□遣□□□部疏□縁又督□

□□□日久曉習旧故掌主□□□□□□□□□到文書稽留□平

思願乞備□欠□部差遣吏章□□□□□無状惶恐叩頭死罪死罪

掾願章□

十月廿一日□

（八／一一二八）

これも内容が読み取りにくいが、「乞□□欠□部差遣吏」などの字句から推測して、兼主録掾の黄章による欠員補充嘆願を含む内容かと思われる。ただし、「ことさらに細小を責めず」「文書稽留」「無状」などの語句をみると、何らかの不始末を釈明する内容の可能性も強いだろう。［5］に比べると発信者の官職名と姓名が本文中にも明記されているものの、「叩頭死罪白」とある点は［5］に近く、また郡太守と思われる人物に対して「明府」の敬称を用いている点も、公文書にはややそぐわない。（五）

また文章の冒頭部分において、［1］では「監臨湘李永例督盗賊殷何叩頭死罪敢言之」とあるが、［5］では「詳死罪白」、［6］では「兼主録掾黄章叩頭死罪白」となっており、［1］では「敢言之」とあるべき語句が「白」で代替されている。

以上のように、［5］・［6］は東牌楼漢簡における典型的公文書ともいえる［1］などと比べ、公文書としてはやや異質な感を抱かせるが、全くかけ離れているわけではない。その意味では、居延漢簡など前漢後半期の文書でいえば、「官告」「府告」あるいは「掾告」で始まる、「記」と称される文書類と性格に似ている部分がある。(六)無論、「某告」形式の記は下行文書の性格が強いため、語句から明らかに上行文書としての性格を持つ［5］・［6］とただちに同列視するわけにはいかないが、書信としての特徴と公文書的な特徴とを兼ね備える点において、無視しがたい類似がみられる。従ってこの二事例は公文書近似の存在とし、後に他の書信類を検討した上で、改めて考えたい。

ここまで掲げた事例からみて、東牌楼漢簡での公文書の代表的な事例として［1］を示しておくのがよいであろう。

二　東牌楼漢簡中の書信

次に、東牌楼漢簡中の書信についてみていきたい。書信という場合、多くは「私信」を指すか、「私信」であるという含みを持つ場合が多いように思われ、事実『東牌楼漢簡』では「私信」という項目を立て、個別の簡牘史料に「〇〇書信」と命名している。ただし「私信」とはいえ、［高村二〇〇九］で触れたように、私的な用件のみが記されているとは限らない。本稿ではより中立的と考えられる「書信」の語を用いることとする。東牌楼漢簡中では、以下に掲げる書信などが「私信」に該当するのではなかろうか。

［7］堂再拜白　　餇食難得人累□□□為命今日且日々杔久唯不多云冀見乃□□堂再拜

陳主簿侍前々日蕊々言不悉不以身為憂念□　　　　（三四／一一三七正面）

得宿留又言前令□張□□□□具□□呼問令
張銭所在義理一日令君給乃人□□相苔教言□
任非知□□人来也□得大息□□曹家白□在内　（三四／一一三七背面）

[8]客賤子侈頓首再拝
督郵侍前別隔易邁忽爾今坤磨年朔
不復相見勤領衆職起居官舎遵貴皆遂　（三五／一〇〇六正面）
安善歓喜幸々甚々推昔分別縲磨不数承直区々
之念欲相従談諓客処空貧無縁自前言之有慙
財自空衽将命冀見乃得公々賤子習逸公惶恐頓首　（三五／一〇〇六背面）

[9]月廿五日挙頓首言　大恩□□□□□□□□□□□□□馬駒　駕意属々
掾□□侍前煩務朝夕起居侍舎夫人自康幸甚々々善不忽
□□□□□□□□自佔□前得尓□相□□仍以非同罪促資費　（三六／一〇五九正面）
……
禮二百鶏一双想達従頃迷務繫念未従党照不識今費送一千到
後忩務勿怪也後月十間必遣送余相親恃怙唯不中道内小大委
属各於曹取之六月時領並秖領付来信歩上未得貢米粟不久
将至内異何易還信具戒忩々不悉挙頓首再拝　（三六／一〇五九背面）

［10］津頓首昨示悉別念想区々想内少異
不審久人果解未区々独迫君旦詣府門寧
□□人示□又在倉面報云河置小用意求報
政遣知頃異小大還具告忩々書不尽言面乃再拝
〻子約省

（五〇／一〇六八正面）

（五〇／一〇六八背面）

［8］は［馬二〇〇八］により検討された書信の典型例である。［鵜飼一九九三］による書信簡牘の検討結果と併せると、多くの漢代書信簡牘に共通する特徴として、受信者名にいわゆる「脇付」を用い、受信者名の前で改行し擡頭することで敬意を示す点が挙げられる。［7］～［9］はいずれも擡頭がみられる。また脇付についても、「受信者名」＋「侍前」と、「侍前」という語句を用いている。［10］は受信者名が明記されないためか擡頭はしていないが、発信者名の後に「頓首」「再拝」などとしてから用件を記しており、その他の部分の書信用語等は［7］～［9］と大差ない。擡頭のような明確な書式上の差異の他、第一節でみた東牌楼漢簡の公文書と比較すると、①書写書体が草書、②年号を記す例がほとんどない、などといった特徴も共通する。

内容は私信の例に漏れずわかりにくいが、推測される概要を記しておく。［7］と［9］が金銭財物の話、［8］は発信者が知人の督郵へ久闊を叙しているもの、［10］は津が受信者に対して面という人物の書信内容について触れているらしい。また「旦詣府門」という語句から推して、太守府に出頭する用事について述べている（出頭者は書信受領者か）。［9］は金額と思われる「二千」という数字や、「貢米粟」などの語句から、あるいは官府の出納等の公務にかかわる内容と考える余地が残る他は、いずれも、基本的には個人的な事柄について記してある。

一方、内容上、公務にかかわると思われるものも見出された。以下に列挙しよう。

［11］猶再拝還遺賜書告□知意詳
者治庚申歳簿雁□案獄記竟文書　（二九／一一三四正面）
念在案獄門下通□道説前治故簿侍吏
持府中径用不不令曹文書吏□但若此
□無異語唯為作便安通之如不可通　（二九／一一三四背面）

［12］叩頭死罪々々君才炎粗鹵虚竊栄禄帰命下流帰
楽智術汚穢滋列惶□戦悸兢々覆命不知上聞君叩頭々々
死罪々々□小寇造？為不庭侍者征討□□□露履？□□　（四八／一〇六三正面）
□誠与□治？収前促迫□禁制抱情□営不勝□
企□凄得許□遣功曹史范弼奉君誠惶誠恐叩頭々々
死罪々々再拝□　（四八／一〇六三背面）

［13］ゝ子約頃不語言煩内他為改異又前通檄
白劉寔忍有北里中宅意云曹白部中部賊捕掾考　（七〇／一一六六正面）
事属右辞曹伝曹史問令召賊捕掾急竟其□□
見在立可竟為数催勿忘大小改易数告景□□　（七〇／一一六六背面）

［11］は「庚申歳の簿を治する」とあり、そこに含まれる「獄」（裁判）に関連する何かが問題となったと思われる内容である。「書を賜る」との語句もあり、返信として記されたものであろうか。［12］では、「功曹史范弼を遣わし奉ず」と、この書信が功曹史の手によって届けられたことを示唆する記載がみられる。［13］は賊捕掾にかかわる何らかの活

動について経緯と思われる記載とともに記されている。他、二八／一〇九二、三八／一〇六七、六四／一一〇二＋一一五二などは内容が明確ではないが、官職名が多く記されており、公務とかかわりがあるように見受けられる。

これらは、［髙村二〇〇九］で触れた敦煌・居延漢簡中の公文書的書信と同質のものとみてよく、［髙村二〇一二］で述べた、敦煌・居延漢簡にみられる公文書的書信中の「通常書信型式」と考えられる。すなわち、書式・用語ともに当該時期の私信にも用いられる一般的な書信と同一であるが、内容は公文書で伝達されてもおかしくはない事例であろう。

以上の検討から明らかなように、後漢末の長沙郡でも、前漢後半期の張掖郡や敦煌郡と同様に、公文書と公文書的書信とによる行政が実施されていたとみて大過ない。正規の公文書のみでは、行政運営に円滑さを欠くため、書信の形式をとった公文書的書信を用いる必要は、河西四郡と長江中流域という地理的懸隔や、二世紀余の時期的懸絶にもかかわらずさしたる変化がなかったこととなろう。公文書や簿籍類などに混ざって、多くの書信が出土する理由の一半は、これで明らかになったと思われる。(七)

とはいうものの、第一節でみた東牌楼漢簡の公文書には、敦煌・居延漢簡の公文書と相違する特徴もある。［1］などに散見される「誠惶誠恐叩頭死罪死罪敢言之」という語句は、敦煌・居延漢簡では基本的に公文書的書信を含む書信類に多く用いられたものであり、公文書に用いられることは皆無といってよい。

給使燧長仁叩頭言
掾毋恙幸得畜見掾数哀憐為移自言書居延不宜以納前事欲頗案下使仁叩頭死罪死罪
仁数詣前少吏多所迫叩頭死罪死罪居延即報仁書唯掾言候以時下部令仁蚤
知其曉欲自言事謹請書□□吏□叩□仁再拜白
(居延漢簡157.10正面, A8)

☐時三日行部尽使従者惶恐叩頭死罪敢言之　（敦煌漢簡2232）

すなわち、文書の性格を判断するための要素ともなる語句について、同一ないし類似の語句であるにもかかわらず、敦煌・居延漢簡での用法と、東牌楼漢簡での用法とに差が生じているのである。換言すれば、前漢後半期から後漢末にかけての公文書用語の変化が、東牌楼漢簡に反映されていると考えられる。

それでは、こうした変化がどのように生じたのか、節を改めて考えたい。

三　公文書の変化と書信――居延漢簡から東牌楼漢簡へ――

前節でみたように、居延漢簡では書信用語と認識される語句が、東牌楼漢簡では、全体的な書式・内容からみて公文書と考えざるを得ない事例に用いられているが、こうした変化はいつ、どのように始まったのであろうか。

居延漢簡は大半が前漢後半期から後漢初の時期の簡牘史料群であるが、一部、後漢中期の史料も含まれている。一九三〇・三一年出土居延漢簡の数少ない編綴紐の残る冊書の実例として有名な、「永元器物簿」もその一つである。「永元器物簿」は草書体で記され、永元五（後九三）年～永元七（後九五）年までの烽燧備付器物の状況を記した簿籍に、簿籍送達のための上行文書が付されたものであるが、[八] その上行文書は以下のように記されている。

広地南部言永元五年六月官兵釜磑月言簿
承五月余官弩二張箭八十八枚釜一口磑二合
今　余官弩二張箭八十八枚釜一口磑二合
　　赤弩一張力四石木関

　　陥堅羊頭銅鍭箭卅八枚
　　故釜一口鍉有錮口呼長五寸
　　磑一合上蓋缺二所各大如踈
●右破胡燧兵物
　●赤弩一張力四石五木破起繳往往絶
　　盲矢銅鍭箭五十枚
　　磑一合敝尽不任用
●右澗上燧兵物
●凡弩二張箭八十八枚釜一口磑二合　毋入出
永元五年六月壬辰朔一日壬辰広地南部
候長信叩頭死罪敢言之謹移六月見官兵物
月言簿一編叩頭死罪敢言之
（居延漢簡128.1, A27の冒頭部分）

みられる通り、最後の送達用上行文書には「叩頭死罪」の語が用いられている。この部分だけをみれば、［1］の冒頭とほとんど変わらない。この上行文書と、前漢後半期の居延漢簡で同じく簿籍送達用の上行文書と比較すると、年月日の記載方式と「叩頭死罪」表記を除き、書式が同一で、確実に以下に示す前漢後半期の同種の公文書の系譜を引いている。

建平三年六月庚辰朔戊申万歳候長宗敢言之謹移部吏卒
廩七月食名籍一編敢言之
（居延漢簡EPT43.6, A8）

すなわち、後漢永元年間の段階で、前漢後半期であれば書信類に多用されていた語句が、公文書にも用いられるようになっていたといえよう。

とすれば、前漢末から後漢前半期の間に、こうした変化が生じていたと考えられるが、その場合に注目すべきは、やはりかつて拙稿で触れた公文書的書信の存在であろう。その中でも、公文書に近似したものが注目される。

建武四年十一月戊寅朔乙巳甲渠鄣守候博叩頭死罪　（居延漢簡 EPF22.126正面, A8）
掾□□　（居延漢簡 EPF22.126背面, A8）
敢言之府記曰卅井関守丞匡檄言居延都田嗇夫丁　（居延漢簡 EPF22.127, A8）
宮禄福男子王歆郭良等入関檄留遅後宮等到　（居延漢簡 EPF22.128, A8）
記到各推辟界中定吏主当坐者名会月晦●謹推辟　（居延漢簡 EPF22.129, A8）
界中験問候長上官武燧長董習等辞相付受〼　（居延漢簡 EPF22.130, A8）
及不過界中如牒謹已劾△領職教勅吏毋状叩頭死罪　（居延漢簡 EPF22.131, A8）
死罪敢言之　（居延漢簡 EPF22.132, A8）

この冊書は後漢初の建武四（二九）年の紀年を有するもので、甲渠候が部下の不始末について報告し、監督不行き届きをわびる内容の上行文書となろう。一方で同時期の公文書の上行文書類では「叩頭死罪」が用いられる事例は多くない。

こうした点から、この事例はやはり公文書的書信と考えざるを得ない。しかし、年月日の記載方法、書記官副署名の存在、上級機関からの指示内容を繰り返した上でその指示に基づく活動内容を報告する書式など、極めて公文書と近いことは否定できない。

さらにこの事例が冊書を構成している点も見逃せない。前漢後半期～後漢初の居延漢簡では、基本的に冊書は公式性の高いものに用いられる、という［角谷二〇〇三］の指摘があり、これに関連して別稿で牘を論じた際にも確認したが［髙村二〇一三］、書信は多くが牘を用いるという点を考え合わせると、この事例は前漢後半期を中心とする視点からいえば、公文書と書信の境界線上に位置しているといえるだろう。書信の特徴を帯びつつ冊書を構成した可能性がある事例は、前漢後半期～後漢初にわたりみられる(九)。

こうした境界線上の語句の使用法は、しかし時間が経過するにつれて公文書の書式として定着する。恐らく、前漢後半期ごろでは、弁明などの必要が生じた際、通常の公文書、特に定型的なものでは書式や語句などの形式面で融通が利かない上、公式のことと受け取られる恐れがある。一方、書信であれば、ひとまずは非公式の話として、またより丁寧な表現を用いやすいという理由から、書信の形式をとった文書を作成・使用していたのであろう。しかし、これが日常的に用いられるようになると、単なる「敢言之」のみの表現よりは丁寧といえる語として公文書に一般に浸透したのではないか。後漢初から六〇年を経た「永元器物簿」の段階では、定型的な簿籍の送達文書にも用いられる語句へ変化しており、書信用語とはいえなくなっている。さらに九〇年後の光和六（後一八三）年の東牌楼漢簡［1］では、「誠惶誠恐」という表現が加わっているが、これも同様に考えて構わない。

ただし、東牌楼漢簡［1］の事例は、居延漢簡の知見からみても容易に公文書と判断されるため、語句の微細な変化に過ぎないともいえ、これだけでは公文書と書信の変遷を通時的に議論するには不足であろう。そこで改めて第一節で判断を保留した［5］・［6］を検討する。

東牌楼漢簡中で、敦煌・居延漢簡の公文書と似ていて、その系譜を引いた、ある意味で典型的公文書事例ともいえる［1］と、［5］・［6］とを比較検討してみよう。

（1）　簡牘の形状……まず用いられている簡牘の形状が同類であり、いずれも「合檄」と称されるものである。前漢後半期では、基本的に書信と公文書は牘と冊書を使い分ける傾向が顕著であり、このように同類の簡牘を区別なく使用することはほとんどない。

（2）　書体……文字の書体は、［1］と［5］・［6］ではともに比較的明瞭で草書体ではない。控えや草稿に限らず、書信類は一般的に草書やくずれた書体を用いる傾向が強いことは、前漢後半期から後漢末の東牌楼漢簡まで一致している。

（3）　逓伝方法……これらの文書を逓伝した方法であるが、［5］はその記載から公的な文書逓伝を業務とする郵によって送達されたと考えられる。一方、公文書的書信の中でも通常の書信と同一書式の［12］は、功曹史に託して送達されたと考えられ、書信は公文書伝達と同一の送達がなされるわけではない。(十)

（4）　記載内容……当然のことながら、［1］と［5］・［6］では記載内容はいずれも行政にかかわる。

以上見てきたように、［5］・［6］は、用いられる語句や書式が［1］と異なり、記載された本文の文字情報のみを中心として考察する限り、「書信」である。しかし、それ以外の部分では［1］との間にほとんど目立った差異を認められないのである。後漢末の官吏らにとって、［1］と［5］・［6］は、使用語句と書式を異とし、使用場面などが違ったかも知れないが、いずれにせよ「公文書」と認識されており、(十一)語句等に類似点があったとしても、木牘に記され、私信と類似した書式の［11］～［13］とは異なる範疇のものと認識されていたと考えられる。

なお、ここに掲げた［5］・［6］の東牌楼漢簡について、すでに［角谷二〇一二］が検討を加えており、これらが書信的要素を持ちつつも、公文書の中に位置付けられたものと指摘する。［5］・［6］が後漢末にあっては公文書であった、という点において、本稿は［角谷二〇一二］と同一の結論に達したのであるが、ただし、［角谷二〇一二］の見解と本稿とでは差異もある。その点について、筆者の誤読があることを恐れるが、触れておきたい。

一点目は、筆者が「公文書的書信」、［角谷二〇一二］が「書信様簡」「書信様公文書」とする文書の他、いわゆる私信が木牘に記されるか否かについてである。角谷は私信の多くが紙に記されたとするが、本稿でみたように、公務との関連性が低いと考えられる、私信と推測される木牘文書も少なからずあり、本稿では私信も木牘に記されると考える。

二点目は、「書信様簡」が公文書の中に位置づけられる過程である。粗雑にまとめてみると、角谷は、［5］・［6］が「合檄」に記されている点に着目し、後漢末には檄がすでに有事に限らぬ一般公文書に用いられるようになったが、元来、檄が有していた書式の如何を問わない性格が、公務関連の内容を持つ「書信様簡」をも取り込み、公文書の中に位置づけることになった、とする。すなわち、檄の持つある種の汎用性に、「書信様簡」が公文書化する要因、その一つを求められたように思われる。筆者もこの指摘を否定するものではない。

しかし、「書信から公文書へ」という変化自体は、定型化した「公文書的書信」や、書信の特徴を濃厚に持ちながら冊書を用いた弁明書などにみられるように、すでに前漢後半期ごろから発生していた。そうした流れの中において、檄の果たした役割は、書式の如何を問わない汎用性ゆえに、それが一般的公文書に用いられるようになると、書信と公文書との差を薄める方向にも作用して、「書信から公文書へ」の変化を推進したり、確定したりした要因の一つと考えた方がよいのではないか。

前漢後半期の簡牘史料から得られた知見に立脚する限り、「白」などの語句を用いる［5］・［6］は、書信と断ぜざるを得ない。しかし、先にも触れたとおり、後漢初の居延漢簡には、極めて公文書に近似した「書信」が出現している。こうした状況を踏まえれば、前漢後半期の公文書的書信のうち、通常書信形式をとらず書式の定型化が進んでいたり、公文書と類似した書式を多く含んでいたりするもの、例えば「某告」形式の記や、「白事簡」「奏事簡」[十二]、さらには冊書を用いた弁明書の類などが挙げられるが、こうした公文書と書信の境界線上に位置する文書の中で、書信ではなく公文書と認識されるようになったものが出現したと考えるのが妥当であろう。それは一部の語句の取り込みにはとどまらない変化といえる。

　とすれば[5]・[6]は、前漢後半期からの「書信の公文書化」、あるいは「書信に淵源を持つ表現の公文書への取り込み」ともいうべき変遷が、後漢末に生み出した実例と考えられる。そうした変化を以下に図示してみる。最も右側には、本稿で例示した[1]から[13]までの東牌楼漢簡のうち、その分類に該当する可能性が高いものを番号で示しておいた。

　残念ながら、現状では史料の量が限られていることもあり、「敢言之」を用いる秦・前漢以来の公文書と、書信に淵源を持つ「白」を用いる公文書との使い分けの有無や、使い分けされている場合の基準については、明らかにできない。「白」を用いるものが前漢期以来の「公文書的書信」の系譜を引くのであれば、使用場面も、確定的な事柄の伝達等にはあまり用いられないのではないか、との推測は可能であるが、これ以上の推論は意味がないので述べない。

　また、図表にも記したように、定型化した「公文書的書信」の実例も東牌楼漢簡にはみられない。しかし、長沙呉簡中に、前漢後半期以来の定型化した「公文書的書信」の系譜を引くと疑われる事例が散見するので、掲げておこう。

　　丞出給民種粻掾烝□如　曹期会掾烝　録事掾谷水校
　君教　　嘉禾三年五月十三日付三州倉領雑米起　　主簿　省　　嘉禾元年七
月一日訖九月卅日一時簿　　　（弐二五七）

この例は、居延漢簡などにみられる「記」と称される文書に記され、長官の指示であることを示す「君教」の語が

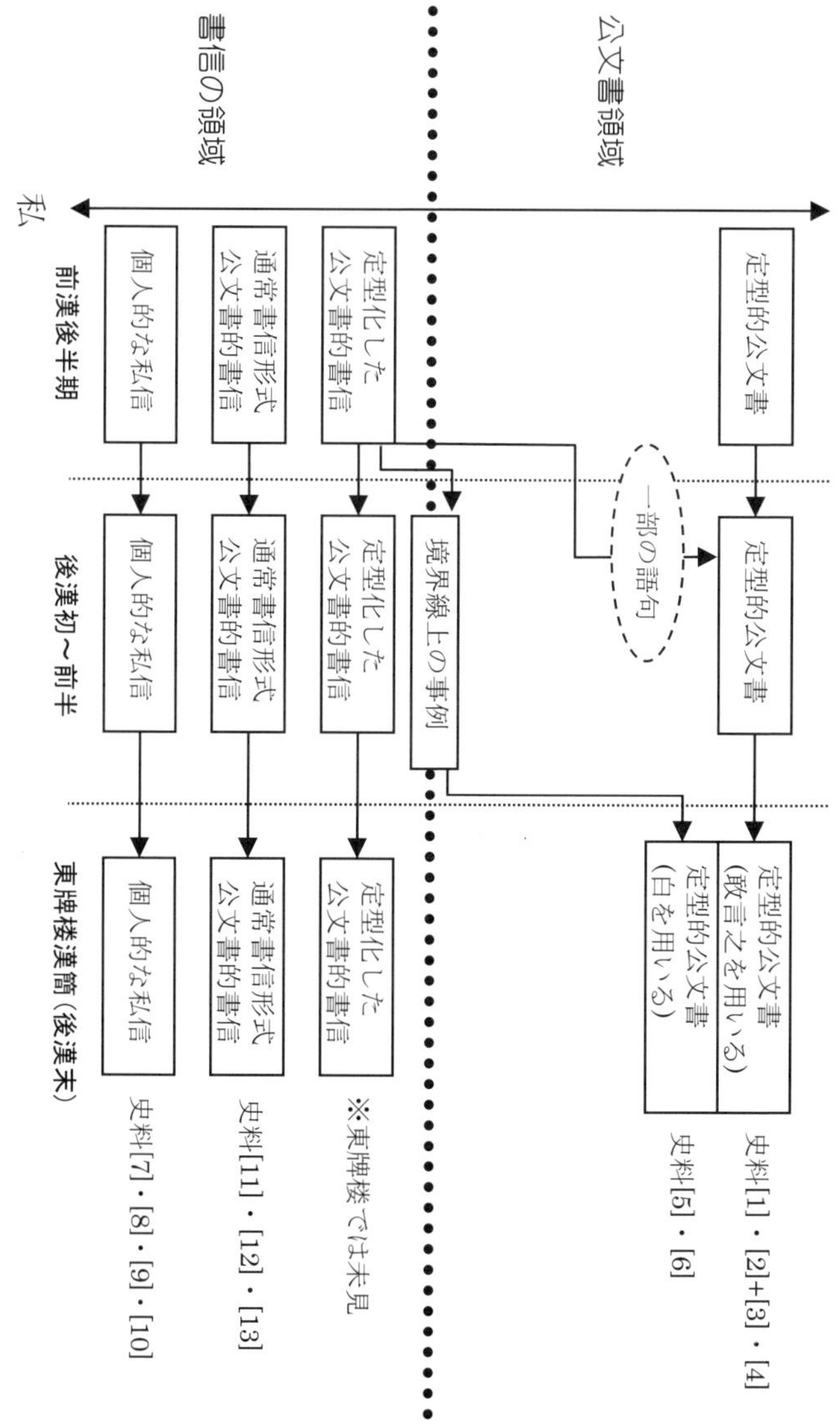
公文書領域
書信の領域
公
私
定型的公文書
定型化した公文書的書信
通常書信形式公文書的書信
個人的な私信
前漢後半期
一部の語句
境界線上の事例
定型的公文書
定型化した公文書的書信
通常書信形式公文書的書信
個人的な私信
後漢初～前半
定型的公文書(敢言之を用いる)
定型的公文書(白を用いる)
定型化した公文書的書信
通常書信形式公文書的書信
個人的な私信
東牌楼漢簡(後漢末)
史料[1]・[2]+[3]・[4]
史料[5]・[6]
※東牌楼では未見
史料[11]・[12]・[13]
史料[7]・[8]・[9]・[10]

記されている。時期が近接し同地域である長沙呉簡文書簡牘の大量公開と、魏晋期専門家による検討がまたれる。

おわりに

後漢末の東牌楼漢簡には多数の書信が含まれるが、それは公務との関連性が高い「公文書的書信」とそうではない私信とに大別され、行政面においては、公文書と「公文書的書信」が適宜使い分けられていたと考えられる。この状況自体は、前漢後半期の敦煌・居延漢簡とそう大きな違いはない。しかし、公文書と考えられるものの中に、前漢後半期であれば書信に用いられるような語句が用いられている点が、大きな差となる。この点について、本稿では、前漢後半期以来、行政の中で便利に用いられてきた公文書的書信が、公文書に語句表記の上での影響を与えたばかりか、それ自体が完全に公文書化するという変遷があったと考えられ、その変遷の結果が、後漢末の東牌楼漢簡にあらわれていると考え、後漢中期の史料などを用いて論証を試みた。

東牌楼漢簡の分量が多くないため、王朝を異とするとはいえ、地域を同じくし時期が近接する長沙呉簡の文書類簡牘の大量公開後の再検証が必要となるが、幸いにしてこの議論に大過ないとするならば、次にはこうした変化をもたらした要因を考える必要がある。

その点では、［和田一九四二］が指摘した「官制の波紋的循環発生」の視点を参考にすれば、公文書も、公式的文書だけでは不便が生じ、官制でいう「私的な微臣」に擬えられる「私的な書信」が便利に用いられ、次第にそれが制度・公式化されるという変遷が生じたのではないか[十三]。無論、和田の視点に対し、漢代官制では冨田健之らにより官制の展開の意義がわかりにくくなるなどの指摘があるのと同様[十四]、これだけでは変化の説明として不十分であるのは否めない。私的なものが公的な存在へ転化する要因を探る必要がある。

この点につき［角谷二〇一二］は、書信様公文書の隆盛に後漢期の何らかの社会的要請があったとの見解を示している。賛同できる指摘であるが、官府で用いられた文書という性格を考慮すると、筆者は、地方行政制度の変遷が与えた影響の方が大きいと考えている。

紙屋正和によれば、前漢後半期では県廷で民政関係の実務をつかさどる列曹が充実し、郡でそれに対応するような列曹が形成され、後漢期には列曹の組織・機能が強化されるとともに、郡―県の属吏機構の間に有機的な関係が完成したとされる。(十五)公文書的書信の使用拡大や公文書化の背景に、この列曹組織の充実が影響した可能性はないであろうか。

いわゆる列曹が含まれる郡県の諸曹掾史は、卒史や令史などの官秩を持つ者が就任する二次的等級であり、またこれらの曹は県の場合、令・丞に直属する令史を軸に編成された、との仲山茂の指摘がある。(十六)従うべきである。ところで、令史などは長官直属であるが故に、実際上は違ったとしても、制度上（みかけ上と言い換えてもよい）は、同じ少吏層でも、小なりといえども独立した一部署の長、居延漢簡であれば候長、里耶秦簡などであれば官嗇夫などとは異なり、(十七)独自に発信できる公文書の範囲はかなり制限されていたと考えられる。［髙村二〇〇九］でも指摘したが、居延漢簡でも、長官直属の属吏が発信者となった公文書の事例は少ない。秦代の里耶秦簡に遡っても、県廷に列曹組織が形成されている様子がみてとれるが、(十八)県からの文書発信と逓伝にかんする「郵書課」類の簡牘には、

獄東曹書一封令印詣泰守府廿八年九月己亥水下四刻隷臣申以来　（J一⑧一一五五）

とある。「獄東曹」は県の裁判関係担当の曹と思われ、実質上は長官直属の属吏による発信だが、名義上、長官たる令の印による封印を経て長官名義で発信されたのである。

しかし、実際には、卒史や令史などの長官直属の属吏組織から展開した諸曹掾史の組織が充実していけば、彼らが発信者となる文書が増大しないはずがない。一方で、従来用いられてきた公文書は、基本的には長官・次官の決裁と封印が必要であり、組織の変化に応じた運用の変化はあったにせよ、直属の属吏としては使用しづらい面も残ったであろう。そこで選択されたのが、非公式という性質を持つ公文書的書信ではないか。［髙村二〇〇九］でも指摘したが、居延漢簡中にも、候官の長官直属の属吏である掾が発信したり、掾が受信者となる公文書的書信が複数存在する。とすれば、列曹組織の充実と活動の活発化が、列曹が発信・受信しやすい公文書的書信の増大に影響し、かつ、それが常態化すれば、通常の公文書として位置づけられることにもつながったのではないか。

本稿では書信から公文書への変化を中心に議論してきたが、こうして変化した公文書が後の時代に受け継がれたのかどうか、さらに各時代においてどのような変化が、いかなる要因で起きたと考えられるのかを考察・検討していけば、中国における官僚制や文書行政の歴史的な展開過程を動態的に理解することも不可能事ではないであろう。本稿がそのために僅かなりとも寄与できれば幸甚である。

註

（一）簡牘文書中の「記」については［鵜飼一九八九］［連一九八九］［仲山二〇〇二］［角谷二〇〇三］［鷹取二〇〇三］［藤田二〇〇六］を、簡牘書信については［鵜飼一九九三］［馬二〇〇八］を参照。

（二）この点の指摘は、［中村二〇〇七］においてなされている。

（三）こうした形状の簡牘について、［鄔二〇一〇］は居延漢簡中に名称のみあり現物の形態が不明であった「合檄」だとする。説得力ある見解であるが、居延漢簡中に東牌楼漢簡の「合檄」と類似の形状の簡牘に記された文書が発見されておらず、二〇〇年以上の間に形状が変化したとも考えられる。居延漢簡の再検討も必要となろう。また時期的に接続する、カロシュティ木簡の二枚一組からなる矩形木簡との関連性も注意される。［赤松二〇〇一］参照。

（四）監臨湘という職名であるが、類似の職名は敦煌懸泉置漢簡などにもみえ、「監某某」は郡太守によって太守直属の属や、亭長などが適宜任用される役職であったようである。

監遮要置史張禹罷
守属解敞今監遮要置
建昭二年三月癸巳朔丁酉敦煌大守彊長史章守部候脩仁行丞事告史敞謂效穀今調史監置
如牒書到聴与従事如律令
三月戊戌效穀守長建丞　謂懸泉置嗇夫写移書到如律令／掾武卒史光佐輔
（Ⅱ0216②241～244）

（五）居延漢簡においては、候官（県級の官府）の長官に対して「明官」との敬称を用いる文書があるが、ほとんど書信類である。[李均明一九九九A]、また[高村二〇〇九]の註（15）参照。「明府」は明敏な府君という程の意味で、府君などともに太守などへの敬称として用いられた。各種史料にみえる「明府」の称を集成・検討したものに[王子今二〇一〇]があり、そうした状態を確認できるが、「明府哀憐」という語句について「刑罰事務に関係する常用文」と限定した解釈をするのは従えない。むしろ、明府の憐みを請う場合か、あるいはすでに憐れんでくれた場合に用いる語句と考えられる。

（六）簡牘文書中の「記」についての研究は、前掲註（一）各論考ならびに[高村二〇〇九]参照。「記」は用語面や、受信者特定が多い点など、書信との共通性を持つ反面、[鵜飼一九九三]にも示される通り、「郵書課」類に「記」の送達が記録されているなど、公文書と同様の送達ルートが用いられ、公務に関連した内容が記されるなど、公文書としての特徴も持っており、[5]が郵のルートに乗ったと推測できる点、[5]・[6]ともに内容が公務にかかわる一方で用語に書信と同様のものが目立つ点で、類似している。なお「郵書課」「郵書刺」は、[永田一九八九A][李均明一九九九B][李均明二〇〇九]を参照。

（七）当然、公文書的書信とはいえない書信、いわゆる私信類が、公文書や簿籍が出土する官府遺跡や、官府書類の遺棄遺跡から発見される理由については、本稿での議論のみでは十分ではない。ただ、以下のような可能性は指摘できる。まず公文書を作成・読解し得る文字知識を持つ者が多いため私信の受信も多かった。次に、私信は公的文書伝達ルートで運ばれるわけではないが、官府関係者であれば、公的文書伝達担当者に個人的に依頼できた。それが不可能でも、官府間を往来する関係者に持参を依頼することが容易だった。この二点の理由で、公文書的書信以外の私信が多くなったと考えられよう。

（八）永元器物簿（兵釜磑簿）については、[藤枝一九五五][永田一九八九B][山田一九九四]が史料的性格と内容を検討している。またこれを利用して簡牘の使用を論じた研究として、［邢義田二〇一一］参照。
（九）［髙村二〇一二］では、「Ⅱ―甲」として掲げたもので、三五例を掲げてある。
（十）書信が公文書とは異なり、人に託して送達されることは［鵜飼一九九三］参照。
（十一）ここでいう「公文書」は、本稿冒頭の定義を満たすものとしての公文書である。
（十二）［仲山二〇〇二］参照。
（十三）［陶安二〇一一］に教えられたところによれば、清朝でも、題本から元来私的な文書である奏摺への変化が生じたという。
（十四）［冨田一九九二］、またその指摘を受けた議論を展開する［植松二〇一一］参照。
（十五）［紙屋二〇〇九Ａ・Ｂ］参照。
（十六）［仲山一九九八］［仲山二〇〇一］参照。
（十七）官嗇夫が独立部署の長である点についての専論としては、［青木二〇〇五］参照。
（十八）里耶秦簡による県廷機構の検討としては［髙村二〇一四］参照。

長沙呉簡中の「叩頭死罪白」文書木牘

伊藤敏雄

はじめに

本稿は、長沙呉簡中の「叩頭死罪白」木牘（仮称）について整理するとともに、編綴痕や編綴用空格に注目して、その特徴と機能について考察しようとするものである。

［汪力江二〇〇二］によると、長沙呉簡中には木牘が一六五枚ある。その中には［長隊・長文一九九九］・［宋・何一九九九］の例一五（J二二―二六九五、後掲［木牘9］）や例一六（J二二―二五四〇、後掲［木牘5］）のように、冒頭が官職名・姓名の後に「叩頭死罪白」で始まり、「被～敕」という文言があって、文末が「誠惶誠恐、叩頭死罪死罪」で終わり、木牘末尾が日付と「白」で終わっている木牘が散見される（「叩頭死罪白」文書木牘と仮称、［伊藤二〇一四］）。「叩頭死罪」は、すでに［髙村二〇〇四］などが指摘するように居延漢簡にも見られる上行文書の常用句であり、それに続く「白」も、［王素二〇一一Ａ］が上行文書の文言で「関白」類の上行文書としている。後に、［髙村二〇〇九］・［髙村二〇一三］が「公文書的書信」としている書式に近い。こうした文書木牘は、管見の限り二〇一四年九月時点で十例確認できる(一)。

このうち［長隊・長文一九九九］［宋・何一九九九］の例一五や例一六については、［胡二〇一二Ａ］や［王素二〇一一A］などを始め詳細な研究がある。しかし、木牘単体の文言の異同や語句の解釈、内容の解釈などが主体になっていて、こうした木牘自体の特徴や文書行政における機能については検討されていないし、編綴痕や編綴用空格については、［伊藤二〇一三］［伊藤二〇一四］［關尾二〇一三A］［關尾二〇一四A］を除くとほとんど注目されて来なかった[二]。最近、［王彬二〇一四］が、木牘単体ではなく、例一六に関連する木牘合わせて四枚について、その内容と関連について論じているが、そこでもこうした木牘自体の特徴や文書行政における機能については検討されていない。

そこで、本稿では、［伊藤二〇一三］［伊藤二〇一四］を踏まえるとともに、それらを補足・修正しながら「叩頭死罪白」文書木牘十例について整理し、その特徴と機能について考察し、長沙郡臨湘侯国における文書行政の実態に迫りたい。

一　『竹簡　肆』所収の「叩頭死罪白」文書木牘

まず、［伊藤二〇一三］［伊藤二〇一四］と重複するが、行論の都合上、『竹簡　肆』所収の「叩頭死罪白」文書木牘について、その釈文と内容や、編綴の状況を整理するとともに、補足・修正しておきたい[三]。

1　生口売買と「估銭」徴収に関する「叩頭死罪白」文書木牘

『竹簡　肆』には、四枚の「叩頭死罪白」文書木牘が収録されている。まず、［伊藤二〇一三］［伊藤二〇一四］で竹簡と編綴されていたとして紹介した木牘で、生口売買と「估銭」徴収に関する文書木牘を示す[四]。

［木牘1］　肆一七六三（一）　長さ二四・八、幅九・四、厚さ一・二センチ

1　都市史唐王叩頭死罪　白。被曹勅、條列起嘉禾六　年正月一日訖三月卅日吏民所
2　私賣買生口者・收責估　錢言。案文書、輒部會　郭客料實。今客辭、男子
3　唐調・雷逆・郡吏張橋各　私買生口、合三人、直錢十九　萬、收中外估具錢一萬九千。謹
4　列言、盡力部客收責逆・　調等錢、傳送詣庫。復言。　王誠惶誠恐、叩頭死罪死罪。
5　　詣　金　曹
6　　四　月　七　日　白

都市史の唐王、叩頭死罪して白す。曹（金曹）の勅を被るに、嘉禾六年正月一日より起こして三月卅日に訖るまでの、吏民の私に生口を賣買せし所の者、收責せし估錢を條列して言へ、と。（中略）謹みて言を列ぬ。力を盡して部の客に逆・調等の錢を收責せしめ、傳送して庫に詣さしむ、と。（後略）

［伊藤二〇一三］で考察したように、木牘の内容は、都市史の唐王が金曹の命令を受け、嘉禾六（二三七）年正月一日から三月三十日までの吏民の私的な生口（奴隷）売買とそれにともなって徴収した「估銭」（交易税）について箇条書きにして、嘉禾六年四月七日に金曹に報告した文書である（「呉嘉禾六（二三七）年四月都市史唐王白條列賣買生口者・收責估錢（中外估具錢）文書」と命名できよう）。写真版で二条の編綴用空格が確認できたが、長沙簡牘博物館で実見したところ、二条の刻線も確認できた。

『竹簡　肆』によると、［木牘1］は肆一七一八〜一七六三とひとまとまりで出土したとされ、その中に［木牘1］の内容と関わる以下の竹簡がある（竹簡の編綴用の空格または編綴痕を「|」で表示。以下、同様。［竹簡1—7］は推測により補足した）。

［竹簡1—1］　都市史唐王謹列起嘉禾|六年正月訖三月卅日受吏|民買賣生口者收責估錢簿？　（肆一七五八）

［竹簡1―2］　□士文錢賣女生口易｜直錢[八]萬嘉禾六年正月廿｜□[日]貸?男子唐調收中外　（肆一七五九）

［竹簡1―3］　[倣]具錢八千　―　―　（肆一七六〇）

［竹簡1―4］　大女依汝賣女生口葉直｜錢六萬嘉禾六年正月廿日｜貸男子[雷]逆收中外倣　（肆一七六一）

［竹簡1―5］　具錢[六]千　―　―　（肆一七六二）

［竹簡1―6］　大女劉佃賣男生口得直｜錢五萬嘉禾六年三月廿八日｜[貸]?[郡]吏[張][橋]?收中外倣　（肆一七六三）

［竹簡1―7］　〔具錢五千〕　（推測による補足）

以上の竹簡は、都市史の唐王が嘉禾六年正月から三月三十日までに受けた、吏民で生口を売買した者とそれに伴って収責した「估銭」の簿(?)を箇条書きにして上奏するとした表題簡（［竹簡1―1］）と、生口売買と「估銭」徴収に関する簿籍本文簡（［竹簡1―2］以下）からなり、［木牘1］で箇条書きにするとした内容となっている。また、『竹簡　肆』所収の「掲剝位置示意図（図八）」でも、［竹簡1―1］～［竹簡1―6］が［木牘1］の背面に接して左から右に順に並んでいる。

したがって、［木牘1］は［竹簡1―2］～［竹簡1―7］等と編綴されていたと考えられ、［木牘1］は上行文書であるとともに、竹簡と編綴されて送り状の性格も兼ね備えていたと考えられる。[五] 後掲の［木牘3］に「謹列人名口食年紀、右別爲簿如牒」とあり、木牘の右側（前）に人名口食年紀簿を付したことになるので、［木牘1］についても、その右側（前）に［竹簡1―1］～［竹簡1―7］等の竹簡の簿籍が付されていた可能性が高い。

居延漢簡について、［永田一九八九B］は、簿籍と送り状がセットになった事例として、送り状が簿籍の後に付けられている「永元五年（九三）兵釜磑簿」（128・1、編綴された状態で出土）と、送り状が簿籍の前に付けられている「橐他莫當隧守御器簿」（EJT37・1537～1558、発見時ばらばらになっていたのを集めて排列復原）を紹介している。

これに対し、［冨谷一九九八］は、前者の編綴された状態での出土を重視し、後者の送り状（送達文言の簡）なども冊書の最後であったとしている。したがって、居延漢簡でも送り状が簿籍の後であったと考えられるので、［木牘1］についても、その右側（前）に竹簡の簿籍が付されていたと考えられる。

以上のことから、［竹簡1―1］が表題簡で、その後に［竹簡1―2］～［竹簡1―7］の簿籍の本文簡が編綴され、更に［木牘1］と編綴されていたものと考えられる。なお、［木牘1］の前に集計簡なども編綴されていたが、編綴がはずれた後に［竹簡1―7］とともに行方不明になったものと思われる。

2　種粮貸出に関する「叩頭死罪白」文書木牘

次に、種粮貸出に関する「叩頭死罪白」文書木牘を示すと、以下のとおりである（三行目の「倉曹」は、釈文原文は「金曹」であるが、写真版をもとに改めた）。

［木牘2］　肆三九〇四（一）長さ二四・五、幅七・五、厚さ〇・八センチ

1　従掾位劉欽叩頭死罪白。　謹達所出二年税禾給貸民爲三年種粮、謹羅列

2　人名爲簿如牒。請以付曹拘　校。欽惶怖、叩頭死罪死罪。

3　　　　　　　　　　　　　詣倉曹

4　　　　　　　　　　　　八月四日白

この［木牘2］は、「被～敕」を欠き、文末が「惶怖、叩頭死罪死罪。」となっているが、「叩頭死罪白」文書木牘の体例を備えている。その内容は、従掾位の劉欽が、二年（嘉禾二年）税禾を出して民に貸し出して三年（嘉禾三年）用の種粮としたことを報告するとともに、貸し出した人名を羅列して簿として提出することを報告したものである

（「従掾位劉欽白貸民種粮、羅列人名文書」と命名できよう）。種粮の貸し出しに関わり、日常的業務とも考えられるので、「被〜敕」の部分を欠いた可能性も想定できる。

写真版で二条の編綴用空格と編綴痕が確認できる上、実見したところ刻線も確認できた。二〜三行目に「謹みて人名を羅列して簿と爲すこと牒（添付資料）の如し。」とあるので、人名を羅列した簿籍を編綴して報告したものと考えられる。

『竹簡　肆』によると、［木牘２］とひとまとまりで出土したとされる肆三八九四〜三九〇四の中に以下の竹簡が見られる。

［竹簡２―１］　〼男子誦成三斛　｜男子誦十五斛　【注】「十五」前或脱人名。　（肆三八九四）

［竹簡２―２］　男子□恒卌二斛　｜男子潭山六斛　｜男子潭⿰角枼十斛　（肆三八九六）

［竹簡２―３］　男子誦喜三斛五斗　｜男子王慮？□斛　｜吏潭□十五斛　（肆三八九七）

［竹簡２―４］　男子區既九斛八斗　｜　｜　（肆三八九八）

［竹簡２―５］　・右十六人乞貸種粮｜禾二百七十六斛七斗　｜帥　劉　租　主　（肆三八九五）

［竹簡２―６］　……粻米四斛□斗給爲藏粻……　（肆三九〇一）

［竹簡２―７］　……｜禾十二斛六斗給爲佃｜粮　帥　□　□　（肆三九〇二）

このうち、［竹簡２―１］〜［竹簡２―４］は人名と穀物の量を列記しているので、［木牘２］で人名を羅列して簿とした記録にふさわしい。［竹簡２―５］は集計簡となっていて人数と種粮禾の貸し出しを願った合計を記しているので、［竹簡２―１］〜［竹簡２―４］の集計簡になっている可能性が高い。なお、『竹簡　肆』掲載の「掲剝位置示意図（図十七）」でも、［竹簡２―１］〜［竹簡２―５］が、［木牘２］からやや離れているもののひとかたまりになっている。

集計簡に当たる［竹簡2—5］で「十六人」とあり、［竹簡2—1］～［竹簡2—4］の四簡で十人分なので、(六) 六人分の本文簡二本と表題簡が行方不明になっていると想定できる。したがって、もともとは［木牘2］の前に表題簡と本文簡六本（［竹簡2—1］～［竹簡2—4］の四本を含む）と［竹簡2—5］の集計簡が編綴されていたと想定できる。(七)

［竹簡2—5］の集計簡に類似したものに、［木牘2］とひとまとまりで出土したとされる竹簡以外で、次のような竹簡が見られる。

［竹簡2—8］　□　・右一人乞貸種粮｜禾合二百五十九斛一斗給爲藏粻｜帥 廖 鄱 ▨　（肆三八八五）

［竹簡2—9］　……貸種粻｜禾合廿七斛五斗給爲佃粮｜帥 章 仲 主　（肆三八九三）

貸し出す種粮の支給対象が、［竹簡2—7］では「帥」となっているが、集計簡の［竹簡2—8］で「爲藏粻帥」、集計簡と思われる［竹簡2—9］で「爲佃粮帥」となっており、［竹簡2—6］も対象が「爲藏粻……」、［竹簡2—7］も「爲佃粮帥」となっているので、［竹簡2—6］、［竹簡2—7］も集計簡と考えられる。［竹簡2—6］、［竹簡2—7］が［木牘2］とひとまとまりで出土したとされる竹簡に含まれているので、上述の［竹簡2—1］～［竹簡2—5］と関連する竹簡以外に、［竹簡2—6］、［竹簡2—7］の集計簡に関わる竹簡も［木牘2］と編綴されていた可能性も残るが、現時点では不明である。

3　郷内の「方遠授居民」調査と私学の徴発確認に関する「叩頭死罪白」文書木牘

『竹簡 肆』には、［木牘1］［木牘2］のほか、郷内の「方遠授居民」調査と私学の徴発確認に関する「叩頭死罪白」

文書木牘が所収されている。「方遠授居民」調査に関する文書木牘を示すと、以下のとおりである（三行目の「右別」は、釈文原文は「別」であるが、写真版をもとに改めた[八]）。

［木牘3］　肆四五二三（一）長さ二三・四、幅五・〇、厚さ〇・五センチ

1　都郷勸農掾郭宋叩頭死罪白。被曹敕、條列郷界方遠授居民占上戸籍、
2　分別言。案文書、輒部歳伍五京・陳□・毛常等隠核所部。今京關言、州吏姚達・
3　誠裕、大男趙式等三戸口食十三人居在部界。謹列人名口食年紀右別爲簿如牒。謹
4　列言。宋誠惶誠恐、叩頭死罪死罪。
5　　　　　　　　　　　　　　　　　　　詣戸曹
6　（後欠）

都郷勸農掾の郭宋、叩頭死罪して白す。曹（戸曹）の敕を被るに、郷界の方遠・授居の民を條列し、戸籍を占上し分別して言へ、と。（中略）今、京、關して言はく、（中略）居りて部界に在り、と。謹みて人名口食年紀を列ね、右に別ちて簿と爲すこと牒の如し。謹みて言を列ぬ。（後略）

［木牘3］の内容は、都郷勸農掾の郭宋が、戸曹の命令を受け、郷内の「方遠授居民」を調べ、その結果を箇条書きにして、戸籍ごとに報告したというもので、配下の歳伍[九]の五京・陳□・毛常等に、管轄範囲を取り調べさせたところ、五京が、州吏の姚達・誠裕、大男の趙式等の三戸、口食十三人が管轄範囲内に居住しているということを報告してきたので、人名口食年紀を列挙し、（木牘の）右側に別ちて簿としたということを報告したものである（「都郷勸農掾郭宋條列郷界方遠・授居民文書」と命名できよう）。

この木牘については、一行目で名籍を「戸籍」と表現し、三行目で「簿」と表現していることも注目に値するが、

前述したように「謹列人名口食年紀右別爲簿如牒」とある点が特に注目でき、取り調べた人名口食年紀簿を木牘の右側（前）に別ちて簿を牒のとおりに付したことが明白であり、木牘の前に簿籍部分が編綴されていたことを明確に示しており、編綴用の空格も明瞭である。実見したところ、かすかに刻線が確認できた。

『竹簡 肆』によると、［木牘3］は肆三八九四～三九〇四とひとまとまりで出土したとされるが、その中には［木牘3］中の姚達・誠裕・趙式に関わる記載は見られないので、姚達・誠裕・趙式の三戸、口食十三人分の人名口食年紀簿が編綴されていたが、現在行方不明になっていると考えられる。

なお、［木牘3］とひとまとまりで出土したとされる竹簡以外で、次のような表題簡に相当する竹簡が見られる（肆四四一九～四五〇四がひとまとまりで出土したとされる）ので、各郷で同様の調査が行なわれたと思われる。

［竹簡3―1］　☐列部界有方遠受｜居民條列家口食年紀爲簿言☐　（肆四四五八）

［竹簡3―2］　☐□牒列郷界｜方遠受居民占上戸牒成別☐　（肆四四七四）

［竹簡3―3］　☐曰受居方遠應占著戸籍｜督條列人姓名　（肆四四九二）

このことに関連して、［竹簡3―4］、［竹簡3―5］のような竹簡が見られるので、大常府の丁卯書によって、各郡に「生子受居比郡縣者及方遠客人」に関する調査の指示が出され、更に郡から県、県から郷に指示が出され、その一環として［木牘3］や［竹簡3―1］～［竹簡3―3］の報告が行なわれたものであろう。また、［木牘3］の「方遠・授居民」は、［竹簡3―4］、［竹簡3―5］の「生子受居比郡縣者」（新生児と新居者で郡県に登録すべき者か）と「方遠客人」（遠方からの客人）の略称と考えられる。[十]

［竹簡3―4］　☐大常府丁卯書｜曰諸郡生子□受居｜比郡縣者及方遠客人　（肆四四八三）

［竹簡3―5］　☐諸郡生子｜受居比郡縣者及｜方遠客人皆應上戸籍　（肆四四九〇）

次に、私学の徴発確認に関する「叩頭死罪白」文書木牘を示すと、以下のとおりである。(十一)

［木牘4］　肆四五五〇（一）長さ二四・二、幅七・三、厚さ〇・六センチ

1　都市掾潘狞叩頭死罪白。被曹敕、推求私學南陽張游發遣詣屯言。案文書、輒推問游外王母大女戴
2　取、辭、游昔少小随姑父陳密在武昌、[密]以(於)黄龍元年被病物故、游轉随姊聟州吏李恕、到今年六月三日、
　　游來？□
3　取家、其月十三日游随故郭將子男欽、[与]到始安縣讀書未還。如取辭。□曹列言□、南部追□[発][遣]□[詣]大
4　屯。又游無有家屬應詭課者。謹列言。狞誠惶誠恐、叩頭死罪死罪。
5　　　　詣　功？　曹。
6　　　　十一月十五日辛丑白。

都市掾の潘狞、叩頭死罪して白す。曹（功曹？）の敕を被るに、私學の南陽の張游の發遣せられて屯に詣さるるを推求して言へ、と。（中略）又、游に家屬の應に詭課すべき者有る無し。謹みて言を列ぬ。（後略）

［木牘4］は、都市掾の潘狞が、功曹の命令を受けて、私学の南陽の張游が屯に発遣されたことに対して、取り調べた上で発遣の対象として問題ないことを報告したものである（「都市掾潘狞白推求私學南陽張游發遣詣屯文書」と命名できよう）。

『竹簡　肆』によると、［木牘4］は肆四五二四〜四五五〇とひとまとまりで出土したとされるが、その中に私学の南陽出身の張游と関わる竹簡は確認できないので、［木牘4］と竹簡との関係は不明である。しかし、編綴用の空格は確認できないものの編綴痕が確認でき、四行目に「謹みて言を列ぬ」とあるので、その木牘の内容から考えて、取り調べの記録が編綴されていたが、行方不明になっていると想定できる。

更に、実見したところ、背面に二条の刻線が確認できた。このことは、都市掾潘羜は刻線の入った面に気付かず、別の面に報告を書写したものと考えられ、刻線を引いた人物と報告を書写した人物が異なることを示す。同時に、木牘を作成した人物と書写した人物も異なることを示そう（木牘を作成した人物と刻線を引いた人物が同じという可能性も十分あるが、現時点では不明と言わざるを得ない）。したがって、以上の木牘に編綴用空格があるかどうかは、刻線の入った木牘とその面を使用したか否かによるのではないだろうか。

以上の考察から、［木牘1］～［木牘3］では報告者の業務内容の概要が記載され、その前（右側）に簿籍が編綴されていたことが判明するとともに（［木牘3］の場合、簿籍部分が行方不明）、［木牘4］では編綴されていたであろう簡が行方不明であるが、報告者の業務内容の概要が記載され、その前（右側）に取り調べ記録が編綴されていたことが想定できよう。

二　許迪割米案件の「叩頭死罪白」文書木牘

前述のように、早い時期に紹介され、研究が多い木牘に［木牘5］の許迪割米案件がある。［長隊・長文一九九九］で官府文書として紹介されたもので、［胡二〇一二］が考実文書として詳細に検討した後、［王素二〇一一A］が「録事掾潘琬白爲考實吏許迪割用餘米事」と定名して検討するなど、多くの研究者によって検討されている。[十二]

［木牘5］　［長隊・長文一九九九］［宋・何一九九九］例一六（J二二―二五四〇）（許迪案件1と仮称）長さ二五・二、幅九・六、厚さ〇・六センチ

1　録事掾潘琬叩頭死罪白。過四年十一月七日被督郵敕、考實吏許迪。輒與核事吏趙譚

2　都典掾烝若(十三)主者史李珠前後窮核考問。迪辭、賣官餘鹽四百廿六斛一斗九升八合四勺、偪米

3　二千五百六十一斛六斗九升、已二千四百卌九斛一升付倉吏鄧隆穀榮等、餘米一百一十二斛六斗八升、迪割

4　用飲食、不見爲稟直。事所覺後、迪以四年六月一日偸入所割用米畢、付倉吏黄瑛等。

5　前録見都尉、知罪深、重詣言不割用米。重復實核迪、故下辭服、割用米審。前後榜押迪凡百？

6　日、不加五毒。據以迪□□(事？)服辭結罪、不枉考迪。乞曹重列言府。傅前解、謹下啓。琬誠

7　惶誠恐、叩頭死罪死罪。

8　**若**　　　　二月十九日戊戌［白］

録事掾の潘琬、叩頭死罪して白す。過ぐる四年十一月七日、督郵の敕を被るに、吏の許迪を考實せよ、と。(中略)曹に重ねて言を府に列ねんことを乞ふ。前解を傅し、謹みて下りて啓す。(後略)

［木牘5］は、宛先の「詣〜」は記されていないが、六行目に「乞曹重列言府」とあるので、録事掾の潘琬が曹（功曹）へ宛てた上行文書であり、嘉禾四(二三五)年十一月七日に督郵の命を受けて、吏の許迪の米横領を取り調べ、その結果を嘉禾五(二三六)年二月十九日に報告したものである。まず、潘琬が核事吏の趙譚、都典掾の烝若、主者史の李珠とともに取り調べたところ、許迪が、官の余塩(十四)四二六斛一斗九升八合四勺を売り、米二五六一斛六斗九升に換え、そのうち二四四九斛一升は倉吏の鄧隆らに納入したが、残りの米一一二斛六斗八升を迪が横領して飲食したこと、発覚してから迪が嘉禾四年六月一日に盗んだ米を密かに倉吏の黄瑛等に返したこと、都尉（軍糧都尉？）に会い、罪の重大さを知り、米を横領していないと言ったことを供述したと記した後に、繰り返し迪を取り調べたところ、迪は供述して罪を認めたので、米を横領したのは事実であると記す。次いで、迪を榜押（拷問を含む訊問）すること、およそ百日間で、五毒を加えずに、迪が罪を認めたので、罪が定まったのであって、迪に不法な訊問をしていないと、取

り調べの正当性を記す。更に、曹（功曹）に重ねて府に報告していただきたいと願い、「前の解」を付して報告することを記している（「録事掾潘琬白考實吏許迪割用餘米文書」と命名できよう(十五)）。この報告に対して、長官（臨湘侯相(十六)）が「若（諾）」という判断を下している(十七)。

この［木牘5］については、［長隊・長文一九九九］と『湖南省展』の写真版で二条の編綴痕が確認でき、六行目に「前解を傳す」とあるので、［木牘1］～［木牘4］の事例を踏まえると、許迪を取り調べた記録（恐らく竹簡）を付したことが分かるが(十八)、「前解」とあるように木牘の前（右側）に編綴して付したと想定することができよう。

この許迪割米に関する木牘は、この［木牘5］以外に、以下の三枚が現時点で確認できる(十九)。

［木牘6］　長沙簡牘博物館展示木牘（編号・大きさ不詳）（許迪案件2と仮称、［伊藤二〇一三］の仮称を修正）

1　[録]事掾潘琬死罪白。被勅、重　考　實　吏　許　迪　坐　割　盜　鹽　米意、狀言。案文書、[重][實]
2　[核]。迪辭、賣餘鹽四百廿六斛　一斗九升八合四勺得米二千[五]　百六十一斛六斗九升、前列[簿]
3　[言]郡、但列得米二千四百卌　九斛一升。餘米一百一十二斛[六]　斗八升迪割用飲食。前□(見)
4　[都]？尉虛言用備[擿][米]、□　實　割　用　米。　審　實。　謹　列　[迪]辭、狀如牒。乞曹列言[府]。
5　[琬]誠恐、叩頭死罪[死][罪]。
6　　　　　　　　　　　　　　　　　　　　　　　[詣]？　金　曹
7　　　　　　　　　　　　　　　　　　　　　三　月　廿　八　日　[白]

[録]事掾潘琬、死罪して白す。勅を被るに、重ねて吏の許迪の鹽米を割盜するに坐するの意を考實し、狀して言へ、と。文書を案ずるに、重ねて[實][核]す。迪の辭に、「餘鹽四百廿六斛一斗九升八合四勺を賣り、米二千[五]百六十一斛六斗九升を得。前に[簿]を列ねて郡に[言]はく、但だ列ねて米二千四百卌九斛一升を得るのみ、と。餘米一百一十

二斛六斗八升は、迪、割用して飲食す。前に都(?)尉と見ひ、用って摘米に備ふと虚言し、□實に米を割用す。」と。審らかに實たり。謹みて迪の辭を列ね、状すること牒の如し。曹に言を府に列ねんことを乞ふ。琬誠恐、叩頭死罪死罪す。／金曹に詣す。／三月廿八日白す。

［木牘5］の報告後も決着が付かなかったようで、許迪割米案件の審査に関する文書の往来が続いている。［木牘6］は、録事掾の潘琬が金曹へ宛てた上行文書であり、金曹の命を受けて、吏の許迪を再度取り調べ、その結果を嘉禾五年三月二十八日に報告したものである。潘琬が再度取り調べたところ、許迪の供述に、余塩を売って米に換え、簿を付して郡に報告したが郡は米二四四九斛一升を得ただけで、残りは許迪が横領して飲食したこと、都尉（軍糧都尉？）に会い、残りの米を摘米（米の加工か）に備えたと詐ったが、実際には米を横領したことが述べられているので、横領は事実であると記す。その上で、牒のとおり許迪の辞（供述）を列ねると報告し、曹（金曹）に府に報告していただきたいと願い出ている（「録事掾潘琬白考實吏許迪盗鹽米文書」と命名できよう[二十]）。

［木牘6］については、長沙簡牘博物館で見学した際に二条の編綴用空格とともに刻線が確認できた。編綴用空格があり、四行目に「謹みて迪の辭を列ね、状すること牒の如し」とあるので、［木牘1］～［木牘5］と同様に許迪の辞（供述）を編綴して列ねたと想定できよう。

［木牘7］　［王・宋二〇〇九：一〇頁］（J二二―二六七三）（許迪案件3と仮称、［伊藤二〇一三］の仮称を修正）長さ二四・九、幅七・九、厚さ〇・五センチ

1　中賊曹掾陳曠叩頭死罪白。被曹勅、考實大男許迪知斷用所賣官鹽賈米一百一十二斛六斗

2　八升與不言。案文書、被勅、輒考問。迪辭、所領鹽賈米一百一十二斛六斗八升、迪自散用飲食盡。

3　縣前結迪斬罪、懼怖罪重、反辭、虚言以米雇摘、令弟冰持萆歸家改定。迪手下辭、不以米

4 屋擿自割食米。審實。謹列 見辭、狀如牒。請以辭付本曹、據科治罪。謹下啓白。曠誠惶誠
5 恐、叩頭死罪死罪。
6 若　　　　　　　　　　　　　　　四月廿一日白

中賊曹掾の陳曠、叩頭死罪して白す。曹の勅を被るに、大男の許迪が知りて官鹽を賣りし所の賈米一百一十二斛六斗八升を斷用せしかいなかを考實して言へ、と。（中略）謹みて見(現)辭を列ね、狀すること牒の如し。辭を以て本曹に付し、科に據りて罪を治めんことを請ふ。謹みて下りて啓して白す。（後略）

［木牘7］は、五・六行目の間の宛先の「詣～」の部分がもともと無いのか、文字が消えてしまったのか不明であるが、その内容から考えて、嘉禾五年四月二十一日に中賊曹掾の陳曠から功曹に宛てた上行文書であろう。陳曠が曹(功曹)の命を受け、許迪を取り調べたところ、許迪が、塩の賈米一一二斛六斗八升を横領して飲食したこと、県が斬罪に決したので、罪の重大さを恐れ、言を翻[二十一]して米を雇擿[二十二]したと詐り、弟の冰に草(蒭)を持って家に帰って改定させたことを述べ、迪の部下も米を雇擿せずに迪自ら米を横領して食したと述べたので、横領は事実であるとし、牒のとおり「見(現)辭」を列ねて報告するとした上で、辭を本曹（中賊曹）に付して、科によって罪を定めさせて欲しい旨を願い出たものである（「中賊曹掾陳曠白考實大男許迪割鹽賈米文書」と命名できよう[二十三]）。この報告に対して、長官が諾という判断を下している。

［木牘7］については、［胡・宋一九九七］［王・鄒一九九七］［長隊・長文一九九九：一七頁］に不鮮明で小さな白黒写真があり、［長隊・長文一九九九］で二条の編綴用空格が確認できる。更に『湖南選集』一七八頁・『湖南選編』簡四四のカラー写真版によると二条の編綴用空格と刻線が確認できる（実見でも確認）。編綴用空格があり、四行目に「謹みて見(現)辭を列ね、狀すること牒の如し」とあるので、［木牘1］～［木牘6］と同様に現辞（現にある供

述）を編綴して列ねたと想定できよう。

［木牘8］『三国呉簡』三冊二九頁、［劉濤二〇〇二：六七頁］、『湖南選集』二八四頁、『湖南選編』簡四五（J二二―二五三九）（許迪案件4と仮称）長さ二五・一、幅八・九、厚さ〇・五センチ

1　録事掾潘琬死罪白。關啓應、戸（功？）曹召坐大男許迪、見督軍支辭言、不
2　□（飲？）食所領鹽賈米一百一十二斛六斗八升。郡曹啓府君、執鞭核事掾
3　陳曠一百、杖琬卅。勅令更五毒考迪。請勅、曠及主者掾石彭考實
4　迪、務得事實。琬死罪死罪
5　**然考人當如官法不得妄加毒痛**
6　　　　　五月七日壬申　白

録事掾潘琬、死罪して白す。關啓して應ふ。戸（功？）曹の召して坐せしむる大男の許迪、督軍と見ひ辭を支して（反して？）言はく、「領する所の鹽の賈米一百一十二斛六斗八升を飲？食せず。」と。郡曹、府君に啓し、鞭を執らすこと核事掾陳曠は一百、杖せしめること琬は卅。勅して更に五毒もて迪を考せしめん、と。勅を請ひ、曠及び主者掾の石彭、迪を考實し、務むるに事實を得んことを。琬、死罪死罪す。／**然るに人を考すること、當に官法の如くし、妄りに毒痛を加へるを得ざるべし。**／五月七日壬申白す。

［木牘8］には宛先の「詣～」がないが、三行目に「請勅」とあり、長官の命を願い出ているようである。「叩頭死罪白」文書の体例の冒頭部分の「叩頭死罪白」に相当する部分が「死罪白」、文末の「誠惶誠恐、叩頭死罪死罪」に相当する部分が「死罪死罪」となっている。[二十四] 様式が簡略化されているが、現時点ではその理由は不明である。その内容は、許迪が督軍に会って辞を翻し塩の賈米を横領していないと言ったので、郡曹が府君（郡守）に報告し、鞭を用い

ることを核事掾の陳曠に一百、杖を琬に三十許可したが、その許可を受けて鞭杖を加えて訊問したが埒があかなかったため、更に五毒を加えて許迪を訊問することを命じて欲しいと願い、陳曠及び主者掾の石彭とともに許迪を訊問し、事実を明らかにしたいと願い出たものである（「録事掾潘琬白關啓應大男許迪割鹽賈米、請敕五毒考迪文書」と命名できよう）[二十五]。しかし、長官は、人を訊問する場合は官法の通りにし、妄りに毒痛を加えるべきではないと判じ、五毒を加えることを許可しなかった。

［木牘8］には、［木牘6］の「謹みて迪の辭を列ね、狀すること牒の如し」のような文言が見られず、以上の内容自体からは、木牘単独で用いられた可能性もある。しかし、『三国呉簡』三冊の写真版と実見によると、二条の編綴痕が確認でき、草書体の墨書の判語の文字が編綴痕の上に見られるので、編綴を解いた後に判語が書写されたことが分かる。したがって、何らかの記録と編綴されたものと思われる。

以上のように、［木牘5］～［木牘7］は［木牘1］～［木牘4］と同様に「前解」や「辭」と編綴されていたと想定でき、［木牘8］も何らかの記録と編綴されたものと思われる。

三　私学出廷訊問案件の「叩頭死罪白」木牘

［木牘5］と同様に早い時期に紹介され、研究が進んでいる木牘の一枚が次の［木牘9］である。［長隊・長文一九九九］で官府文書として紹介されたもので、［胡二〇一二］が案査文書として詳細に検討した後、［王素二〇一一A］が「勸農掾番琬白爲吏陳晶擧番倚爲私學事」と定名して検討するなど、多くの研究者によって検討されている。

［木牘9］［長隊・長文一九九九］［宋・何一九九九］例一五（J二二―二六九五）　長さ二三・六、幅六・〇、

厚さ〇・七センチ

1 南郷勸農掾番琬叩頭死罪白。被曹敕、發遣吏陳晶所擧私學番
2 倚詣廷言。案文書、倚一名文、文父廣奏辭、本郷正戸民、不為遺脱。輒
3 操黄簿審實、不應為私學。乞曹列言府。琬誠惶誠恐、叩頭死罪
4 死罪。　　詣　功　曹
5 　　十二月十五日庚午白

南郷勸農掾の番琬、叩頭死罪して白す。曹（功曹）の敕を被るに、吏の陳晶の擧ぐる所の私學の番倚を發遣して廷に詣さしめて言へ、と。（後略）

すでに明らかにされているように、南郷勸農掾の番琬から功曹へ宛てた上行文書である。その内容は、番琬が功曹の命令を受け、吏の陳晶が検挙した私学（庇護民）の番倚を県廷に出廷させ（二十六）、審問したところ、南郷の正戸であって私学とすべきでないことを功曹に報告し、郡府に報告して欲しい旨を願い出たものである（「南郷勸農掾番琬白發遣吏陳晶所擧私學番倚文書」と命名できよう（二十七））。

類似した内容の木牘に［木牘10］がある。［王・宋二〇〇九］で「勸農掾黄原白爲索簟爲私學文書」（柒—總五四一一六［二二］）として紹介されたものである（二十八）。

［木牘10］　柒—總五四一一六［二二］（［王・宋二〇〇九］）長さ二四・七、幅三・四、厚さ〇・九センチ

1 廣成郷勸農掾黄原叩頭死罪白。被曹敕、攝録私學索簟詣廷言。案文書、簟
2 名專、與州卒潘止同居共戸、本郷領民、不應給私學。願乞列言。原誠惶誠恐、叩
3 頭死罪。

（後欠）

廣成郷勸農掾の黄原、叩頭死罪して白す。曹の敕を被るに、私學の索簞を攝録して廷に詣さしめて言へ、と。文書を案ずるに、簞の名は専、州卒の潘止と同居し戸を共にし、本郷の領民なれば、應に私學に給すべからず。願ひて言を〔府に？〕列ねんことを乞ふ。原、誠惶誠恐、叩頭死罪す。（後欠）

［木牘9］と同様の上行文書で、広成郷勧農掾の黄原が曹（功曹か）の命令を受け、私学の索簞を捕らえて出廷させ、審問したところ、広成郷の領民なので私学に給すべきではないことを報告し、郡府に報告して欲しい旨を願い出たものである（「廣成郷勸農掾黄原白攝録私學索簞文書」と命名できよう）。後部が断裂していて、宛先の「詣～」と日付は不明であるが、［木牘9］と同様に功曹宛であろう。

ところで、［木牘9］については［長隊・長文一九九九］と『湖南省展』の写真版で二条の編綴痕が確認でき、［木牘10］については実見したところ、二条の編綴痕が確認できた。したがって、［木牘9］、［木牘10］も取り調べの記録が編綴されていたと考えて大過あるまい。

おわりに

以上の考察より、現在確認できる「叩頭死罪白」文書木牘は、いずれも報告者の業務内容と簿籍・記録の概要を報告するとともに、簿籍・記録の送り状（送達文言）を兼ね、編綴がはずされれば単独で通用するようになっていたと考えられ、一枚でそれらを記載するために木牘が利用されたと考えられる。また、写真版を見ると、いずれも木牘の左側に余裕があり、特に左側上半分は余白になっている。［木牘5］［木牘7］では左上部に草書で「若（諾）」の判語が記され、［木牘8］では左側上部から草書で「然、考人當如官法、不得妄加毒痛」という判語が記されているので（前述のように編綴痕の上に記されている文字がある）、編綴がはずされてから判語が書き加えられることを想定して木牘が用いられた可能性がある。(二十九)

以上考察してきたことを整理すると以下のようになる。

①［木牘1］～［木牘3］、［木牘6］、［木牘7］では二条の編綴用空格と刻線が確認でき、［木牘4］～［木牘5］、［木牘8］～［木牘10］では二条の編綴痕が確認できる。また、［木牘4］では背面に二条の刻線が確認できるので、刻線を引いた人物と書写した人物が異なることを示す。木牘に編綴用空格があるかどうかは、刻線の入った木牘とその面を使用したか否かによると思われる。

②［木牘1］はひとまとまりで出土した竹簡の中の［竹簡1―1］～［竹簡1―7］（［竹簡1―7］は推測で補足）と編綴され、［木牘2］は同様に［竹簡2―1］～［竹簡2―5］と編綴されていたことが明白である。また、［木牘2］に「謹羅列人名爲簿如牒」、［木牘5］に「傅前解」、［木牘6］に「謹列□辭、狀如牒」、［木牘7］に「謹列見辭、狀如牒」とあり、これらの木牘に辞や簿を付したことが分かる。特に［木牘3］には「謹列人名口食年紀右別爲簿如牒」とあり、「人名口食年紀簿」を木牘の右側（前）に付したことを明確に示しているので、以上の木牘も、その右側（前）に簿籍・記録が編綴されていたと想定できる。［木牘4］、［木牘8］～［木牘10］も二条の編綴痕が確認できるので、同様に簿籍・記録と編綴されていたと想定して大過あるまい。

③現在確認できる「叩頭死罪白」文書木牘は、第一に上行文書である。(三十)第二に報告者の業務内容の概要の報告である。第三に、基本的にはその前（右側）に表題簡・本文簡（簿籍・記録）・集計簡と編綴され、簿籍・記録の概要の報告でもある。第四に簿籍・記録の送り状（送達文言）を兼ねていたと考えられる。また、編綴がはずさ

れれば単独で通用するようになっていたと考えられ、一枚で報告者の業務内容と簿籍・記録の概要を記載し、簿籍・記録の送り状（送達文言）を兼ねるために木牘が利用されたと考えられる。

註

（一）ほかに二〇〇〇年五月に長沙市博物館で見学した木牘が一枚あるが［伊藤二〇〇一］、釈読が不正確なので、ここでは除外する。なお、「白」字を有する木牘には、このほか「白」字を末尾に有する賦税総賬木牘等の「白」文書木牘と、文中に有する「君教」文書木牘がある［伊藤二〇一四］。

（二）ただし、後掲の［木牘1］について［熊曲二〇一三］［凌二〇一四A］が、［木牘9］について［凌二〇一四B］が、竹簡との編綴について言及している。なお、末尾に「破莂保據」の文言を有する［長隊・長文一九九九］［宋・何一九九九］例八・例九については、編綴痕を有することから、［侯二〇〇一A］が、これらの木牘が他の簡と編綴され、冊書の簿書になっていたとし、木牘を簿書の「首枚簡」とし、木牘を簿書の構成部分としている。「叩頭死罪白」文書木牘と竹簡の編綴について、論稿としては［伊藤二〇一三］［關尾二〇一三A］が初めて論及したが、［伊藤二〇一三］の指摘については、二〇一二年六月の木簡交流会で報告した際に、角谷常子氏から竹簡との編綴の可能性について教示を得たことによる部分が大きい。

（三）以下、釈文について、先行研究のほか写真版や実見結果によって釈文原文を改めたところがあるが、紙幅の都合上、行論上必要があるものを除き、文字の校勘を省略した。ゴチック体の字は草書の判語を示す。なお、紙幅の都合により、訓読試釈のうち［伊藤二〇一三］［伊藤二〇一四］と重複するものについては、大幅に改めた部分や行論上必要な部分に限った。また、木牘の大きさについて、［木牘1］～［木牘4］、［木牘7］［木牘8］［木牘10］は実測による。

（四）四行目の「逆・調」は、釈文原文が「送調」としたが、実見結果と［凌二〇一四A］により改めた。

（五）以上の［木牘1］と竹簡［1―1］～［1―7］の内容と編綴については、詳しくは［伊藤二〇一三］［伊藤二〇一四］［關尾二〇一三A］［熊曲二〇一三］［凌二〇一四A］を参照されたい。なお、後掲の［木牘2］～［木牘4］についても、詳しくは［伊藤二〇一四］を参照されたい。

（六）［竹簡2―2］、［竹簡2―3］に三人ずつ記され、上部が断簡の［竹簡2―1］も本来三人と想定でき、一人だけの［竹簡2―4］は、集計簡の直前の竹簡と考えられる。

（七）［木牘2］と［竹簡2―1］～［竹簡2―5］については、［關尾二〇一四A］にも言及があるので併せて参照されたい。

（八）一行目の「授」は、釈文原文が「□」とし、［伊藤二〇一四］では「聚」としたが、実見結果と、二〇一四年七月の長沙呉簡研究会例会での石原遼平氏の指摘により改めた。三行目の「居」は、釈文原文が「□」としたが、同様に改めた。後掲［簡3―2］の「受」についても、石原遼平氏の指摘により改めた。

（九）「歳伍」については、［阿部二〇〇八］［阿部二〇一一］［孫二〇一一］などを参照されたい。

（十）以上のことは、二〇一四年一月の長沙呉簡研究会例会での石原遼平氏の報告で教示を得た。

（十一）四行目の「詭課」は、釈文原文が「詔課」としたが、［凌二〇一四B］により改めた。五行目の「功？曹」は、釈文原文が「戸曹」としているが、実見しても「戸」の部分が不明である。後掲の［木牘9］の事例から考え、［凌二〇一四B］により改めた。

（十二）例えば、［侯一九九九］［王子今二〇〇一］［胡・李二〇〇四］［徐世虹二〇〇四］［籾山二〇〇六］［王・宋二〇〇九］［王彬二〇一四］など。

（十三）［長隊・長文一九九九］以来、「部典掾烝若」と釈読されてきたが、『竹簡　壱』～『竹簡　肆』に「部典掾」の名が見られず、『三国呉簡』四冊二九頁の「君教」文書木牘に「都典掾烝若」とあるので、「都典掾烝若」であろう。

（十四）この余塩は、後掲の［木牘6］に「前列簿言郡、但列得米二千四百卌九斛一升。」とあるので、郡の塩だったことが分かる。

（十五）なお、［王彬二〇一四］は「録事掾潘琬考實許迪割米文書」と定名している。

（十六）［王素二〇一一A］は郡守とする。しかし、器物を扱う「白」文書木牘に、「鐵釜一口、鐵歴(鬲)一口、銅鑪一口、銅馬鍑一口、緡一張。／・右、吏の張惕の家物五種、右庫に見(現)す。六月廿一日庫吏の殷連白す。／**此の物、已に出せり。當に入るるべし。當に之を還せと白すべし**／」（［宋・何一九九九：黒白版六―二］、J二二(三)二六三四）とあり、臨湘侯国内の庫の器物について判語を記しているので、臨湘侯相による判語であろう。

（十七）［胡二〇一二］［王素二〇一一A］、及び註（十二）の論考を参照。

（十八）［王彬二〇一四］も「在前面附上審問許迪的結果文書」と解するが、編綴には言及していない。

（十九）［木牘6］は、長沙簡牘博物館で二〇〇八年から展示中の木牘で、試釈を作成したことがあるが、［王彬二〇一四］で釈文が紹介されている。［木牘7］は、二〇〇〇年当時、長沙市の平和堂五階の展示室に展示され(実物かどうかは不明)、展示パネルで「処理官吏渉嫌貪汚鹽米的司法文書木牘」として釈文が紹介されていたもので（［伊藤二〇〇一］）、［胡・李二〇〇四］で司法文書、［王・宋二〇〇九］で「中賊曹掾陳曠白爲考實大男許迪割食鹽賈米事」として釈文が紹介されている。『湖南選集』二七八頁、『湖南選編』簡四四にカラー写真と釈文が掲載されている。［木牘8］は、［劉濤二〇〇二：六七頁］で釈文の一部と小さな写真が初めて紹介され、『三国呉簡』三冊二九頁にカラー写真と釈文が掲載されたものである。なお、許迪割米案件自体をめぐる問題については、紙幅の都合により、別稿を用意したい。

（二十）［王彬二〇一四］も参照。なお、［王彬二〇一四］は「録事掾潘琬考實許迪列言金曹文書」と定名している。木牘七行目の日付について、簡牘博物館展示ケース内の木牘を見学した際、「十一月廿八日」または「四月廿八日」と試釈したが、断案を持てないので、本稿では［王彬二〇一四］に従った。

（二十一）三行目の「反辭」について、平和堂展示パネルは「反辭」、［胡・李二〇〇四］は「及辭」、［王・宋二〇〇九］［王彬二〇一四］は「又辭」とするが、二〇〇〇年の見学と『湖南選集』二七八頁、『湖南選編』簡四四のカラー写真版により「反辭」とする。

（二十二）［王彬二〇一四］は、人を雇って米を加工したと解している。

（二十三）［王彬二〇一四］も参照。なお［王彬二〇一四］は「中賊曹掾陳曠考實許迪割米文書」と定名している。

（二十四）なお、「被〜敕」に相当する部分も欠いている。内容から考えて、命令を受けて報告したものではなく、自発的に報告して命令を願い出たものではないだろうか。

（二十五）［王彬二〇一四］も参照。なお［王彬二〇一四］は「錄事掾潘琬啓五毒考問許迪文書」と定名している。ところで、木牘一行目の「戸（功？）曹」は、原文釈文が「戸曹」とするが、実見によると「功曹」の可能性がある。

（二十六）［王素一九九九］［王・宋二〇〇九］は、私学とすることについて許可を求めたものとしているが、［木牘10］と合わせて考えると、私学と偽っている者を検挙して出廷させたものであろう。

（二十七）［胡二〇一二］［王二〇一一Ａ］［冨谷二〇〇二］［髙村二〇〇四］［王・宋二〇〇九］など参照。

（二十八）ただし、『竹簡　柒』には掲載されていない。長沙簡牘博物館で閲覧した際のタグ番号は八七六九〇である。

（二十九）なお、［關尾二〇一三Ａ］は註で「あるいは当初から報告に対する判語が書き入れられることを想定してこのような木牘が用いられたと考えることもできるが、仮説の域を出るものではない。」と述べている。

（三十）なお、［木牘１］〜［木牘10］（［木牘８］の宛先は明確ではないが、臨湘侯相もしくは功曹と思われる）は臨湘侯国の官府内の上行文書なので、［關尾二〇一三Ａ］が言うように、臨湘侯国から長沙郡への上行文書には「敢言之」が用いられ、県（臨湘侯国）の官府内で「白」が用いられたという可能性が高まったと言えよう。

〔**附記**〕本稿は、二〇一三年六月一日に長沙呉簡研究会で「長沙呉簡中の牘について――二〇一三年三月末段階での集成及び検討――」として報告したものと、同年六月十一日に木簡交流会で修正報告したものの一部を修正したものである。それぞれの会で出席者各位から貴重な御意見を得たので、ここに記して謝す次第である。また、本稿は、二〇〇八〜二〇一一年度科学研究費補助金・基盤研究（Ａ）「出土資料群のデータベース化とそれを用いた中国古代史上の基層社会に関する多面的分析」（研究代表者：關尾史郎／課題番号：二〇二四二〇一九）及び二〇一三〜二〇一六年度科学研究費補助金・基盤研究（Ａ）「新出簡牘資料による漢魏交替期の地域社会と地方行政システムに関する総合的研究」（研究代表者：關尾史郎／課題番号二五二四四〇三三）の分担研究の成果の一部でもある。

なお、脱稿後、王素氏より恵贈いただいた『中国書法』二〇一四年第五期の六七頁に、［木牘5］の背面の写真が掲載されており、二条の刻線が確認できる。

長沙呉簡書法研究序説

王　素・宋少華
（石原遼平・訳）

はじめに

中国の書法がいかに発展・変化してきたかという問題は、早くも唐代には解決困難なものになっていた。とくに後漢末から三国初にかけて、中国の書法は大きな変革をとげたが、篆書・隷書・章草がいかにして衰退し、行書・楷書・今草がいかにして盛行したかといった問題を、唐代の人々はすでに明確に説明することができなくなっていた。その原因は非常に複雑であるが、伝世資料が少なく、出土資料も比較的少なかったことがその一因であることは疑いない。

例えば『晉書』巻八〇王羲之伝に記載されている太宗親撰の「制曰」には

書契之興、肇乎中古、縄文鳥迹、不足可觀。末代去樸歸華、舒箋點翰、爭相誇尚、競其工拙。伯英臨池之妙、无復餘蹤、師宜懸帳之奇、罕有遺迹。逮乎鍾王以降、略可言焉。

とある。「伯英」とは草聖の張芝、「師宜」とは八分体の師宜官、「鍾」とは鍾繇、「王」とは王羲之のことである。その大意はおよそ「書の起源は非常に早いが、芸術として論じることができるようになるのは鍾繇（一五一～二三〇年）

・王羲之（三〇三〜三六一年）から以降である。なぜならそれ以前の張芝（?〜一九二年?）・師宜官（一六八?〜二二〇年?）の墨蹟は伝わっていないからだ」という。[一] もちろん鍾繇の死から王羲之が活躍するまでの百年余の間、すなわち三国後期から西晋を経て東晋前期に至るまでの間についても、書を論じることのできる墨蹟は残されていなかった。

宋代になると法帖拓本が陸続と発見され、次々と金石資料が出土したので、太宗は『淳化閣帖』、徽宗は『大觀帖』・『宣和書譜』の編纂を命じた。また、歐陽修は『集古錄』、趙明誠は『金石錄』、洪適は『隷釋』・『隷續』をそれぞれ編纂した。これらによって文字学の資料の欠乏はいくらか改善された。ただ、惜しむらくは、それら墨蹟の真偽問題が浮上してきた。中でも有名な「蘭亭序」の真偽論争は、まさに定武軍の「蘭亭序」に始まったのである。[二] また、日本の著名な書道史研究者である中田勇次郎は、今日我々が目にする鍾繇の書はすべて宋以後に法帖によって作り出されたものだと断言している[三]（**訳者註**：この部分は日本語の原書では「今日われわれの考える鍾繇は宋以後の法帖によってつくりあげられた鍾繇であって……」となっており、真偽を論じたものではない。中田は鍾繇の「宣示表」について「法帖の刻本は転々臨模を経ているので、その点においては厳密にはいかないが……」と述べているように、これを完全な偽作とは考えていない）。ここで強調しておきたいのは、この種の真偽論争は二十世紀の八十年代になっても根本的には解決していなかったということである。当時既に中国の南北各地域で大量の秦漢簡牘が発見され、楼蘭およびその周辺では魏晋期の簡牘や紙が若干発見されていたとはいえ、後漢末の簡牘は極めて少なく、魏晋期の簡牘や紙の資料の中に三国初のものは多くはなかったことがその原因である。しかし、一九九六年に長沙市走馬楼から大量の呉簡が、二〇〇四年には長沙市東牌楼から後漢末の簡牘が出土したことで、この時期の文字資料の欠乏がやっと大幅に改善されることになった。なかでも、長沙呉簡は、この時期に起きた書法の一大変革の研究に寄与しうる一次資料を大量に含んでおり、最も重視すべきものである。

一 概観

一九九六年の十月から十一月にかけて、長沙市走馬楼で大量の呉簡が出土し、国内外の学界を震撼させた。この呉簡は全部で十万枚以上あり、うち文字の書写されているものが八万枚以上ある。その多くは戸口簿籍・租佃別莂・賦税券契・司法資料など経済や政治に関わるものであったため、歴史研究者の注目を集めたのは当然であった。また、この呉簡には各種の書体がすべて含まれており、最も早い時期のものが後漢霊帝の中平二（一八五）年（ただし、一枚のみ）、最も遅い時期のものが呉の大帝孫権の嘉禾六（二三七）年のものとまさしく後漢末から三国初に当たるため、書道史研究者の注目を集めたのも当然のことであった。宋少華は主要な発掘者という立場から、いち早く呉簡の書法上の価値に気づいた。[四] また『長沙走馬楼三国呉簡』の第一巻である『吏民田家莂』[五] の出版前後に、王元軍は長沙呉簡の文字を「吏階層の書法」と指摘し、書道史研究上の意義について述べた。[六] その後しばらくの間、研究は基本的にはすべて吏民田家莂の文字をめぐって展開された。そのなかで饒宗頤・劉濤・白謙慎らの研究成果は、彼らが著名な書道史研究者であったこともあり、大きな影響を与えた。

饒宗頤は現在の中国では唯一の「国学大師」であり、書道および書道史も専門分野の一つとしている。彼は三国時代の碑刻の研究のなかで吏民田家莂に言及し、以下のように述べている。

近年、長沙走馬楼呉簡が大量に出土した。まだ一部分しか刊行されていないが、既に二千枚余りに達する。門人が嘗て嘉禾吏民田家莂の字体とその偏旁を分析し、簡帛の字体および篆書の字形と比較した結果、その文字の構成の来源は極めて複雑で、あるものにはまだ八分体の特徴が残っていることが判明した。……故に私は呉簡の文字は胥吏の書いた章程書であるが、まだ八分体の習慣から完全に脱却していないものと考える。有学の人は呉簡の文字と鍾繇の文字を比較し、字形については、……楷書体と完全には一致しない、……故に呉簡の字形には複数の書体が混在し、なお八分の段階に留まっており、鍾繇の「正書」と見做すことはできないと論じている。(七)

ここにある「門人」とは洪娟、「有学の人」とは劉正成のことである。両者の研究成果については後述するとして、ここでは詳述しない。饒宗頤は、吏民田家莂の文字は胥吏の書いたもので、まだ八分体の習慣から抜け出していない「章程書」だと考えたが、これは極めて創見に富んだ主張だと言えよう。(八)

劉濤は、魏晋南北朝書道史研究の権威の一人で、後漢末に始まり三国魏に継承されたいわゆる「洛下新風」（具体的には篆書・隷書・章草などが次第に表舞台から去り、行書・楷書・今草などの新書体が流行することを指す）について多くの研究がある。彼は孫呉の書風と呉簡の書法についてそれぞれ以下のように評している。

当時、南方の孫呉の書家はいずれも古い字体に長じており、張紘に至っては書信を書く際に篆書を常用していたほどである。孫呉の書風は基本的に後漢のそれの延長線上にあり、比較的保守的である。西晋が呉を滅ぼした後にやっと洛陽の新しい書風が漸次江南にも入ってきた。しかし、これは呉の一部の人士から抵抗を受けた。二十世紀の五〇年代以降、湖北・江西・安徽などで少数の呉の簡牘が出土したが、そこには隷書・楷書・行書が見られた。最も我々を驚かせた発見は、一九九六年に長沙走馬楼の古井から出土した十万枚の呉簡である。この呉の書跡は単に量が多いだけでなく、書体も多種多様で、隷書・楷書・行書・草書がすべて見られる。これらの筆跡は一般の胥吏や墨客によって書かれたものであるため、当時呉で一般に用いられた書の様式およびその水準を知ることができる。(九)

これを一見すると、もし劉濤が前半部分で述べているように、「洛陽の新しい書風」は「西晋が呉を滅ぼした後」やっと「漸次江南にも入ってきた」のであるなら、後半部分で紹介している長沙呉簡をはじめ湖北・江西・安徽などで出土した呉の簡牘に見られる楷書・行書・草書などの新しい書体はいったいどこから伝えられたのであろうかという疑問が生じる。しかし、よくよくその文意を吟味すれば、実際には深い意味を含んでいることがわかる。第一の解釈としては、前者の評価は伝世文献の記載によるもので、呉の上層社会の書風を反映しており、後者は出土文献によるもので、呉の下層社会の書風を反映していると考えることができる。第二の解釈としては、江南の孫呉の書風はそもそも独自の系統であり、保守的な上層社会であれ、革新的な下層社会であれ、いずれも「洛下新風」の影響下にある曹魏の書風と無関係であったと考えることができる。[十] つまり、劉濤は長沙呉簡に見られる楷書・行書・草書など新しい書体はすべて江南の下層社会で後漢から受け継がれた書風であると考えていると解釈できるのである。[十一] 彼は長沙呉簡に見える各種書体すべてに対してそれぞれ紹介と要点を得た評価を行なっており、これについては後述する。

白謙慎は、中国芸術史研究の権威の一人である。彼も三国期の書法研究の困難さや呉の書法と魏の書法との違い、さらには長沙呉簡の書法の価値と意義に言及している。

中国書道史の研究者にとって、三国時期の書は常に頭の痛い問題である。主にこの時期の作品で後世に伝わるものが極めて少ないことが原因で、この時期の書道史に対する我々の理解は極めて限られたものとなっている。呉に関して言えば、これまで我々が把握していた資料は僅かに「天發神讖碑」・「谷朗碑」および信頼性の低い皇象の「急就章」と今世紀に出土した数少ない呉簡やその他の材料に書かれた墨蹟のみであった。しかし、一九九六年に長沙走馬楼で十万枚前後の呉簡が出土したことによりこの状況は大きく変化した。書道史の研究者は一般的に三国期の書法については、魏の都の洛陽を中心としていわゆる「洛下新風」が出現したと考えている。呉の書法に関して言及している研究者もいるが、概ね魏の書法ほど高い評価は与えていない。彼らが限られた史料から導き出した基本的な見解は、呉の士大夫の書法は極めて保守的であったということである。しかし、一方で呉の「谷朗碑」の文字に表れている端正さと典雅さは十分に我々に憧れを抱かせるものである。長沙走馬楼より出土した嘉禾年間の簡牘には、用筆が規則正しく厳格で、字体は温和で落ち着きがあり、筆致がゆったりとしている作品が少なからず存在する。このうちのいくつか傑作は王羲之の「姨母帖」を我々に思い起こさせる。[十二]最後の部分であげられている「姨母帖」は王羲之による楷行（楷書に近い行書）の代表作の一つである。しかし、この部分より前の評価も含めてすべて楷行について述べたものだと考えることはできない。白の「用筆が規則正しく厳格で、字体が温和で落ち着きがあり、筆致がゆったりとしている作品が少なからず存在する」という一文は、長沙呉簡の書法に対する総合的な評価と考えられる。

この他にも、前述の洪娟および郭世嫻、日本の渡辺明なども長沙呉簡の書法を論じている。渡辺は主に「書写が容易」・「造形が美しい」などといった視点から評価している。[十三]洪・郭両名の評価はこれとは視点が異なる。洪娟は先ず、「呉簡に示された書体は、篆・隷・楷・行・草の各書体が全て揃っており、まさに魏晋期における書体の変遷と発展を反映している」ことを指摘し、[十四]その上で、具体的な分析をふまえ、

総じて言えば、呉簡の書体は隷書と楷書を基礎にしながらも、同時にそれ以外の書体の結構（**訳者注**：文字の点画の組み立て方。一字の構成法のこと。平勢雨郚・森高雲編『書法用語辞典』、西東書房、二〇一一年、参照）や用筆が混在している。これは両漢～三国期がちょうど新旧書体の交替する過渡期に当たり、当時広く使われた書体は一種類のみではなかったことから、書写の際に書き手がしばしば数種類の書体の筆法を混ぜて使ったことが原因である。また、呉簡の書き手が速書きをするために形状・結構の上で複雑なものを選ばず、簡単なものを

選んだことで、比較的多く連続した筆画や簡略化された字体が用いられることになった。ただし、呉簡の文字は、漢代の碑刻の異体字と比べると比較的高い安定性を持っており、これもまた隷書が楷書へと邁進したことの表れである。(十五)

と述べている。

郭世嫻は、伝統的・革新的二つの方法によって呉簡の書体を分析している。すなわち、

長沙走馬楼三国呉簡の書法の基本的な形態を総合的に考察すると、書体の過渡期にあることから、各種書体の特徴はあまりはっきりとはしておらず、明確に隷書簡と楷書簡とを分類することができない。このような状況に対して、筆者は伝統的な筆画や形態から書体を分析する方法に加えて、動力形式（**訳者注**：邱振中が提唱する概念で、主に筆の打ち込みと運筆の勢の分布の様式を指す。詳しくは邱振中『中国書法一六七個練習』、中国人民大学出版社、二〇〇五年、などを参照）の角度から新たな方法を用いて走馬楼呉簡の文字を検討した。(十六)

と述べている。

洪娟は、裘錫圭『文字学概要』の理論を用いて吏民田家莂中の篆書・隷書・楷書・草書の各書体それぞれに対して分析を行なった。一方、郭世嫻は、前述のような伝統的・革新的方法を用いて長沙呉簡中の篆書・隷書・楷書・行書・草書の五種類の書体それぞれについて検討している。これらの研究の各書体に対する具体的な見解についてはあらためて後述することにし、ここでは述べない。

二　篆書・隷書

従来は呉の篆書の代表作といえば「天發神讖碑」と「封禪國山碑」および「禹陵窆石題字」などであり、隷書（八分体）の代表作は「谷朗碑」（正式な名称は「呉故九眞太守谷府君之碑」、この碑の書体に関してはいくつかの異論がある）、および「浩宗買地券」などであった。これらと伝世文献の記載とは概ね一致する。『三國志』巻五三張紘伝注引『呉書』には「紘既好文學、又善楷篆」とあり、『三國志』巻五二張昭伝には「少好學、善隷書」とある。また唐の張懷瓘の『書斷』巻中の皇象の条には「八分雄才逸力」とある。このような記述は、呉の上層社会の書風が全体的には間違いなくやや保守的であったことを反映している。よって、長沙呉簡に見られるような下層社会の書風と上層社会の書風との間にはかなり大きな差異が存在していたことになる。

長沙呉簡の書体には現在のところ篆書は見られない。洪娟は吏民田家莂に見られる「布」と「有」の二字には篆書の筆法が見られるという(十七)。これは非常に独創的な見解である。また、郭世嫻は長沙呉簡中の「女」字ならびにこれを構成要素として含む「安」・「案」・「婦」・「妻」・「婁」・「奴」・「怒」・「妻」・「妾」・「汝」・「嬰」などの字、「隹」字ならびにこれを構成要素として含む「雇」・「集」・「雋」・「準」などの字にも篆書の筆画が含まれているが、これらの筆画は篆書の動力形式を使って書かれたものではなく、隷書あるいは楷書の動力形式で書かれたものであると指摘している(十八)。これは比較的斬新な見解である。

長沙呉簡の書体の中には標準的な隷書は僅かしか見られない。唯一の標準的隷書の例は黃朝の名刺簡（正面）（**図一**）である。劉濤はいち早くこの名刺について検討し、これは芸術的な手法によって作成された「「画刺」の作」であり、一般的なありふれた隷書とはやや異なるとする。(十九)また洪娟は、吏民田家莂中の「年」・「其」・「曹」・「儀」・「錢」・「趙」・「野」・「通」・「丘」の九つの文字には碑別字の影響を受けた書き方、あるいは碑別字をもとにした隷書の書き方が存在すると考える。(二十)さらに郭世嫻は、長沙呉簡の書体の多くは隷・楷・行の三種の特徴をあわせ持っているとする。郭は、隷書の特徴がよく表われる筆画は主に横画と右払いであるとした上で、長沙呉簡の右払いには特に明確な波磔が確認できないが、横画の場合には起筆から収筆まで太さの変化が大きくなく、多くは収筆で水平あるいは斜め上方向に抜いており、明確な波磔とは言えないまでも、隷書の横画の動力形式の特徴を十分に備えているとしている。(二十一)

これらの研究から、長沙呉簡中の篆書・隷書は完全な篆書・隷書の結構は持っておらず、部分的な筆法だけにその要素が存在するにとどまり、最も多くこれらの要素が表れている文字でさえ、篆書・隷書の遺風や余韻でしかないことがわかる。魏の正始四（二四三）年刻の「三體石經」に見られる規範にのっとった典雅な篆書・隷書は長沙呉簡にはもとより影も形も見られないが、呉の天璽元（二七六）年刻の「天發神讖碑」に見られる篆書のようであり隷書のようでもある篆書や、鳳凰元（二七二）年刻の「谷朗碑」に見られる隷書のようであり楷書のようでもある隷書（八分体）さえも、長沙呉簡中にはわずかにその痕跡が見出せるにすぎない。このような事実は、当時南方と北方で書風に確かに差異があったことの証明であり、また呉の下層社会の書風と上層社会の書風にも確かに差異が存在したことの証明でもある。以上のことを総合すれば、後漢末から三国初に起きた中国書道史上の大変革には、下から上へというベクトルが含まれていたことは疑いないと判断できる。

三　草　書

ここで言う草書とは主に今草のことを指す。ただし、今草は章草から発展したものなので、必然的に章草も含まれる。章草の起源については多くの見解があるが、ここで詳しく紹介することは避ける。(二十二)三国期に章草がすでに今草に向かって変化していたか否かという問題に関して、現在最も広く受け入れられている見解は、劉濤が唐蘭や裘錫圭の研究成果から帰納的に導き出した「三国時代に流布していた草書は章草であり、典型的な今草はまだ出現していなかった」(二十三)という結論である。しかし、長沙呉簡には皇象の「急就章」のような章草は全く見られない。また、やや時代の下る西晋の索靖の「月儀帖」のような章草も見られない。(二十四)それだけでなく、楼蘭から出土した魏晋期の簡や紙に書かれた文字にも皇象の「急就章」・索靖の「月儀帖」のような章草は見られない。(二十五)そのため「三国時代に流布していた草書は章草である」という見解には再考の余地がある。ただし「典型的な今草はまだ出現していなかった」という点については従うことができる。

長沙呉簡中には草書は多くないため、研究成果も不十分であり、まだ検討すべき問題が多く残されている。李瀞はいち早く「走馬楼呉簡に見られる草書は、すでに章草から変質した今草である」と指摘した。しかし、具体的な例を示していないため、どの文字を指して言っているのかわからない。そのため、これに続いて書かれている、考古学界と書道界において、わが国に現存する最古の書家の真蹟だと考えられている西晋の陸機の「平復帖」と、走馬楼呉簡の今草の作品との間には、外見から内部の血肉に至るまで密接な関係が見出せる。このことから見て、後漢末に張芝が章草を今草に変え、三国から晋にかけて民間に普及し、両晋で成熟したということは、また確か

なことである。[二十六]

という部分についても根拠がはっきりとせず、その当否を判断するのは困難である。ただ、確かなのは、ここで述べられている「張芝が章草を今草に変え」という見解については、以前から先学の批判があり、すでに時代遅れの考え方となっているということである。このことについては後述するため、ここでは詳述しない。

劉濤の研究は非常に的確に要点を述べている。

> 呉簡に見える草書の墨蹟は当時の一般的な草書であり、流れるように書かれ、隷意はあまり認められない。「謁米君木牘」の波磔は明らかでなく、横に広がる筆勢は弱くなっている。「奏許迪賣官鹽木牘」には、一行の草書の批答があり、「然考人當如閑《ママ》法、不得妄加毒痛」と書かれている。字形には横長の形態が残っているが、力強い筆態は既に影を潜めており、筆勢は控えめで含みがあり、凝縮している。結構は章草のものだが、筆姿は今草に近い。今草とは呼べないまでも、典型的な章草とは異なり、形態の上からは章草と今草の間の一種の草書である。確実に言えるのは、当時流布していた章草の一形態であったということである。……通常は王羲之の草書をもって今草が成熟した指標と考えられているので、それは四世紀の四〇年代まで時代が降ることになる。……王羲之の作り出した今草と江南に流布していた草書の間に伝承関係はないが、呉簡の草書は、三国時期には既に章草から今草に向かう過渡期の趨勢が出現していたことを我々に示している。[二十七]

ここに挙げられている二枚の木牘のうち「謁米君木牘」については図版が付されていないが、最新の呼称では「佚名書信（正）」[二十八]（**図二**）とされている簡のことと推測できる。この書信は保存状態が悪く、文字はほとんどかすれており、はっきりと読み取れる文字は少ない。「奏許迪賣官鹽木牘」は、最新の呼称では「録事掾潘琬白爲考實大男許迪盜食鹽賈米事」（図三）とされているもので、これは保存状態が良い。最後の一行の草書の正確な釈文は「然考人當如官法、不得妄加毒痛」である。これは長沙太守の批語で、前文にみえる「敕令更五毒考迪」に対して発せられたものである。劉濤がこれら二枚の木牘の草書の性質を「流布していた草書」とし、前者について「波磔が明らかでない」と評しているのは、つまり章草の右払い・左払い・縦画・横画の筆勢がないことを言っており、「横に広がる筆勢が弱くなっている」と言うのは、隷書の左右両側に伸びる筆法が少ないことを言っている。後者に対する評価も言葉は異なるが、意味は大体同じである。その中の「結構は章草のものだが、筆姿は今草に近い」という評は、要点をまとめた点睛の筆というべきである。ただし「王羲之の作り出した今草と江南に流布していた草書の間に伝承関係はない」と述べている部分に関してはなお検討の余地がある。王羲之は幼い頃父に随って長江を渡り、ずっと孫呉の故地で生活していたため、彼の創始した今草と江南に流布した草書との間の伝承関係の有無にはまだ簡単に結論を出すことはできないだろう。（二十九）

洪娟は、章草から今草への変遷に関して「実は早くも呉簡の中には続け書きや連綿など今草の筆法が見られる」と述べ、あわせて「禾」・「米」・「布」・「有」・「歩」・「定」・「皆」の七つの文字を例示し、分析と解説を行なっている。その結論部分には

（唐の張懷瓘の）『書斷』（巻上、草書条）は、歐陽詢の「與楊駙馬書章草千字文批後」を引いて「張芝草聖、皇象入絶、並是章草、西晉悉然。迨乎東晉、王逸少與從弟洽、變章草爲今草」と指摘している。ここでは東晋に至るに及んで王羲之が今草を創始したと言っており、後漢の張芝が章草を変革し、今草を創造したという見解とは大きな隔たりがある。以上の文字の例のみから見れば、今草の部分的な用筆はとうに民間の書き手から出ている。王羲之らの大家も、今草の完成に功があったかもしれないが、それは集大成というべきで功績であり、創始の功

ではない。(三十)

とある。「今草の部分的な用筆はとうに民間の書き手から出ている」という部分と、王羲之が「集大成」したという点についいては間違いないだろう。しかし、張芝が「集大成」したというのは通常では考えられないことである。今草が張芝に始まるという見解は唐蘭が夙に批判している。(三十一)張芝は後漢の人であるので、当時今草はなお萌芽の段階にあり、「集大成」までにはまだ長い道のりがあった。

また郭世嫻は、「走馬楼呉簡の内容は地方行政文書である。これらは公文書であるために明瞭できちんとした読みやすい文字を書くことが求められた。草書体は公文書には向かないために、走馬楼呉簡の中には比較的少ないのである」と述べており、長沙呉簡に草書が少ない原因を説明した点に一定の新しさがある。ただし、郭は前述の「録事掾潘琬白爲考實大男許迪盜食鹽賈米事」の中の草書の批語一例のみをあげて分析と解説を行なっているのだが、そこでは前述の「三国時代に広く用いられた草書は章草である」という見解に引きずられ、「章草は揺れと廻旋を主要な筆法としており、動きの連続性を追求し、筆画には比較的強い独立性がある」とし、「この一行の草書は揺れと廻旋を筆法の基本としており、横画には依然として上方向につりあがる様子が見られるが、明確な波磔は見られない。個々の文字内部の筆画は相互に連続した動きの傾向がかなり顕著で、……文字と文字の間にも一定程度の連続した動きの傾向が見られる(三十二)」と述べ、これを依然として章草に分類している。このような観点には明らかに問題がある。前掲の劉濤の研究がすでに正しい解答を示しているため、これ以上ここで詳しく述べる必要はないだろう。

四　行　書

行書の起源に関しては、一つの説しか存在しない。それは唐の張懐瓘の『書斷』の述べる、潁川の劉德昇が後漢の桓帝（一四七～一六七年）・霊帝（一六八～一八九年）の時期に創造したというものである。行書はもともと隷書から生まれ、初めは両者の区別は困難であった。そのため当時ある人が「善隷書」と称される場合、行書が優れていることを指している場合が多かった。(三十三)かつて唐長孺が、「北方の書の南方への伝播が、呉人の「質朴古情」な形態に変化をもたらした。私の推測ではこれは主に行書の広がりにある」と指摘したことがある。(三十四)劉濤はこれを根拠にして、「行書は魏晋期の新しい書風の最も顕著な現れであり、また新しい書風の中で最も簡便な書体の一つである」(三十五)とした。このように、行書はその簡便さによって、魏晋期の新しい書風の代表となったと考えることができる。

行書の形態に関しては多様な記述が存在する。唐の張懐瓘『書斷』巻上、行書条には「即正書之小僞、務從簡易」とある。「正書之小僞」とは、つまり結構が楷書で、筆法が草意を帯びていることを言っている。「簡易」というのは、つまり筆画に省略・連綿があることである。これに書写が比較的流暢であることを合わせれば、前述の「簡便」となる。同書の巻中の劉德昇条には「胡昭・鍾繇並師其法、……而胡書體肥、鍾書體瘦、亦各有君嗣（劉德昇の字）之美」とある。同書巻中の胡昭条は衞恒を引いて「昭與鍾繇並師於劉德昇、倶善草・行、而胡肥鍾瘦」と述べている。陳彬龢によれば、これは「胡が肥、鍾が痩、それぞれが劉の一書体を得た」(三十六)ということである。しかし、同書巻中の胡昭条は羊欣を引いて「胡昭得其骨」とも述べており、唐の張彦遠『法書要錄』巻二の「梁武帝觀鍾繇書法十二意」は「元常（鍾繇の字）謂之古肥」と述べており、ここではさかさまに胡瘦鍾肥となっているようである。

長沙呉簡には行書体が非常に多いが、その形態には隷書や楷書が混じっており、研究成果もそれほど多くない。

李潺は、「走馬楼呉簡中の行書は、主に木牘の文書と名刺に見られる。その筆画中には隷書の蚕頭雁尾（**訳者註**：隷書の中の捺脚をもつ横画の起筆と横波収筆の形象を比喩したものである。主毫は起筆の際その入筆を逆入蔵鋒にすると「蚕頭」のような形になり、腰部がおおむね細くなる。さらに収筆部で主毫を頓筆して按え右上方に向けてはね上げるように払うと「雁尾」のような形になる。この用筆法によれば、横画は上部が平らかで下部は曲線になり、最もよく隷書の特徴を備え持つ筆画となる。これは隷書体の関鍵をなす一筆で好んで用いられる。平勢・森編、前掲書を参照）が完全には消えていないとはいえ、行書の筆画間の連綿・結構の滑らかさ・滞りのない線など行書の特徴が既に簡上に表現されている」と述べる。これに続き、「右郎中竇通擧謝達爲私學文書」（**図四**）を例としてあげ、「三行の行書の気は互いに繋がりあっている。筆は途切れても筆意は連なっており、一気呵成に書き上げられている。第三行の左下の端の部分では筆圧を加え、牘全体に強く疎密の対比を造り出している」とする。さらに「方白書信」（正面）（**図五**）を例として、「二行の行書は既に文字と文字が緊含《ママ》しており、左右に躍動感があり、意気に抑揚があって瀟洒な行書の佳作である(三十七)」と述べている。前者の例で「第三行」以下に説明されている部分は署名などが書かれた部分で、規定に沿って左下の位置に書かれている。これによって生み出された牘全体の疎密の対比は、故意に作り出されたものではなく、章法とは無関係だろう。後者の例では「緊含」という語の意味するところが不明である。おそらく、「緊扣（くっついている）」の誤植だろう。

劉濤は、「呉簡の墨蹟のうち、胥吏の手になる簿籍は、その多くが行書で書かれている」と指摘する。劉は呉簡の行書を二種類に分類しているが、第一類は、比較的多く見られるもので「筆法と結構は明らかに当時の楷書に近い」とする。例として吏民田家莂中の最新の呼称で「聶儀賦税帳」（**図六**）という簡の下端の文などをあげ、「続け書き・

連綿が用いられているが、筆画は比較的直線的で、筆勢には連続性がない。また字形も横長で、当時の楷書の速書きのようであり、今日の行楷の結構に似ている」とする。第二類については、前掲の「右郎中竇通擧謝達爲私學文書」（**図四**）を例として、「筆画は丸く厚みがあり、いくつかの偏や旁の筆画には省略が見られ、生き生きとして自在である。字形は縦長で、字勢は欹側（**訳者注**：王羲之の楷書に代表される結構の左右の振幅が大きい字形）であり、婉約風流（控えめで含みがあり風流）な韻致がある。その用筆と結構はいずれも後世の行書とかなり近い」ものであり、また「「古肥」の特徴も表れている」とされる。そして最後に総合的な評価として

呉人の書いた行書は最も早期の行書であり、まだ部分的に扁平な鈎画（**訳者注**：㇄・㇂などの筆画）・挑画（**訳者注**：㇀の筆画）や横に張り出す筆勢などが残っている。このような隷書の筆法や筆勢は、我々が良く知っている楷書と今草の中間の行書とは少し異なる。三国時代の行書は、楼蘭遺跡出土の魏晋の簡牘文書にも見られるが、年代は呉簡の行書ほどは古くないため、呉簡の行書のほうがやや古雅・質朴の趣を持っている。[三十八]

と述べている。劉濤の長沙呉簡の行書に対する分類と評価は客観的で公正なものと言えよう。「右郎中竇通擧謝達爲私學文書」（**図四**）に対する評価に関しては特にそうである。「風流婉約」は、唐の張懐瓘『書斷』巻中、劉徳昇条で「行書之祖」である劉徳昇の書いた行書を評した専門用語であり、「古肥」は唐の張遠彦『法書要錄』巻二、「梁武帝觀鍾繇書法十二意」で劉徳昇の行書の第一の伝承者である鍾繇の行書を評した専門用語である。ここから当該文書に対する劉の芸術的評価の高さをうかがい知ることができる。

郭世嫺は、「走馬楼呉簡の中の行書は、あるものは筆画に省略があり、あるものは筆画の短縮があり、あるものは筆画と筆画に連綿があり、またあるものは筆画の間に意連があり、文字の結構は比較的散漫で、字形は縦長で、縦の

筆勢が下に向かっている」と指摘する。このことから、郭は長沙呉簡の行書の形態に関し、左のような総合的評価を行っている。

走馬楼呉簡の時代には楷書はまだ成熟しておらず、呉簡中の行書は楷書以前の行書である。動力形式の視点から考えると、走馬楼呉簡の行書は隷書と廻旋を基礎としたものである。部分的な筆画は書写の過程の中で連続的に制御され、同時に隷書の連続した揺れによる波勢と楷書の筆の止め（収筆の当たり）もまたその中に混じっている。走馬楼呉簡で行書の特徴を備えた簡は、実は行書の特徴を主として、隷書・楷書の特徴を併せ持っていると言える。（三十九）

郭世嫺が、長沙呉簡の行書に対して行なった形態の分析と分類は首肯できるものと言えよう。当時は行書と隷書の形態は比較的容易に区別できるが、行書と楷書の形態はそれほど簡単に区別できるものではなかった。早期あるいは過渡期における行書の形態をいかに分析・分類するかという問題に対し、郭世嫺が考案した動力形式の角度から特徴を探し出すという方法は一種の新たな試みと言えよう。

五　楷書

楷書は真書・正書とも呼ばれる。楷書の起源については多くの説が存在するが、ここで詳しく紹介する必要はないだろう。康有爲は『廣藝舟雙楫』において楷書の源流について左のように指摘している。

真書への変遷は魏・漢の間に起きたのではないだろうか。漢以前には真書体は存在しなかった。真書の今に伝わるものは、呉の「葛府君碑」および元常（鐘繇）の「力命」・「戎輅」・「宣示」・「薦季直」諸帖が最も古い。二王

の時代になると変化はほとんど終わり、これが今日まで受け継がれ、絶対的な規範となり、小さな変化すらなくなった。（四十）

また、このうち「葛府君碑」を最も推賞し、「「葛府君碑額」は非常に優れて老練かつ素朴で、ほとんど中郎（蔡邕）の正統を受け継いでおり、真書最高の古碑だといえる」（四十一）とも述べている。しかし、「葛府君碑」の作られた時代に関しては異なる見解が存在する。

「葛府君碑」は碑額しか現存しておらず、全部で三行十二字、楷書で「呉故衡陽郡太守葛府君之碑」とある。原石は句容（現在の江蘇省句容市）にあるが、清の乾隆年間に孫星衍がこの碑を孫呉の時代に比定し、葛府君は葛祚を指すと考え、「楷書之見於法帖者、則有程邈最先、然不足信、其見於碑碣、亦始於此、良足寶也」（四十二）と述べた。しかし、康有爲と同時代の繆荃孫はこれに全く賛同していない。彼はその著『藝風堂金石文字目』の「呉」の項に僅か四方しか著録していないが、一方目に「九江男子浩宗買地券」をあげ、注で「分書」とする。二方目には「九眞太守谷朗碑」をあげ、同じく注で「分書」とする。三方目は「封禪國山碑」で、「篆書」と注している。四方目は「禹陵窆石題字」をあげ、同じく「篆書」と注しているが、「葛府君碑」は著録していない。それだけでなく、他の「正書」の石刻も著録されていない。そして、同書の「陳」の項に「呉衡陽郡太守葛祚碑額」を著録し、注で「正書」として、按語には「『萃編』、『訪碑錄』、『江寧金石記』はいずれも題に「呉」字があることから、これを孫呉のものとしている。しかし、正書は斉梁の間に始まるもので、呉の時代にはまだ存在していなかった。法帖の中にある鐘繇、索靖はどれも唐代の偽造であるのだから、どうしてこの碑が信じるに足るだろうか」（四十三）と述べている。彼は鍾繇らの伝世の法帖を唐代人の偽作と断定し、「葛府君碑」を陳のものだとして、三国・孫呉の時期には正書つまり楷書が存在するわけがないと考えているが、これはかなり限られた一部の人々の見解であろう。

長沙呉簡には楷書が最も多く含まれており、最も注目が集まり研究成果が多いが、その反面論争も少なくない。

劉正成はいち早く長沙呉簡の楷書の価値に注目した。劉は良く知られた「潘慮白受租税雑限米帳」（**図七**）しか例示していないが、彼が検討に用いた資料は実際には決してこの簿籍だけではない。劉は「長沙走馬楼呉簡が出土し、初めてこれを見た瞬間、既に私は鍾繇の書法に関する別の方面からの証拠を見つけたと思った」と述べている。彼はこれらの楷書のいくつかの文字は鍾繇の「薦季直表」と完全に同じであり、当時鍾繇の書が既に孫呉に伝わっていたことを実証できるのみならず、「これを用いて鍾繇の実在と「薦季直表」・「宣示表」の真実性を論証することができる」(四十四)と指摘している。

ある研究者はこの所見の一部には同意していないようだが（後文を参照）、劉が行なった比較作業とその推論は、長沙呉簡の書法研究の方向性を示したという点では一定の意義があった。

李潺は、吏民田家莂は「隷変下の楷書」であると指摘し、その筆法や結構などについて分析と研究を行なっている。李は、「筆使いは端正、墨使いは濃厚で、楷書の初期の様子が表れている。吏民田家莂の中のJ二二―二五〇〇の潘琬木牘は、鍾繇の代表作「薦季直表」や「賀捷表」と筆遣い・墨使いがそっくりであり、形態も非常によく似ている」と述べ、このことは「鍾繇の楷書が漢末と曹魏の間に生まれたということの絶対的な信憑性を証明した」のみならず、鍾繇の楷書が長沙呉簡に見られるような民間の楷書を吸収・規範化・加工・美化することで作り出されたものであることを証明した(四十五)と言う。しかし、吏民田家莂中に潘琬木牘は存在せず、J二二―二五〇〇という簡も潘琬木牘ではないため、彼の手元のデータに何らかの誤りがあったと考えられる。長沙呉簡には潘琬木牘が多数含まれているため、ここで述べられているのがどれなのか不明であり、李潺の比較作業の当否を判断することはできない。ただし、彼の見解が前掲の劉正成の意見とは完全に異なることは読み取れる。つまり、李潺は鍾繇の楷書が長沙呉簡の楷書から出たものと考えており、劉正成は長沙呉簡の楷書が鍾繇の楷書から出たものだと考えている。

劉濤は、孫呉の楷書を非常に重視しており、湖北省鄂州市出土の「史綽名刺」、安徽省馬鞍山市出土の「朱然名刺」などの楷書の研究を行なったことがある。彼は長沙呉簡の楷書についても研究し、全部で四例をあげている。うち二例は我々が新たに命名した官府文書木牘「録事掾潘琬白爲考實吏許迪割用餘米事」（**図八**）と「勸農掾番琬白爲吏陳晶擧番倚爲私學事」[四十六]（**図九**）である。残りの二例は吏民田家莂の「潘碭賦税帳」（**図一〇**）と前掲の「聶儀賦税帳」（**図六**）の上部の簡文である。劉は、潘琬木牘について「楷書であり、安易な簡略化はしていない。横画には左が低く右が高い傾斜があり、収筆には止めがある。縦方向の筆画は引き伸ばされ、大部分に傾斜がある。転折の部分では転は丸く、折は方形である。この楷書は隷意が少ないが、文字の結構は整っていない」と言う。また番琬木牘については「楷書が隷意を多く帯びており、字形は横長で、結構は比較的整っている」。「潘碭賦税帳」については、「その楷書は豊かな隷意を帯びていて字形が横長であるため、結構は平穏である。このことからすれば、当時下層の胥吏が書いた楷書は決して成熟した楷書の筆法ではなく、隷書の筆法を運用することのほうがしっかりと身についていたといえる」。さらに「聶儀賦税帳」については、「その楷書はこれらとは異なる種類の様式である。縦画と左払いはいずれも起筆に打ち込みがあり、収筆は止めずに抜いている。横画は起筆で細く、収筆で太く書かれる。このような字形は年代の近い魏晋の文書にも見られるものである。五世紀の写経の墨蹟にも依然としてこのような字形が見られる。この種の書法は、王羲之の「一拓直下」の筆法の濫觴であると言えるが、当該簡の楷書の結構にはまだ整って厳かな風格は備わっていない」と、それぞれ指摘している。そして全体の結論として

孫呉の楷書は多様な様相を持ち、書き手が士階層であるか胥吏であるかに関わらず、また書き手の楷書の技量如何に関わらず、その筆画をつぶさに調べれば、敧側の形態を具えていることがわかる。多くの左右結構の文字は

左が低く右が高い形態になっており、その文字はもはや「平頭（上部がそろっている）」ではなく、「斉脚（下部がそろっている）」でもない。このような結構は、右下に向かって傾斜する態勢を呈している。当時の孫呉の楷書には多かれ少なかれ隷書の筆法が混じっていたとはいえ、時代の趨勢として、既に楷書が広く流布していたということである。(四十七)

と述べている。ここで注目すべきは、劉濤が長沙呉簡の楷書と鍾繇の楷書とを比較していない点である。これは第二節でも紹介した長沙呉簡中の楷書・行書・草書などの新書体はいずれも孫呉治下にあった江南の下層社会が後漢時代から踏襲した書風であるという彼の一貫した見解を反映したものである。

白謙慎の見解も、劉濤のそれに近い。白は

本論文は、漢代の隷書・新隷体（**訳者注**：後漢中期頃から見られる典雅な隷書体を指して特に新隷体と呼ぶ場合がある）と、走馬楼呉簡の文字の横画・転折・擢法（はね）などの筆画の異なる様式を比較した。その結果、走馬楼呉簡の楷書化の程度は既に高く、しかもわずかな簡牘にのみ楷書の趣があるということではなく、大量の作品に楷書の様式が用いられている。(四十八)

と指摘し、長沙呉簡の楷書と鍾繇の楷書を比較していない。これは、彼も長沙呉簡の楷書は孫呉時代の江南下層社会が後漢から踏襲した書風だと考えていることのあらわれである。

王元軍の見解も劉濤のそれに近い。王は

新出の呉簡の文字と、文献に記載されている呉の士人の書法の特徴とを比較すれば、両者が明らかに異なることがわかる。呉の士人の書法は古雅で飾り気がないとされているのに対して、呉簡の書法は通俗的で実用的である。ある種の伝統的な書道研究の方法では、出土資料と墨蹟の実物とを無理やり比較し、書写者それぞれの地位や文化的な背景などをまったく考慮しない。この種の研究による推断はしばしば信頼できないものとなる。例えば、ある人は三国時代の鍾繇の作品中からいくつか文字を選び出し、呉簡の書法と比較を行なった結果、呉簡の書法と鍾繇の書法との類似点を発見し、直ちに呉簡の書法は鍾繇の書法から影響を受けたという結論を導き出している。言うまでもなく鍾繇は曹魏の名臣であり、長沙呉簡は孫呉政権下の行政文書で、その書き手は属吏であるため、両者は異なる政権下にあり、文化的な交流は阻隔されていた。呉簡の書き手が鍾繇の死後から僅か数年のうちに、鍾繇の書の風格を表現し得たというのは、ほとんど考えられないことである。また当時の士人の文化には明確な階層的特色があり、下層の士人とそれほどまでの密接な関係はありえない。(四十九)

と述べている。

この中の「例えば、ある人」以下の部分は、前掲の劉正成が長沙呉簡の楷書がもとは鍾繇の楷書から出ていると推測したことを指している。劉の見解の当否を判断することはここでは避けるが、確かなのは、王元軍は鍾繇と呉簡の書き手（属吏）が「異なる政権下にあり、文化的な交流は阻隔されていた」として、劉の長沙呉簡の楷書は鍾繇の楷書から出たという見解を否定しているが、これには決して十分な根拠があるとは言えないということである。なぜならば、中国古代においては、国家が分裂すればするほど、割拠した政権間の交流は頻繁になったためである。特に魏晋南北朝期にはこの傾向が顕著である。『三國志』巻二文帝紀に引く『呉暦』には、「(文)帝以素書所著典論及詩賦餉孫權、又以紙寫一通與張昭」とある。これは魏の文帝曹丕が自ら自身の著作である『典論』および詩賦を抄写し、孫呉の大帝孫権およびその大臣張昭に贈ったという記事である。また、南方の文学や書道作品も頻繁に北伝した。(五十)他にも『北齊書』巻二四杜弼伝には、高歡が杜弼に「江東復有一呉兒老翁蕭衍者、専事衣冠禮樂、中原士大夫望之以爲正朔所在」と言ったように、南北の情報が滞りなく流れていた例が記されている。以上のようなことから、曹魏と孫呉が対峙していた時期に、曹魏の書が孫呉に南伝することおよび孫呉の書が曹魏に北伝することはいずれも可能性があると言える。

洪娟の見解も劉濤の見解に近い。洪は多くの比較と研究を行ない、師である饒宗頤の長沙呉簡の楷書と鍾繇の「正書」は完全には同じものではないという前掲の見解を証明しようとしただけでなく、鍾繇と彼の「正書」を正しく定義しようと試みた。彼女は、「嘉禾吏民田家莂の書体は楷書の筆法が当時既にあまねく民間に普及していた証拠である」と述べるが、「たとえ楷書の結構・用筆が三国期に既に極めて普遍的であり、身分の低い書吏の書いた文字にさえ見られるということを呉簡の墨蹟が証明したとしても、「正書の祖」という鍾繇の地位は少しも揺らがない」[五十一]とも述べている。洪はまた、楷書の字形の形成に関しても研究を行なっている[五十二]。

大橋修一は、楼蘭出土の正確な時代を確定しがたい（魏晋時代）鍾繇の名を習字した楷書の残紙を重ねて取り上げ、長沙呉簡中の楷書の「兵曹簽牌」と並べて比較している。前者は書風から見て鍾繇の楷書に比較的近いとし、後者については「三過折」の構造が窺えると指摘する。おそらく長沙呉簡の楷書と鍾繇の楷書に何らかのつながりがあることを暗に示しているのだろう。（**訳者注**：日本語の原書では楼蘭出土の鍾繇習字残紙と呉簡の「兵曹簽牌」の写真が並んではいるが、本文ではそれぞれ別の部分で取り上げられており、比較しているわけではない。また、大橋氏の原文では、この残紙の書風が鍾繇の楷書に近いとは述べておらず、本来の鍾繇の書風がこの残紙の文字に近かったのではないかと述べている）[五十三]。

郭世嫻は、「走馬楼呉簡中の楷書の特徴を備えた筆画は主として横画・縦画・左払い・転折・擢法（はね）」の五種であるとし、この五種の筆画それぞれに対して分析と研究を行なっている。最終的な結論としては

走馬楼呉簡の文字の筆画は全体的にまだ隷書の動力形式の特徴を持っているが、楷書の特徴も既に大量に出現し

ている。止めは比較的明確な用筆法になっており、用筆の重心は既にしだいに筆画の端の部分と転折の部分へと移ってきている。呉簡の楷書の特徴を持った文字の中には、連続した揺れの筆法の残滓が確認できる。また筆の止めが大量に現れている。このように隷書と楷書の動力形式の特徴が同時に並存しており、字体の過渡期独特の様相を呈している。(五十四)

と述べる。郭の指摘は、長沙呉簡に見られるいわゆる楷書は隷書の連続した揺れの筆法を帯び、同時に楷書の止めの用筆を備えた一種の過渡期の楷書であるという意味である。

おわりに

長沙呉簡の書法に関する研究史を整理してわかることは、研究範囲が非常に限られているということである。研究に用いられる資料は、主に一九九九年に発表・出版された「長隊・長文一九九九」「宋・何一九九九」に掲載された簡牘(五十五)および吏民田家莂に限られている。そのため研究蓄積は十分ではなく、多くの方面で意見が統一されていない。また、意見が統一されていない原因は用いる資料が限られていることだけでなく、書道史研究自体の難点にもあるように思われる。その難点の一つは研究史が混乱していることである。そのため、早急に根本に遡って研究史を整理することが待望される。

長沙呉簡は極めて出土枚数が多く、全十一巻からなる図録が出版される予定である。その内訳は大木簡である吏民田家莂を収録した『吏民田家莂』一巻（既刊）、『竹簡』九巻（壱～肆と柒の五巻が既刊）、そして『竹木牘』一巻である。

長沙呉簡は、中国書道の一大変革期の最も重要な資料の宝庫であるが、現在の研究状況と研究成果はこれに見合ったものにはなっていない。そのため、より多くの専門家が積極的に長沙呉簡の書法研究に参加すべきである。ただし、その際に注意すべきは、厳格な学風を育み、学術規範を樹立し、研究モラルを遵守しなければならないということである。このようにしてはじめて、意義ある研究を行なうことができ、価値ある研究成果を得ることができるのである。

註

（一）張芝の墨蹟が最も早く刊行されたのは北宋官修の『淳化閣帖』においてであり、唐代の人々が目にすることは極めて困難であった。ただし、『淳化閣帖』の歴代名臣条に収録された張芝の五帖は本当に張芝の墨蹟であるのか当時大いに議論を呼んだ。例えば最も有名な「冠軍帖」を米芾は唐人張旭の作だと考えている。師宜官についてはかつて「耿球碑」が世に伝えられていた。唐の張懐瓘は『書斷』巻中「妙品八分師宜官」において「鉅鹿「耿球碑」、（袁）術所立、是宜官書也」と述べている。しかし、実際にはこの碑は唐以前にすでに散逸しており、張懐瓘の記録は前朝における旧聞によったものに過ぎない。

（二）「定武蘭亭」は石に刻まれたもので、慶暦年間に発見された。初め定武軍に属する定州の州治に置かれ、大観中に徽宗が宮内の宣和殿に移置した。北宋中に失われ、その後に真偽の論争が起こった。南宋の樓鑰はこれを風刺して「定州一片石、石上幾行字、千人萬人題、只是這個事」という詩を作り、明の王世貞もまた「蘭亭如聚訟、自宋已然」と述べている。

（三）原文は、［尾上（監修）一九五四］。本稿では、［洪二〇〇三：二一四頁］より引用した。

（四）宋少華は「ここで紹介しておきたいのは、長沙呉簡の文字はわが国の書道史研究に具体的かつ生き生きとした貴重な資料を大量に提供したということである。……長沙呉簡の書体には、隷書・楷書・章草・行書・草書などがある。これら刀筆の吏や墨客の文字は鍾・王のような名家の芸術作品とは天と地ほども差があるとはいえ、この時代の一般に広く用いられた文字の風格や水準を体現している」と述べる［宋一九九八：一〇頁］。

（五）『吏民田家莂』。

（六）［王元軍一九九九：一一〇頁以下］［王元軍二〇〇〇］。

（七）［饒二〇〇三：二四頁］。

（八）　ただし、同時にこれは疑惑を生じさせやすい見解でもある。「章程書」という言葉は、もともと劉宋の羊欣の『採古來能書人名』で使われた語で、この中の「潁川鍾繇」の条で「鍾繇に三体あり」との指摘があり、原文は「一日銘石之書、最妙者也。二日章程書、傳秘書、教小學者也。三日行狎書、相聞者也」となっている（この部分は、『中国書画全書』第一冊所収の『法書要錄』巻一に引かれているものによる）。この鍾繇の三体に関しては、古くから少なからぬ議論がある。最も広く受け入れられている見解は「銘石書」は八分体を指し、「章程書」は楷書を指し、「行狎書」が行書である、というものである。饒宗頤もおそらくこのような見解に従ったものと思われる。だからこそ吏民田家莂のような「章程書」は、まだ八分の習慣から脱却しておらず、「楷書の筆法に完全には一致せず」、「鍾繇の「正書」と見做すことはできない」と述べているのである。しかし、当時の鍾繇の「三体」は、まさに新旧書体の過渡期のものであるため、これらがいずれも純粋な八分体・楷書・行書だったと考えて本当によいものだろうか。我々は正確には「銘石書」とは楷意を帯びた八分体で、「章程書」とは隷意を帯びた楷書で、「行狎書」とは隷意を帯びた行書だったのではないかと考えている。これが正しいとすれば、吏民田家莂のような、八分の習慣から脱却していない「章程書」とは、まさしく当時の「章程書」そのものの姿を反映しているのではないだろうか。

（九）　［劉濤二〇〇二：五、四四頁以下］。本書の六二頁にも長沙呉簡に対する総合的な評価を述べた箇所があり、その中で南斉の王僧虔の『論書』が陸機の書を評して使った「呉士書」という概念を用いて「名刺上の墨蹟」を論じている。ここでは引用しなかったが、参照願いたい。また、劉濤の別の論文にも類似する評価があり、「当時の孫呉の書風は漢朝の旧習を守っており、江南の書家は往々にして篆書・八分・章草に長けていた。……西晋が呉を滅ぼした後、呉の士人はやっと中原の新書体を学び始めた」とする［劉濤二〇〇三：六〇〇頁］。

（十）　東晋の丹陽句容の人である葛洪の『抱朴子』外篇巻三、譏惑の第二十六には「呉之善書則有皇象・劉纂・岑伯然・朱季平、皆一代之絶手。如中州有鍾元常（繇）、胡孔明（昭）、張芝、索靖、各一邦之妙。並用古體、倶足周事。餘謂廢已習之法、更勤苦以學中國之書、尚可不須也」とある。大意は「呉の書家と中原の書家にはそれぞれ異なる長所があり、無理に中原の書風を学ぶ必要はない」ということである。これは呉地の書風と中原の書風が根本的に異なっており、呉地の書家は後（西晋が呉を滅ぼした後）になってやっと中原の書風を学ぶようになったことを反映している。

（十一）　［劉・王（主編）二〇一〇］を参照。

（十二）　［白二〇〇三：五九六頁］。

（十三）［渡辺明二〇〇九］。

（十四）［洪二〇〇五：二一四頁］。

（十五）［洪二〇〇五：一四一頁］。

（十六）［郭二〇一二：九三頁以下］。

（十七）［洪二〇〇五：一三三頁以下・一四二頁以下］。

（十八）［郭二〇一二：八五頁］。

（十九）［劉濤二〇〇二：六〇頁以下］。

（二十）［洪：二〇〇五：一三四頁以下・一四四頁以下］。

（二十一）［郭二〇一二：八六頁以下］。

（二十二）［陳彬龢一九三一：二八・三一頁］［沃一九九七：三八頁以下］。

（二十三）［劉濤二〇〇二：六七・七〇頁註四一］。この部分は原文では「文字学者は〜と考えている」となっており、註で唐・裘二人の著書の題名および頁数を併記している。

（二十四）皇象の「急就章」・索靖の「月儀帖」の真偽に関しては、古くから非常に多くの論争がある。近年では『俄蔵敦煌文献』の中から発見された五件の索靖「月儀帖」の晩唐の模本の残片（Дх. 05748, Дх. 04760, Дх. 06025, Дх. 06009, Дх. 06048）によって、索靖の「月儀帖」は少なくとも宋人の偽作ではないということが証明された。これについては、日本の西林昭一や丸山裕美子および中国の蔡淵迪らの研究がある［蔡二〇一一：四五一頁以下］。本文とはあまり関係がないため、ここで具体的には紹介しない。

（二十五）楼蘭出土の李柏文書はあるいは章草と考えられるかもしれないが、楊代欣は「もし「李柏文書」の書体が章草であるとするならば、それは大いなる牽強付会である」と述べている［楊代欣一九九九：五六八頁］。

（二十六）［李潺二〇〇〇：一二頁］。

（二十七）［劉濤二〇〇二：六七頁以下］。

（二十八）従来の呼称は「信札」であった。『吏民田家莂』、三四（図）・三五頁（文）。

（二十九）楊濤は、民間の書き手の新書風に対する広範な運用と推進に気づいており、東晋の「新体」は初め南方の江東地域で生まれたのだろうとする［楊濤二〇一〇：四四・九八頁］。彼は長沙呉簡の書法の、東晋「新体」の形成に対する価値と意義を特別に強調しているわけではないが、民間の書き手と南方の書法が東晋「新体」の形成を推進したことに気づいたのには一定の見識があると言うべきだろう。

（三十）［洪二〇〇五：一四〇頁以下・一六一頁以下］。
（三十一）［唐蘭二〇〇五：一四〇頁］。
（三十二）［郭二〇一二：九三頁］。
（三十三）唐の張懷瓘『書斷』巻中の胡昭条に引く張華に「胡昭善隷書」とあり、韋誕条に引く張華に「京兆韋誕子熊、潁川鍾繇子會、并善隷書」とあるのは、実際にはいずれも行書に長じていたことを指す。沃興華はまた「秦隷は四百年の発展を経て、すでに楷書の点画と結構の形式を生み出し、行書へと変化していた。文献中に「善隷書」とある場合、「善行書」のことであると理解しなければならない」としている［沃二〇一二：一七頁］。
（三十四）［唐長孺二〇一一：三四〇頁］。
（三十五）［劉濤二〇〇三：六〇〇頁］。
（三十六）［陳彬龢一九三一：三一頁］。
（三十七）［李湶二〇〇〇：一二頁］。
（三十八）［劉濤二〇〇二：六五頁以下］。
（三十九）［郭二〇一二：九一頁以下］。
（四十）［中国書画全書編纂委員会編一九七九：七九四頁］。
（四十一）［中国書画全書編纂委員会編一九七九：八一七頁］。
（四十二）王昶『金石萃編』巻二四「葛府君碑額」引孫星衍跋（『石刻史料新編』第一輯第一冊、新文豊出版公司、一九八二年、四三九頁）。
（四十三）繆荃孫『藝風堂金石文字目』巻一（前掲、『石刻史料新編』第一輯第二六冊、一九五三一頁以下）。
（四十四）［劉正成一九九八：一一頁以下］。
（四十五）［李湶二〇〇〇：一二頁］。
（四十六）［王素二〇一一Ａ：一五六頁以下］［王素二〇一一Ｂ：一六九頁以下］［王・宋二〇〇九：一頁以下］。
（四十七）［劉濤二〇〇二：六三頁以下］。

（四十八）〔白二〇〇三：五九六頁〕。

（四十九）〔王元軍二〇〇二：一五三頁以下〕。

（五十）〔唐長孺二〇一一B：二一二頁〕〔劉濤二〇〇三：五九九頁以下〕。

（五十一）〔洪二〇〇三：二一四頁以下〕。

（五十二）〔洪二〇〇五：一三七頁以下・一五三頁以下〕。

（五十三）〔大橋二〇〇九：五四頁〕。

（五十四）〔郭二〇一二：八七頁以下〕。

（五十五）〔長隊・長文一九九九：四頁以下〕〔宋・何一九九九：一頁以下〕。

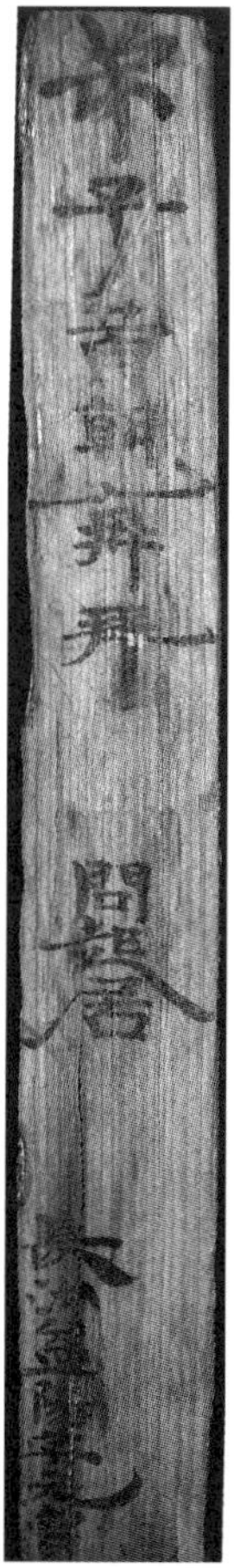

図一

図二

図三

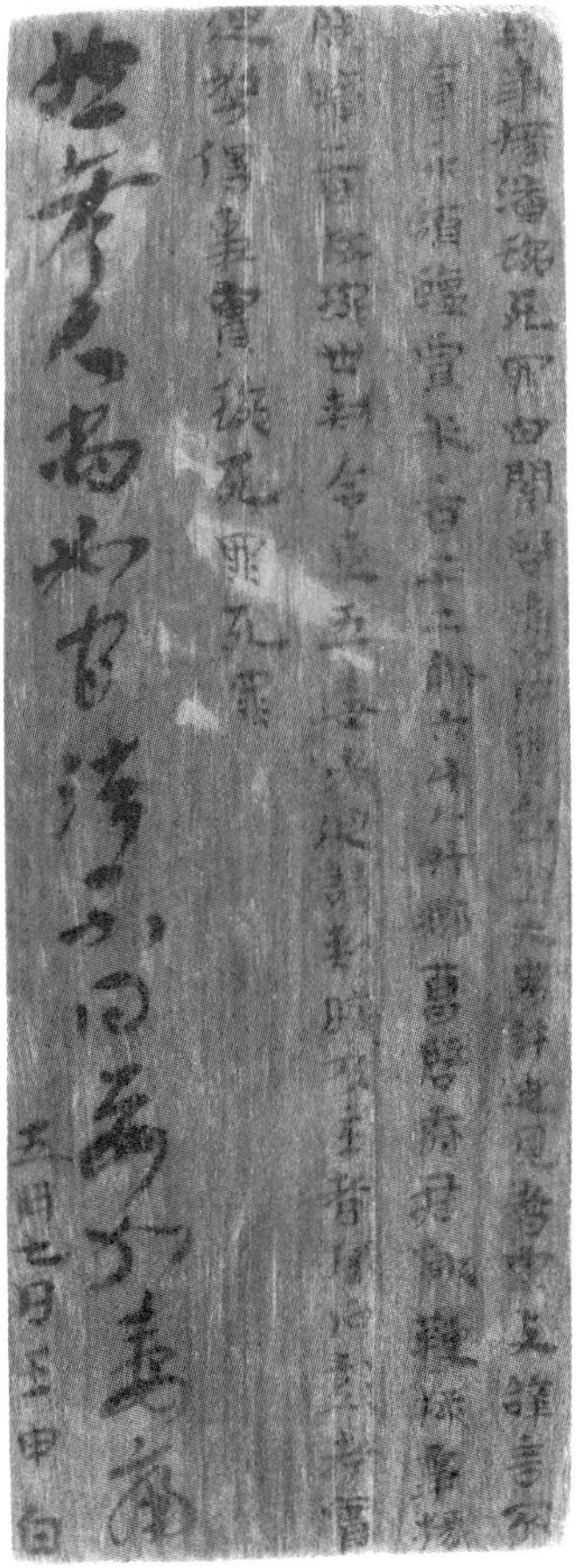

図四

図五

図六

図七

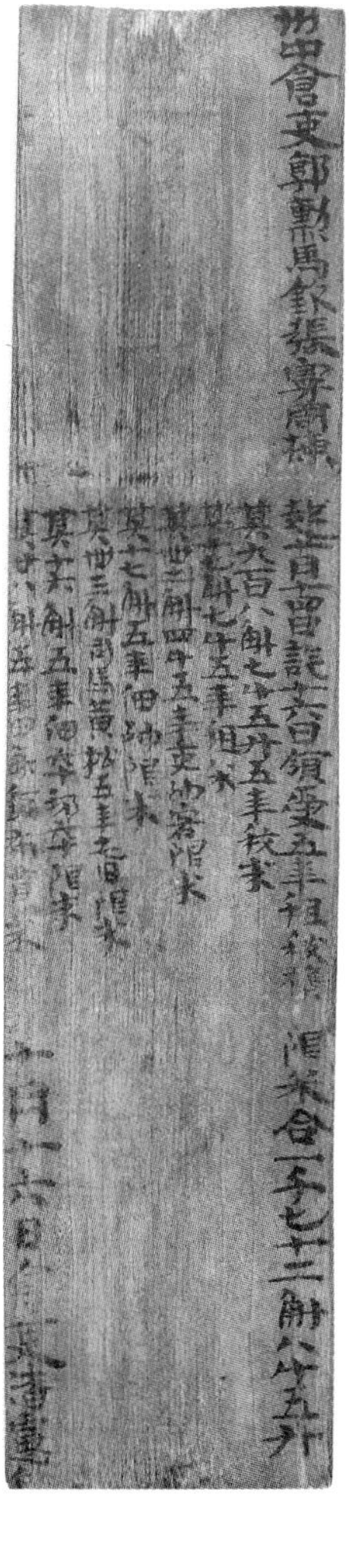

図八

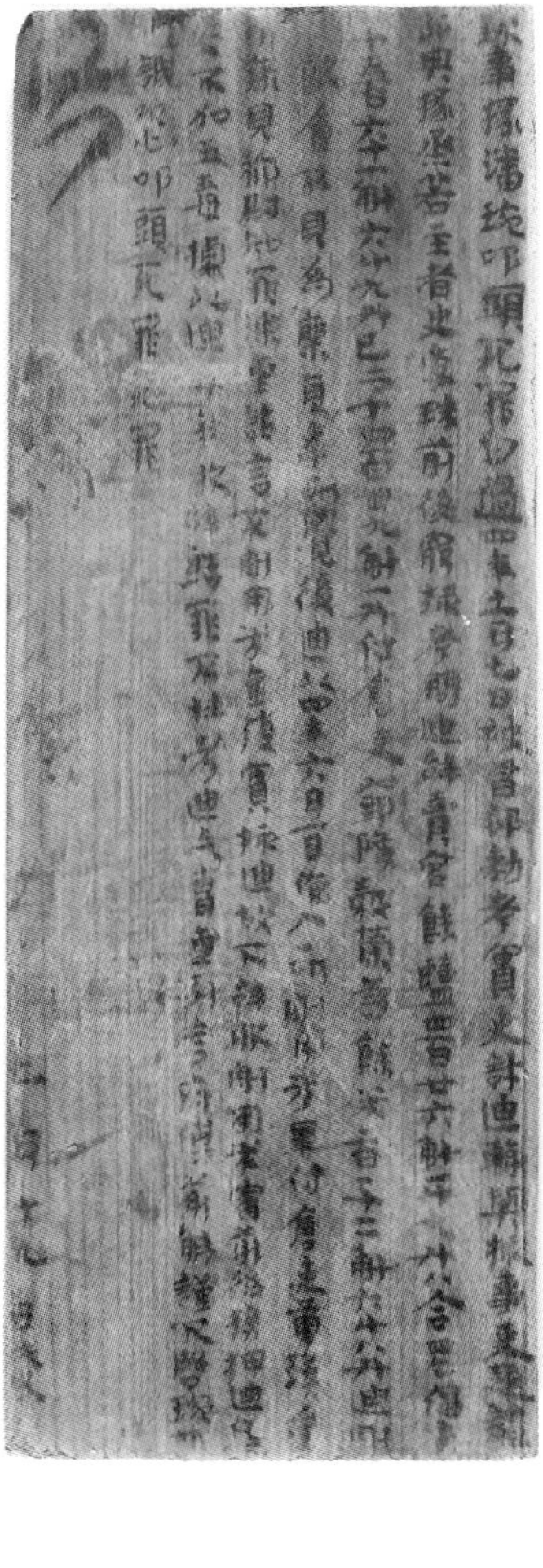

図九

図十

第二部　社　会

簿籍の作成と管理からみた臨湘侯国――名籍類を中心として――

關尾史郎

はじめに

長沙呉簡について、かつて私は、これを一つの史料群として把握することを目的に、形態と内容のみならず、性格や機能などにも配慮した分類を試みたことがある［關尾二〇〇五A］。大木簡を除けば、竹簡がようやく公開され始めた時点での試論だったこともあり、今から思えばきわめて不十分なものであった。それから一〇年近く経った現在でも、なお公開された簡牘は一部にとどまっているが、出土状況の詳細がしだいに明らかになってきたせいもあって、長沙呉簡の大半を占めている簿籍を中心に、優れた成果が続出している(一)。

ここでいう簿籍とは、発信者（機関）から受信者（機関）に宛てて送達される狭義の文書とは異なり、発信者も受信者も持たずに、それだけで完結する内容を有するものをさすが、これも、最終的には、表題や狭義の文書などを附して送達された。実際に長沙呉簡中の簿籍もその多くは、送達先すなわち受信者側によって管理されていたものだったと考えられる。担当の吏員にとっては、こうした簿籍の作成は、狭義の文書の作成よりも日常的かつ基礎的な業務だったであろうから、簿籍が長沙呉簡の大半を占めていることも、考えてみれば当然なことと言うべきだろう(二)。

そしてこれも早くから指摘されていることだが、長沙呉簡は、孫呉政権時代、長沙郡の首県だった臨湘侯国内で作成された文書や簿籍を中心に構成されている［王他一九九九］[三]。したがってその簿籍を整理・分類する作業を通じて、臨湘侯国における文書行政システムの一端に迫ることもまた可能なのではないだろうか。もちろん、臨湘侯国内で作成された簿籍は、それこそ無数に上ったであろうから、長沙呉簡からわかるのは、あくまでもそのごくごく一部にすぎない。そのことを承知の上で、あえて簿籍の整理・分析作業を試みるのは、一つには、それを通じて、地方行政単位としての県の機能や権限の解明が期待できるからであり、もう一つには、このような作業が、史料群としての長沙呉簡の全体像を把握するためにも有効であると確信するからである。本稿ではひとえに紙幅の都合から、簿籍のなかでも数量的に最多を誇る名籍類に限定して右の作業を進めることにした[四]。

一　簿籍とその構成

ここでは先ず、簿籍の構成について簡単に整理しておきたい。右に述べたように、長沙呉簡の場合、出土した簿籍のほとんどは、表題や狭義の文書を附して送達され、送達先＝受信者側で利用かつ管理された後、不要になった時点で廃棄されたものだったと考えられる。そして、人名などの固有名詞や数字が列記された簿籍の本文とともに、表題や狭義の文書も出土している。このことは、これらが送達時のみならず、利用・管理期間を経て廃棄時に至るまで、本文と一括して保存されていたことを示している。したがって、本稿ではこれらも含めて簿籍とし、その構成を見ていきたい。さいわいにして、私たちは、居延漢簡中の簿籍に関する永田英正［永田一九八九Ｂ］や李天虹［李天虹二〇〇三］などの成果を共有している[五]。いま、これらを参考にして、簿籍の構成についてまとめると、左のようになる。

1　表題簡（永田が表紙と呼び、李が標題と呼んでいるもの）

2　本文簡（永田が本文と呼び、李が正文と呼んでいるもの）
3　帳尻簡
①　集計簡（永田が「・右」類、「・凡」類と呼び、李が右類、凡類と呼んでいるもの。ただし永田はこれを帳尻簡とも呼んでいる）
②　内訳簡（集計簡にその内訳が併記される場合もある）
4　狭義の文書（永田が送り状、簿籍送達文書と呼び、李が呈報と呼んでいるもの）
5　付け札（永田が楬と呼び、李が簽牌と呼んでいるもの）

居延漢簡と長沙呉簡では時間的にも空間的にも懸隔があるので、簿籍の構成にも、その様式にも複数の相違点が見いだせるが、(六)右の1～5の五項から構成されるのは、長沙呉簡にも共通する。ただし五項全てが揃っているケースはむしろごく少数で、簿籍の一部ではあっても、具体的にいかなる簿籍なのか判断できないものも少なくない。しかし、1や4が残っていれば、かりに本文簡が見いだせなかったり、わからなかったりしても、いかなる簿籍が作成されたのか、推定することはできよう。このような観点から、本稿では1の表題簡や4の狭義の文書などを主な手がかりとして、課題に迫ることにしたい。

二　吏民簿

本節では、臨湘侯国内で作成・管理された各種名籍のうち、最も基礎的かつ一般的な名籍であったと思われる吏民簿を取り上げる。なお以下、これも含め、名称については、できるだけ表題簡などに記されている語句を用いる。

吏民簿は、『竹簡　壱』から『竹簡　肆』、および『竹簡　柒』の五冊に、まんべんなく収録されている。それだけにまた、長沙呉簡のなかでも最も研究が集中している竹簡群でもあり、わが国では早くに安部聡一郎が様式による分類を試み［安部二〇〇四］、石原遼平がこれを深化させている［石原二〇一〇］ほか、鷲尾祐子が各簡の形状（格式）から作成主体の問題に迫っている［鷲尾二〇一〇A（鷲尾二〇一一）］。中国では最近、示意図に依拠した冊書の復原作業が、侯旭東や凌文超らによって精力的に進められている［侯二〇〇九］［侯二〇一三］［凌二〇一一A］。しかしながら吏民簿は枚数が多いだけではなく、本文簡の様式(記載事項・記載順序・表記方法など)がまことに多様であり、(七)このことが、吏民簿に対する理解の混乱を招来させてもいる。

さて吏民簿の本文簡は、①戸人簡（戸主を意味する戸人だけを記した単記簡と、戸人とその家族を記した連記簡とがある）、②家族簡（戸人簡と同じく単記簡と連記簡がある）、および③戸計簡（戸ごとの口数を集計した簡で、男女別の内訳などを併記したものもある）から構成されるが、(八)この多様性とは、作成主体である各郷あるいは各里それぞれに独自の様式が固守されていたということではなく、同じ郷や里の吏民簿であっても、三、四種の様式が確認されるのである。本稿ではこのことを、多様な吏民簿の存在が明らかになっている広成郷平楽里の吏民簿を例にとって見ていく。(九)

1嘉禾四年平樂里戸人唐宜年□十三　　┃☑　　（肆五一四五）

2　　┃宜妻大女同年五十三　　┃□子女銀年☑　　（肆五一六五）

3　　右宜口食三人　┃　　┃　☑　　（肆五一六七）

右の1～3は、整理番号が近接しており、元来はこの順番で続けて編綴されていたと考えられるものである。1が戸人簡、2が家族簡、そして3が戸計簡である。(十)家族簡は、簡の中段と下段を用いた連記簡である。戸人簡の冒頭には、紀年（嘉禾四年）、里名（平楽里）、そして戸主を意味する「戸人」の二字が明記され、これらに続き姓名と年齢が記されている。１と同じような様式の戸人簡は、次に掲げる４や５も含め、『竹簡 肆』に一〇枚収録されているが、姓名の直上に公乗という爵称が記されており、１ではこの二字が誤って脱落したのであろう。また１では下部が欠損しており、単記簡か連記簡か判断できないが、これも４や５から、戸人だけを記した単記簡だったことが判明する。また４や５から、該当者には、成丁に賦課された口算数（筭一）が記され（十一）、疾病・障害者には、その詳細（腹心病）が併記されたことがわかる（十二）。

4嘉禾四年平樂里戸人公乘李｜客年卅三筭一　｜　（肆二四九五）

5嘉禾四年平樂里戸人公乘唐｜美年六十九腹心病　｜　（肆五一六六）

しかし平楽里の吏民簿は、このような様式のものばかりではない。異なった様式の戸人簡を列挙しておく。

6平樂里戸人公乘鄭張年五十一　｜　｜　（壱五四六〇）

7平樂里戸人大女番妾年卌八　｜　｜　（壱九〇〇六）

8平樂里戸人公乘龔小年卅二｜　｜　（参五六一六）

9平樂里戸人公乘郡吏曹□｜?年□筭一　｜子男□……　（柒一九二六）

10民男子唐宜年六十四☒　（弐二六八九）

このうち、６〜８の戸人簡は、１から冒頭の紀年を除いた様式である。鄭張以下三名の戸人は、年齢からして明らかに成丁だが、口算数の記載がなく、この点も４（１・５は老丁で口算の対象外）などとは異なる。次の９は、６〜８と類似しているが、下段に家族が記された連記簡で、かつ口算数も記されている。最後の10に至っては、紀年はおろか里名さえなく、また爵称も欠いている。冒頭には「民男子」とあるだけだ。このうち、民は吏や卒に対する概念で、男子は成丁を含意していると思われる。これが平楽里の吏民簿だとわかるのは、1と同じ唐宜が戸人だからである。またこれから、1の作成時点での唐宜の年齢は六三歳だったと推定できる。残念ながら10は上段だけしか残っていないが、『竹簡　弐』の一五三六から二七七一には、平楽里を含む広成郷の吏民簿を構成していた簡が多数含まれているので[十三]、このなかから、10と番号が比較的近い簡を掲げておく。

11民男子張客年五十二　┃　刑右足養官牛　┃客妻大女愁?年卅五　（弐二四四八）

12郡吏區邯年卅八　┃　　┃□?邯妻大女平年廿二筭一　（弐二四一七）

13　・右邯家口食十四人　┃　　┃　（弐二五〇六）

12は吏（郡吏）の戸人簡だが（13はこれに対応する戸計簡）、10と同じ民の戸人簡である11とともに、下段に家族のデータが記されているので、このタイプの戸人簡は連記簡だったことがわかる。また11には中段に戸人である張客の障害（刑右足）のほか、雑役（養官牛）が明記されている。この雑役は、通常「給××」と表記され、その種類はじつに多様だったことが指摘されている[十四]。

以上、ようするに平楽里の吏民簿は、戸人簡の様式から、四種が併存していたことになる。❶紀年と里名を記す単記簡（1・4・5）、❷里名だけを記す単記簡（6～8）、❸里名だけを記す連記簡（9）、そして❹紀年と里名双方を欠く連記簡（10～12）、この四種である。また口算数や雑役などの記載の有無に違いが認められることも無視できない。

それでは、これら四種の吏民簿相互の関係はどうなっていたのだろうか。作成年次から検討してみよう。まず1から5までが、嘉禾四年すなわち二三五年の吏民簿の一部だったことは簡自体から明らかである。次に1に一歳加算されている10であるが、普通に考えればその翌年の嘉禾五年ということになるのだが、『竹簡　弐』には、左のような広成郷全体の表題簡と帳尻簡（集計簡）がある。

14廣成郷謹列嘉禾六年吏|民人名年紀口食爲簿|　（弐一七九八）

15□凡廣成郷領吏民□□五十戸口食二千三百一十人|　（弐二五二九）

この二枚は、その簡番号からして、タイプ❹の10～12と一連のものだったことはほぼ間違いのないところである。したがって、10～12は、タイプ❶の二年後となる嘉禾六年すなわち二三七年の吏民簿の一部だったと考えざるをえない。二年後であるにもかかわらず年齢の加算が一歳にとどまっている理由について、侯旭東は、本文簡は表題簡に記された年次の前年に作成されたからという［侯二〇一三］。すなわちタイプ❹は嘉禾五年のデータで、それが翌年になってから、表題簡を附して県廷に送達されたという理解である。しかし、これらとは別に、以下のような簡もある。[十五]

16平樂里謹列嘉禾五年所|領吏民戸數品中人名年|紀魁佐爲簿　（番号未詳）

17集凡平樂里領五年吏民五十三|戸父母妻子合二百八十三人|其一百卌四人男 其一百卌九人女 魁谷碩主　（番号未詳）

こちらは、平楽里単独の表題簡と帳尻簡（集計簡）で、嘉禾五年すなわち二三六年のものである。したがって侯の解釈にも直ちには従えない。それでは、6～9の戸人簡が、この嘉禾五年簿の本文簡だったのかと言うと、そうとも言えない。左のような表題簡が見いだせるからである（カッコ内は、17からの推補を示す）。

18平樂里□(魁)谷□(碩)謹列□|□□□人名□□□　☑　（壱九〇〇五）

これは、7と整理番号が連続しており、少なくとも7はこの表題簡のもとに編綴されたと考えるべきであろう。[十六]

さらに言えば、同年に複数の吏民簿が作成された可能性もある。このことについては、既に多くの論者が指摘しているところだが［石原二〇一〇］［淩二〇一一A］［鄧二〇一三］、その根拠となるのが、以下に示す戸人簡である。

19民楊明年八十五　―　―　（壱八四〇五）

20郡吏黄士年十二　―　―　（壱七六三八）

先に掲げた10よりもさらに簡略な様式で、吏の20はともかく、民の19はまさに「民」としかない。これが広成郷の戸人簡である証拠は、『竹簡　弐』収録の広成郷のタイプ❹の戸人簡のなかに、次のような同一人物のものが見いだせるからである。

21民男子楊明年八十六｜給驛兵　｜明妻大女敬年六十二　（弐一七七八）

22郡吏黄士年十三　―　｜士兄公乗追年廿三刑□□　（弐一六二三）

19や20のような紀年と里名双方を欠く単記簡はそれこそタイプ❺と呼びうるものだが[十七]、残念ながら平楽里のものと断定できる簡は見当たらない。ただ平楽里の吏民簿も、19や20のように『竹簡　壱』に収録されていた可能性は捨てきれず、だとすれば、21や22のようなタイプ❹の嘉禾六年簿よりも一歳年少なので、普通に考えれば嘉禾五年になるところである。しかし先に見たように、嘉禾六年簿は、嘉禾四年簿よりも一歳加算されただけだったので、このタイプ❺も、タイプ❶と同年、すなわち嘉禾四年簿を構成していたというふうに考えるべきであろう。とするならば、嘉禾四年簿には、紀年と里名を明記したタイプ❶と、紀年も里名も欠くタイプ❺の両類があったことになる。石原遼平は、八月までに里で作成された吏民簿と、これを基礎にして郷で八月に作成された吏民簿の双方が県廷に送達された可能性を提起している［石原二〇一〇］。不正や間違いを防ぐためだったという。この石原の所説を念頭におきながら、あらためてタイプ❶とタイプ❺について見ると、戸ごとに紀年や里名を明記するタイプ❶の様式は、最初期の紙の戸籍、すなわち五胡十六国時代の「前秦建元廿（三八四）年三月高昌郡高寧縣都郷安邑里籍」（06TSYIM4:5-1, 5-2）や、「西涼建初十二（四一六）年正月敦煌郡敦煌縣西宕郷高昌里籍」（B. L. S. 113）などに共通して見られるところである[十八]。

これが、編綴紐が解けてしまえば、紀年や里名がわからなくなってしまう簡牘時代の名残だったとすれば、紀年・里名併記のタイプ❶の様式が、後代の戸籍のそれに最も近いと言うことができよう。このことを踏まえれば、おそらく、このタイプ❶の吏民簿が、当時にあっては最も正式な名籍だったのではないだろうか。いっぽうそれとは対照的に、紀年も里名も欠くタイプ❹や❺は、里内部で作成され、当初はそこで保管されることが想定されていたのではなかったのか。（十九）ただこのうち、タイプ❹は雑役負担者にはその具体的な職務が明記されており、後代の差科簿のような役割を果たしていた可能性が高い［侯二〇一三］。もっとも、これは広成郷でも平楽里の吏民簿に指摘できることであって、同じ広成郷でも、広成里のタイプ❶（平楽里と同じく嘉禾四年簿）の戸人簡には、左のような簡がある。

23嘉禾四年廣成里戸人公乗郭當年｜卌七給習射　｜　（肆二〇四三）

24☐年廣成里戸人公乗廖士年廿｜三給習射　｜　（肆二〇五三）

25　右士家口食六人｜　｜訾　五　十　（肆二〇一九）

23は、姓名と年齢に続けて「給習射」という雑役の記入が認められる。上端が欠損している24も同年の戸人簡と推定されるが、その戸計簡25には、戸内員数に加えて、当該戸の資額（訾五十）も明記されている。当時、上・中・下・下下からなる四級の戸等が設定されており、吏民簿にはそのことが、それぞれ一千・二百・一百・五十という資額で表されていた。（二十）したがって、25のような戸計簡は、五胡十六国時代の貲簿「北涼年次未詳（五世紀中期）貲簿残巻」（中国科学院図書館・北京大学図書館現蔵、趙星縁旧蔵）に類する機能を合わせもっていたことになるのだが、（二十一）その反面、次の26のように、筭の併記は欠いているのである。

26嘉禾四年廣成里戸人公乗蔡宰｜年卅五　｜　（肆二六六九）

したがってタイプ❶が戸籍の淵源であり、タイプ❹や❺（とくに❹）が差科簿の淵源であったと決めつけることはできない。その意味も含めて、後代のように、戸籍・差科簿・貲簿といった明確な区別は未だ行なわれていなかったということになろうか。またこのように考えることによって、それこそ毎年のように、さらには同年に複数の吏民簿が作成された理由もある程度までは明らかになろう。[二十二]

吏民簿について本稿で述べることができるのは以上だが、表題簡・本文簡・帳尻簡がかくも多数出土しているにもかかわらず、郷（里）から県廷に送達された際に附されたであろう文書を書写した簡牘が、現時点では一枚も公表されていない。付け札も同じである。毎年のように決まって県廷に送達された簿籍には、かかる文書は不要だったのだろうか。重要な検討課題ではあると思うが、今は指摘するにとどめたい。[二十三]

三　吏関係簿

前節で取り上げた吏民簿は、吏と民の双方を対象とした名籍だったが、吏に関しては、これ以外にも独自の名籍が作成されていた。ここでは吏関係簿と総称しておく。総数は限られるものの、性格や機能といった点から、いくつかに分別できる。

最初に取り上げるのは、かつて安部が吏籍と呼んだものである［安部二〇〇四］。侯により一旦はその存在が否定されたが［侯二〇〇九］、左のような表題簡から存在がうらづけられる。[二十四]

27 ▨□□□□軍吏父兄｜子弟人名年紀簿　―　（弐七〇九一）

28 ▨模郷謹列軍吏父兄人｜名年紀爲簿　―　（参三八一四）

このうち、28はもっぱら軍吏とその家族を対象としたようだが（27は「軍」字の上に「州」や「郡」と記された可能性がある）、簡番号から判断して、これらの本文簡だったと思われるのが、次の四枚である。

29軍吏李□年卅七　――　――　（弐七〇九六）
30州吏谷前年廿五　――　――　（弐七〇九七）
31軍吏烝昭年廿八　――　――　（参三八三四）
32軍吏謝趙　――　――　（参三八四〇）

29と30が27の、31と32が28の、それぞれ本文簡だったことは説明を要さないだろう。ただこれらはいずれも戸人である吏の単記簡で、家族簡は確認できない。

ところでこれらは、年齢が記されていない32をべつにすれば、吏民簿の20と形状や様式が酷似している。したがって、あるいは何らかの必要が生じたため、吏民簿から摘記して作成されたとも考えられる。

しかし吏とその家族を対象とした名籍には、このような諸吏父兄子弟簿以外にも、左のようなものがある。

33諸郷謹列郡縣吏兄弟叛｜走人名簿　――　（壱七八四九）
34　右□郷郡縣吏｜兄弟合十五人前後各叛｜走□趣劉陽呉昌醴陵〼　（壱七四五四）

33が表題簡、34は帳尻簡で、おそらく33に対応するのであろう。そしてその本文簡と思われるのが、左の35と36である。

35縣吏毛章弟頎年十五　｜以嘉禾三年十二月十七日叛走　――　（壱七八六五）
36郡吏監訓兄帛年卅八　｜嘉禾四年四月十五日叛走〼　（壱七九七五）

『竹簡　壱』には、このような簡が七千番台から八千番台にかけて十二枚ほど収録されており、[二十五] いずれも33・34の本文簡だったと考えられる。問題は「叛走」の語義であるが、これを「はしる」・「にげる」と釈するのは正しくあるまい。年月日（本文簡）や行先（帳尻簡）などが併記されているからである。おそらくは移動を意味しており、その日付と移動した先であろう。劉陽・呉昌・醴陵は全て長沙郡所管の県である。これらは、諸吏父兄子弟叛走簿とでも呼ぶべきものだが、表題簡や帳尻簡も含めて書跡が共通している。（二十六）したがって、各郷から送られてきたデータを県廷で複写し、その上で表題簡と帳尻簡を附して管理したものではあるまいか。

このように考えて大過ないとすれば、当然ながら、その原本とも言うべき、各郷から送達された諸吏父兄子弟簿の存在があったはずだが、それに附されていたと思われるのが、木牘に書写された次の文書である。（二十七）

37　都郷勸[農]掾廓宋言被書條[列]軍吏父兄子弟人名年紀爲簿輒隱核郷界軍吏[八]人父兄[子]
弟合十一人其一人被病物故四人叛走定見六人其三人跰踵二人守業已下戸民自代一人
[給][吏]隱核人名年紀死叛相[應]無有遺脱若爲他官所覺宋自坐嘉禾四年八月廿六日破莂　（番号不詳）

都郷の勧農掾である廓宋が言上致します。文書を受け、軍吏の父兄・子弟について人名・年齢を箇条書きにして帳簿を作成しました。郷の管轄区域を調べ上げたところ、軍吏は八人、その父兄と子弟は合わせて十一人で、その一人は病没、四人は移動し（叛走）、六人だけが現存しています。その（六人の）うち三人には障害（跰踵）があり、二人が生業を営み、自己に代わって下戸に吏役をさせており、一人が吏役（給吏）です。姓名・年齢・死亡・移動などを調べ上げて（指示に）応えます。遺漏ありません。もし他の官によって（遺漏が）発見されたならば、（私）宋は自ら罪に服します。嘉禾四（二三五）年八月廿六日、莂を破《さ》きます。

37は都郷勧農掾である廓（郭）宋の作成にかかる文書だが、東郷や広成郷などの勧農掾による同日付の文書も存在が確認されている。（二十八）したがって、県廷から各郷（担当の勧農掾）に宛て、八月に吏民簿を作成するのにあわせて、郷内の諸吏とその家族の詳細な動向を把握するようにという指示が出され、その調査結果が冊書に編まれて吏民簿とは別個に県廷に送達されたのであろう。[二十九] そして、文書とともに郷から県廷に送達された名籍の表題簡が左の38だったと考えられる。

38……書□□｜吏死叛□□年紀人名簿☐　（弐七三八二）

そして、その名籍から叛走簡だけを複写し、県廷において再編したのが33-35-36-34だったのだろう。現存する十二枚に上る本文簡の叛走年月日は、嘉禾二（一二三三）年十月十五日（壱七八九三）から嘉禾四（一二三五）年四月十八日（壱七九〇三）の間に収斂するので、いずれも37に見える年月日より以前である。

ところで、37は「被書」とあるように、県廷（直接には戸曹か）からの指示があったのだが、その背後には、より上位の機関である長沙郡府の関与があったのではないか。それを示唆させるのが、左の竹簡群である。

39臨湘□□□□□□□□□□□十人父兄子弟十九｜人其二人被病物故一人叛走□　（参三〇一七）

40人以下戸自代一人……　（参三〇二八）

この二枚は、集計と内訳（「其」字以下）の双方がこの順番で二枚にわたって書き込まれた帳尻簡のようにみえる。そう考えた場合、40の冒頭に臨湘とあるのが、注目される。あるいは、これを末尾に編んだ諸吏父兄子弟簿は、臨湘侯国から長沙郡に送達されたのではないだろうか。そして左の41・42が、これに附された文書の一部であろう。

41戸人見一人任吏□□刑腫叛走｜以下戸民自代□□□□｜人名年紀爲簿　（参三〇〇三）

42簿如牒盡力重復審實｜無有遺・□簿保□｜君誠惶誠恐叩頭叩頭死罪　（参三〇一一）

42末尾の丁寧な表現は、県廷から郡府への上行文書（「敢言之文書」）にも用いられること、嘉禾二（一二三三）年以降、某君が臨湘侯相の地位にあったことなどから判断して、[三十] 臨湘侯国から長沙郡にあてた上行文書（の写し）だった可能性が高い。またその本文簡についてだが、39～42と同じ第二十七盆（参二九七一～三一六五）に収容された竹簡

のなかに多数見いだすことができる。（三十一）二例だけ示しておく。（三十二）

43州吏何嚢一名饒　—　—　（参三〇六四）

44　嚢子男欽年卅一以嘉禾三年六月廿五日被病物故　（参三〇六五）

45軍吏劉儀　—　—　（参二九四七）

46　儀兄子男汝年十四細小随儀在宮一名海　中　（参二九五〇）

44は37の「被病物故」の例であり、46は「細小」（痩弱）の具体例である。（三十三）ところで、これらと同じ盆には、郷ごとの集計簡も含まれている。

47　集凡中郷州軍吏四人父子兄弟三人　中　（参三〇一二）

48集凡平郷領州吏三人父子兄弟合五人　—　（参三〇三二）

49　・右都郷軍吏八人……　（参三〇四三）

この三枚は様式も書跡もまちまちなので、（三十四）実際に各郷から県廷に送達されたものだったと思われる。これをふまえ、以下に諸吏父兄子弟簿に関する仮説を提示しておきたい。

長沙郡からの指示により、臨湘侯国では各郷に、郷内の諸吏とその家族の詳細な動向の調査を命じた。その調査結果が37のような文書を附して送達されると、臨湘侯国ではこの調査結果を複写し、新たに39・40のような帳尻簡や、41・42のような文書を附して長沙郡に送達したのであろう。各郷から送達された調査結果の原本は、写しの表題簡や帳尻簡、そして文書などを附し、臨湘侯国の担当部署（戸曹か）において管理されたのであろう。もちろん37なども一緒にである。

この諸吏父兄子弟簿は、いずれも吏とその男系家族を対象としたものであって、女系家族は対象外であった。したがって、徭役や雑役の賦課との関連が想定されるが、なにゆえに吏だけが調査の対象となったのか、という問題は、本文に例示した各簡の厳密な年代比定などとともに、なお今後の課題である。[三十五]

四　方遠授居民簿

これについては、先ず木牘の文書を掲げる。

50都郷勸農掾郭宋叩頭死罪白被曹勅條列郷界方遠授居民占上戸籍
分別言案文書輒部歳伍五京陳□毛常等隱核所部今京關言州吏姚達
誠裕大男趙式等三戸口食十三人□在部界謹列人名口食年紀別爲簿如牒謹
列言宋誠惶誠恐叩頭死罪死罪
詣　戸　曹　（肆四五二三（一））

試訳については、別稿［闕尾二〇一五］にゆずるとして、[三十六]発信者である都郷の勧農掾郭宋は、37の廓宋その人だろうから、これも嘉禾四（二三五）年頃のものであろうが、[三十七]臨湘侯国の戸曹に宛てた上行文書（白文書）である。戸曹の命（勅）を受けて、歳伍の五京らに検括させたところ、州吏の姚達以下三戸十三人を新たに把握することができた。これが大要である。

伊藤敏雄はこれに、「都郷勧農掾郭宋白條列郷界方遠授居民文書」と命名しているが（本書、伊藤論文）、残念ながら本文簡とおぼしき簡は見当たらない。ただ『竹簡　肆』に収録されている二つの群、（坨）Ic３③（肆四四一九～四五〇三）とIc３④（肆四五〇五～四五二三（一）＝50）には、50と関連すると考えられる簡が多数含まれており、例え

ば、次のものは、戸曹の指示が都郷以外の郷にも及んだことを示唆させる。(三十八)

51☒｜□寫部諸郷吏蔡忠｜區光郭宋文□□□　（肆四五〇〇）

嘉禾年間当時、蔡忠は平郷、区光は広成郷の勧農掾であった。(三十九)そして前節で見たように、郷内の諸吏とその家族の詳細な動向を把握するようにという指示が、長沙郡から発出されたように、この指示も、臨湘侯国より上位の機関から出された可能性が想定されるのだが、左の二枚がこれをうらづける。

52☒大常府丁卯書｜曰諸郡生子□受居｜比郡縣者及方遠客人　（肆四四八三）

53☒諸郡生子｜受居比郡縣者及｜方遠客人皆應上戸籍　（肆四四九〇）

52にある大常（太常）とは、潘濬のことである。濬は、黄龍三（二三一）年から嘉禾三（二三四）年まで、仮節・太常・劉陽侯の官爵を帯び（『三國志』巻六一本伝）、武昌にあって武陵蛮の平定に従事していたが、翌年には免官に処せられている［王二〇〇四］。じっさい、「持節劉陽侯」（参一七一七）や、「使持節・劉陽侯兵曹王攀」（弐八二一三）といった記述が竹簡にも見えており［凌二〇一一B］、武昌に太常府が置かれ、そこから関係する諸郡に対して、「生子受居比郡縣者」（未登録の新生か）と「方遠客人」（寄寓者）の附籍が命ぜられているのである。この二枚は、長沙郡を通じて臨湘侯国に下達された複写であろうが、50は、臨湘侯国に下達された指示に基づいて行なわれた都郷での検括作業の結果を報告した文書でもあったと言えよう。その「方遠□(聚)居民」とは、52・53の「生子受居比郡縣者」と「方遠客人」を括ったような表現だが、この時の検括で董基が附籍されたことを指摘しておきたい。根拠は、50と同じ文言を有する竹簡である。

54☒所部□□□｜關言州吏董基胡仲牒□☒　（肆四四七三）

比べればわかるように、50の第二行目から次行にかけての「所部今京關言州吏姚達誠裕……」と人名以外はほぼ一致するのである。この董基こそは、嘉禾二（二三三）年以降、三州倉担当の邸閣郎中として多くの賦税納入簡に自署している人物である［關尾二〇一三B］。その職名から判断して、少なくとも上位の機関から臨湘侯国に派遣されてきたことは疑いのないところだったのだが、その基も、着任後、正式には把握されていなかったようである。このような人物もあるいは「方遠客人」なる範疇に含まれたのであろうか。

方遠聚居民簿は、潘濬の命によって作成された一過的の特殊な名籍だった可能性が高いが、50や53のように、これに関連する文書には「戸籍」なる用語が頻出している。今後、第二節で論じた吏民簿とこの「戸籍」との関連についても、考察が進められる必要があろう。

おわりに

本稿では、三節にわたって長沙呉簡中に含まれる名籍類について検討を試みてきた。これら以外にも、名籍類の表題簡が少なからず見いだせるが、いずれも具体的な性格や内容を把握する手がかりを欠いているので、本稿では検討を断念したい。

ただこれまでの検討だけからでも、嘉禾年間、臨湘侯国において、吏民簿が頻繁に作成されたことは理解できたと思う。しかし当時の吏民簿は、後代の戸籍、差科簿、さらには貲簿などの機能を合わせ持っていたと言うことができる。したがってその作成の頻度だけから、戸口の管理が徹底して行なわれていたと結論することは差し控えるべきであろう。

むしろ諸吏父兄子弟簿や方遠授居民簿といった名籍が、一過性の特殊な事例ではあっても、上位の機関の指示によって作成されていたことは重要である。そこには、あるいは武陵蛮の平定という政治的な要因があったのかもしれないが［鄧二〇一三］、戸口の把握に通常の吏民簿が十分な役割を果たしていなかったことが予測されるからである。諸吏父兄子弟簿も方遠授居民簿も、郷担当の勧農掾によって取りまとめられて県廷に送達されたようだが、後者の場合、勧農掾のもとで、歳伍が実際の検括作業に従事していたことがわかる。そこには、里ごとに吏民簿を取りまとめた里魁の姿は見られない。

また本稿では、後代の各種名籍との比較に重点をおいたが、前代の各種名籍とりわけ張家山漢簡中の『二年律令』に規定された各種名籍との比較作業も怠ってはならないだろう。[四十] 多くの課題をなお負っていることを自覚しつつ擱筆したい。

註

（一）各種簿籍の復原作業を精力的に進める凌文超は、出土状況の分析（考古学整理信息）と、古文書学的分析（簡牘遺存信息）の双方から、簿籍の復原が行なわれるべきことを説く［凌二〇一三B］。

（二）この点については、正倉院文書に関する山口英男の指摘［山口二〇一四］に大きな示唆を受けた。

（三）先行研究の多くは、長沙呉簡のなかには長沙郡で作成されたものが含まれているとするが［王他一九九九］［胡・李二〇〇四］、最近安部聡一郎が、長沙呉簡を「この地域にあった臨湘侯国（県）の田戸曹と呼ばれる部署で作成された文書を一括廃棄したもの」［安部二〇一四：五七頁］と限定的に解釈する新説を提起している。

（四）本稿で取り上げる名籍とは、戸口を把握することを第一義として作成されたものであり、特定の税役を賦課ないしは徴収するために作成されたものは対象外とする。なお、胡平生・李天虹による簿籍の分類［胡・李二〇〇四］では、㋐黄籍（戸口簿籍）、㋑調査居住郷間的州郡県吏家属状況的簿籍、および㋒作部工師及妻子的名籍の三種が名籍に該当するが、最後の㋒は臨湘侯国だけを対象としたものではないので、本稿では対象外とした。

（五）ただし、永田が簿籍の復原作業を踏まえて文書行政システムの全体像を追究したのに対し、李の関心はあくまでも簿籍を構成する簡牘の分類にとどまっている。

(六) 居延漢簡では、帳尻簡のなかに内訳簡が含まれていないこと、また表題簡に「謹列」の二字が見られないことなどである。逆にここから、この二字を必ず含む長沙呉簡の表題簡は、上部機関への送達の際に作成ないしは編綴されたと考えることができる。

(七) 詳細は、石原遼平の成果［石原二〇一〇］を参照されたい。

(八) このほか、帳尻簡の最後に、当該の吏民簿の作成にあたった里魁の姓名を記した簡（主者簡）が附されるのも、吏民簿の特徴と言えよう。

(九) 以下、本文に掲げる釈文は、図録本の釈文を基礎にしながら、その写真で一部修正を施したが、註記は省略した。また記号は図録本に準じ、編綴痕が写真から判明するものについては、「‖」で示した。通常、上下二箇所で編綴されているので、編綴痕も二箇所確認される。

(十) なお唐宜については、左のような賦税納入簡があり、平楽里が広成郷の管下にあったとする根拠にもなっている（「⦀」は勘合の記号を示す。以下、同じ）。

入廣成郷孫丘男子唐宜[布][一][匹]……‖嘉禾元年九月四日付庫吏殷 ☐ （参二五六）

(十一) 丁中制と口算についても多くの成果が出ており、とくに成丁の年齢については議論がわかれているが［凌二〇一三A］、本稿では、伊藤敏雄氏の教示により、十五歳以上六十歳以下とする。

(十二) 長沙呉簡に見える疾病・障害についても成果は少なくないが、とりあえずは本書の福原論文を参照されたい。

(十三) この一群の吏民簿については、侯旭東の詳細な復原研究がある［侯二〇〇九］［侯二〇一三］。

(十四) この一群の吏民簿に見える雑役については、谷口建速による成果［谷口二〇一〇］を参照されたい。

(十五) 16と17の写真・釈文は、『湖南長沙三国呉簡』二冊、二六頁以下。写真から釈文を修正した。

(十六) 17から18の里魁を谷碩と推補しておいたが、里魁は同一人物だったと思われるので、作成年次に大きな開きはないものと思われる。あるいは本文に後述する例のように、同年だった可能性も否定できない。

(十七) なお広成郷関係の戸人簡には類例を見いだすことができないのだが、他の郷のものには、左のような三名の連記簡もある。タイプ❻とでも言うべきか。

宜陽里戸人韓時年七十九‖妻汝年六十四 ‖孫子男客年[九]歳 （柒二）

（十八）　五胡十六国時代の戸籍の様式については、拙稿［關尾二〇〇八B］［關尾二〇一四B］などを参照されたい。

（十九）　ただし、タイプ❹の場合、左のように、里の表題簡にも「謹列」の二字がある。

廣成里謹列領任吏民人名年紀口食爲簿　（弐一七九七）

この広成里の表題簡は、14の広成郷の表題簡と連接して出土しているので、広成郷の表題簡に続き、広成里の吏民簿が編綴された際、その冒頭に配されたものと思われる。侯旭東は、広成里の吏民簿が広成郷に送られる際に、冒頭に無文字簡が編綴され、広成郷から県廷に送達される段階で、この無文字簡に表題が書き込まれて14が完成したとする。書写したのは、広成里の里魁で、二枚の表題簡の書跡は一致するという。私もこれら二枚の表題簡を実見したが、書跡の異同は確認できなかった。

（二十）　張栄強は、「五千」という資額があったという［張栄強二〇一〇A］。壱一〇三七八と同じく一〇三九二の二例である。このうち、後者は写真からは釈読できない。前者も誤記ないしは誤釈ではないだろうか。

（二十一）　五胡十六国時代の貲簿については、拙稿［關尾二〇〇五B］を参照されたい。なお凌文超は、吏民簿には、税を賦課するためのものと、役を賦課するためのものの二類があったとするが［凌二〇一一A］、戸口の把握という最も基礎的な機能を重視すべきではないか。

（二十二）　公表されている吏民簿の紀年は、嘉禾四年から六年までの三年間に限られているので、毎年必ず吏民簿が作成されていたと断言するのは躊躇される。なおこれと関連して、紀年と里名が明記されたタイプ❶の戸人簡は、広成郷管下の平楽・広成両里、同じく新成里・陽成里・漂里のものは、嘉禾四年だが、緒中里（以上、『竹簡　肆』所収）と常遷里（『竹簡　柒』所収）のものは嘉禾五年、そして東扶里（『竹簡　肆』所収）のものは嘉禾六年である。現時点では、全ての郷と里で、毎年タイプ❶の戸人簡を有する吏民簿が作成されたと考えるよりも、郷（あるいは里）ごとに作成年次を異にしていたと考えるほうが合理的なように思う。

（二十三）　なお本稿では、論及を吏民簿の基本的な性格や機能にとどめたため、帳尻簡の内訳簡や、本文簡に追記された移動のデータについては言及できなかった。これらの点については、機会をあらためて論じたい。

（二十四）　著者もかつて初歩的な検討を試みた際に、吏民簿を吏家族簿と誤って解釈した［關尾二〇〇六A］。本文のように修正したい。

（二十五）　具体例については、旧稿［關尾二〇〇六A］を参照されたい。なお盆では、第十三盆（壱七二七六〜八八九〇）に相当する。以下、盆に関する情報は、宋少華の成果［宋二〇一一］による。
（二十六）いずれも簡の横幅に比べると文字は小ぶり、墨色は濃いめである。
（二十七）37の写真とデータは、『湖南省展』、九五・一五七頁。
（二十八）詳細は、髙村武幸や王素の成果［髙村二〇〇四］［王素二〇〇九］を参照されたい。
（二十九）37は官文書であると同時に、契券（莂）でもある。その意味するところについては、別稿［關尾二〇一三C］を参照されたい。
（三十）いずれの点についても、別稿［關尾二〇一五］を参照されたい。
（三十一）ただ実際には、本文に掲げたように、第二十六盆（参二六四七～二九七〇）中にも同類の本文簡が散見される。
（三十二）釈文に註記はないが、写真からは判読できないので、46の「中」字は朱筆であろう。次に掲げる47も同じである。なおこの文字の意味については、校閲による確認を表すという伊藤敏雄の所説［伊藤二〇一〇］に従っておきたい。
（三十三）本文に掲げた都郷からの文書である37には「細小」の語は見られないが、広成郷からの文書（註(二十八)を参照）には、十二人の細小の存在が報告されている。なお細小の語義については、王子今の所説［王二〇〇九］に従った。
（三十四）47と48では、集計額が「集凡」で導かれているのに対し、49は「右」という違いがある。また同じ「集凡」でも、47と48では一字目の位置に違いが認められる。
（三十五）吏民簿同様、帳尻簡の内訳簡については言及できなかった。この点についても、機会をあらためたい。
（三十六）一行目の「授」字の釈読については、長沙呉簡研究会例会（二〇一四年七月十九日、於桜美林大学四谷キャンパス）における石原遼平氏の報告と、それをうけた伊藤敏雄氏の教示による。
（三十七）後述するように、指示を出したと思われる潘濬は、嘉禾四（二三五）年に除名に処されているので、それ以前であることは間違いない。
（三十八）人名以外は50とほとんど同じ文言が分かち書きされた54のような簡が複数枚出土しており［關尾二〇一五］、これも傍証となろう。
（三十九）蔡忠と区光については、それぞれ別稿［關尾二〇一四A］［關尾二〇一三C］を参照されたい。また凌文超によると、未公表の竹簡中に、小武陵郷の勧農掾文騰の名があるという［凌二〇一二］。51も写真から、「文」字の下の文字の偏は肉月とわかるので、おそらくはこれも文騰であろう。

（四十）　池田雄一は、長沙呉簡の吏民簿研究にも言及しながら、秦漢時代には、県吏が郷に出向いて名籍を作成したとしている［池田二〇一四］。

典田掾・勧農掾の職掌と郷
——長沙呉簡中所見「戸品出銭」簡よりみる——

安部聡一郎

一　はじめに

長沙呉簡には十万点を超える竹簡が存在するとされるが、これは賦税関係と名籍・身分関係に大別される〔關尾二〇〇五A〕。この賦税関係中に含まれる「戸品出銭」簡について、かつて筆者は網羅的な整理を行い、以下の各点を指摘した〔安部二〇一一〕（以下前稿と略称）。

①「戸品出銭」簡は、都郷型と模郷型に大別できる。『竹簡 壱』～『竹簡 参』で検出できる史料数は三二七点、うち都郷型二五六点、模郷型七十点。例外一点（貳八七九〇）。書式は以下の通り。なお、書式中の（ ）は簡により記載の有無が異なる文字、〔 〕は括弧内にかかる任意の内容、【 】は括弧内の選択を示す。

都郷型

正面：都郷〔身分〕〔姓〕〔名〕【新／故】戸【上／中／下】品出錢〔銭額〕侯相　（確認符号）　嘉禾六年
正月十二日（都郷）典田掾〔姓〕〔名〕白
背面：　入錢畢民自送牒還縣不得持還鄉典田吏及帥

模郷型

正面：模郷〔身分〕〔姓〕〔名〕【新／故】戸【上／中／下】品出銭〔銭額〕臨湘侯相　（確認符号）　嘉禾五年十二月十八日模郷典田掾烝若白

背面：記載なし

②銭額は、故戸は上品一万二千、中品八千、下品四千四百、新戸は上品一万三千、中品九千、下品五千五百九十四。戸品の分布は、「戸品内訳簡」の記載内容と比較すると上・中に偏っている。なお吏・卒の占める比率は全体の五％弱にすぎない。

③銭納入者の中には、都郷邑下在住で市場と関わる地僦銭の納入が確認できる楊樊が含まれており、担当官吏の「典田掾」は田産査定のみならず、商業活動など各戸の資産把握も行なっていたとみられる。

④都郷型・模郷型とも、編綴し簿とすることを前提に作成されている。故戸上品から順に編綴されたものと思われる。

⑤背面記載の有無からみて、都郷型と模郷型では簿の編綴に至る手順が異なっており、県での事務手続き自体が郷によって異なっていた可能性がある。

⑥銭の納入にいちいち「白」を用いている点などから、「戸品出銭」簡の背景となっている制度は、後漢代に郷を単位として行なわれていた戸等に基づく階層的な賦税徴収を引き継ぐ性格のもので、少なくとも形式上は臨時の制度としての体裁を依然留めていたとみられる。

長沙呉簡の中で「戸品出銭」簡が注目されるのは、ここにみえる戸品が戸調制の理解に関わる可能性があるためである。しかし従来の研究は「戸品出銭」簡の背景にある制度やその作成過程の検討を抜きに、戸品に関わる部分のみを恣意的に引用するきらいがあった。前稿のねらいは、ものとしての簡牘に即し、多次にわたる実見調査の成果を踏まえ、書式と形態の網羅的な整理を基礎としてこれを批判し、長沙呉簡の中から戸等制を論ずる確かな視座を築くことにあった。さらに、「戸品出銭」簡には複数回の移動に加え文書から帳簿へと機能変化が伴うという特徴があり、また長沙呉簡中で管見の限りほぼ唯一、背面が明示的に利用されている。これらの特徴は、ものとしての簡牘に即して議論を築く上では多面的な情報を与えてくれるという点で有利であり、臨湘侯国での行政実務を知る重要な手がかりを与えてくれるものである。

しかし前稿が扱った『竹簡 壱』～『竹簡 参』は、廃棄された建設残土中から回収した部分を掲載しているという経緯もあり、出土時の分布図等が少なく、簡牘の冊書状況や相互関係を知る手掛かりに欠く憾みがあった。ところがその後、『竹簡 肆』が二〇一一年末に、また『竹簡 柒』が二〇一三年末に刊行されると状況は大きく変化した。J二二号井の内部から簡牘のかたまり（坨）ごとに取り出された部分を収録する両巻では、『竹簡 壱』～『竹簡 参』と比べて格段に多く分布図・示意図が掲載され、坨をなさずその周辺に散乱していた簡についても、その出土した区域・層位に基づいて整理が行なわれている。[一] これにより、「戸品出銭」簡とこれに関係する竹簡史料がさらに増加しただけでなく、出土状況を踏まえての検討の幅が広がり、これを活用しての成果も見られるようになった。[二] 本稿では、このような進展と前稿公表後も引き続き参加してきた実見調査での成果を踏まえ、まず『竹簡 肆』以降の新出史料を集成し、実見成果・分布図等の情報を活用しつつ前稿の指摘を再検討した上で、さらにここから窺われる典田掾・勧農掾の職掌について論ずることを目的とする。

二　『竹簡　肆』、『竹簡　柒』掲載の「戸品出銭」簡と関連史料

筆者はまず前稿と同じ手法で、『竹簡　肆』・『竹簡　柒』より書式上「戸品出銭」簡に属すると思われる簡一〇五点を抽出し（『竹簡　肆』三十六点、『竹簡　柒』六十九点）、郷名・人名・戸と品の種別・銭額など各項目の記載状況を整理した。その上で、結果を前稿で明らかにした都郷・模郷の書式と比較した。

まず正面に郷名が明記されているものからグループ分けすると、模郷三十六点、中郷六十五点、郷名不詳八点がある。模郷三十六点は全て『竹簡　肆』、残りは『竹簡　柒』収録である。ここには都郷が見られぬ一方、中郷が「戸品出銭」簡では初めて出現した。以下ではまず郷名が確認できるものにつき、書式の検討に役立つ代表的な事例を、模郷と中郷に分けて新戸・故戸および品等の順に示す。なお二〇一四年八月二十八日から三十日の間、長沙簡牘博物館にて実施した調査の際に、［簡1］［簡9］［簡10］［簡15］については実見を行なっている。左記はその成果を踏まえ、『竹簡　柒』所掲の釈文に訂正を加えたものである。

【模郷】

［簡1］〔模〕〔郷〕大男黄欽新戸上品出銭一萬三千臨湘侯相　嘉禾五年十二月十八日模郷典田掾烝若白　（肆一三八二）

［簡2］模郷大男張郡新戸中品〔出〕〔銭〕〔九〕〔千〕臨湘侯相　嘉禾五年十二月十八日模郷典田掾烝若白　（肆一三八七）

［簡3］模郷大男潘□攵新戸中品出銭九千銭臨湘侯相　嘉禾五年十二月十八日模郷典田掾烝若白　（肆一三九八）

［簡4］模郷大男鄧平新戸中品出銭九〔千〕臨湘侯相　嘉禾五年十二月☑　（肆一四五二）

［簡5］模郷大男謝萇新戸下品〔出〕〔銭〕〔五〕〔千〕〔五〕百〔九〕十四銭臨湘侯相　嘉禾五年十二月十八日模郷典田掾烝若白

[簡6]模郷大男區政新戸下品出銭五千五百九十四銭臨湘侯相　嘉禾五年十二月十八日模郷典田掾烝若白　（肆一三九三）

[簡7]模郷大男烝馬新戸下品出銭五千五百九十四銭臨湘侯相　嘉禾五年十二月十八日模郷典田掾烝若白　（肆一四一一）　（肆一四二二）

【中郷】

[簡8]中郷大男潘汎故戸中品出銭八千侯相　嘉禾六年正月十二日都郷典田掾蔡忠白　（柒四一六八正）

入銭畢民自送牒還縣不得持還郷典田吏及帥　（柒四一六八背）

[簡9]中郷縣吏□衣故戸下品出銭四千四百侯相　嘉禾六年正□十二日都(三)□典……　（柒二五二一正）

入銭畢民自送牒還縣不得持還郷典田吏及帥　（柒二五二一背）

[簡10]中郷大女唐□故戸下品出銭四千四百侯相　嘉禾六年正月十二日都郷(四)典田掾蔡忠白　（柒二五三二正）

入銭畢民自送牒還縣不得持還郷典田吏及帥　（柒二五三二背）

[簡11]中郷縣吏訧許故戸下品出銭四千四百侯相　……　（柒三八四三正）

入銭畢民自送牒還縣不得持還郷典田吏及帥　（柒三八四三背）

[簡12]中郷大男區稚故戸下品出銭四千四百侯相　嘉禾六年正月十二日都郷典田掾蔡忠白　（柒四〇七六正）

入銭畢民自送牒還縣不得持還郷典田吏及帥　（柒四〇七六背）

[簡13]中郷大男文誼故戸下品出銭四千四百侯相　嘉禾六年正月十二日都郷典田掾蔡忠白　（柒四一四九正）

入銭畢民自送牒還縣不得持還郷典田吏及帥　（柒四一四九背）

[簡14]中郷大男朱生故戸下品出銭四千四百侯相　嘉禾六年正月十二日都郷典田掾蔡忠白　（柒四一五〇正）
　入銭畢民自送牒還縣不得持還郷典田吏及帥　（柒四一五〇背）
[簡15]中郷大男陳遊故戸下品出銭四千四百侯相　嘉禾六年正月十二日都郷典田掾蔡忠白　（柒四一五九正）
　入銭畢民自送牒還縣不得持還郷典田吏及帥　（柒四一五九背）

ここに挙げた十五例を通覧するだけでも、模郷のものは前稿で明らかにした模郷型書式に、中郷のものは都郷型書式に一致することが明らかである。[五] ただし模郷の新戸下品の簡では銭額の末尾に「銭」が付される。[六] また中郷であるにもかかわらず、都郷典田掾が担当官吏となり、日付が嘉禾六年正月十二日であるところまで都郷型書式に一致している点は注目される。なお今回登場した典田掾は、実見調査による知見も踏まえれば都郷は蔡忠と爰史の二名、模郷は烝若の一名であり、前回の検討と変化ない。[七] 模郷に挙げた諸簡は、報告書に背面の釈文・写真が掲載されておらず特に注記もないが、[簡1]については実際背面に記載が存在しないことを実見で確認している。

残る郷名不詳の八点は、以上の検討を踏まえれば中郷に属するものと判断される。

[簡16]／　侯相　　嘉禾／　（柒一九七三正）
　　／不得持還郷典／　（柒一九七三背）
[簡17]／□□故戸下品出銭四千四百侯相　嘉禾六年正月十二日都郷典田掾蔡忠白　（柒四一五二正）
　／銭畢民自送牒還縣不得持還郷典田吏及帥　（柒四一五二背）

これには右記[簡16][簡17]の他に柒一九七四、同一九七六、同一九七七、同四一四二、同四一四五、同四七〇五があるが、いずれも背面の記載を持ち、形式は[簡8]～[簡15]の中郷のものと共通する。かつそれぞれ出土の位置を確認すると、一九〇〇番台のものはⅡ区b坨（段）中の第五十六坨（以下出土位置については、分布図・示意図での標記に準じⅡ区b坨㊻と示す）と同坨㊼の間、四一〇〇番台のものはⅡ区c坨⑯中、四七〇五はⅡ区c坨㉓と同坨㉔の間に属する。前稿で明らかにしたとおり、「戸品出銭」簡は最終的に編綴された簿籍の形を取っていたとみられるので、同坨ないし同一坨間に現れる同形式の簡は、ひとつの冊書であった可能性が高い。実際にⅡ区c坨⑯中の四一〇〇番台の簡は、後述するとおり分布図・示意図からみても同一冊書であったとみられるが、同坨中の郷名が確認できる簡四十五点は全て中郷の簡であり、Ⅱ区b坨㊻と同坨㊼の間でも郷名が確認できる簡二点は共に中郷である。柒四七〇五のみ周辺に同形式簡をもたないが、郷名不詳の八点は全て中郷の簡と判断して差し支えないであろう。

以上より、『竹簡 肆』・『竹簡 柒』中の「戸品出銭」簡としては、模郷三十六点、中郷七十三点が確認された。以上を踏まえて書式を補訂・再掲すると以下のようになる。

都郷型（都郷・中郷）

正面：【都／中】郷［身分］［姓］［名］【新／故】戸【上／中／下】品出銭［銭額］侯相　（確認符号）嘉

禾六年正月十二日（都郷）典田掾［姓］［名］白

背面：　入銭畢民自送牒還縣不得持還郷典田吏及帥

模郷型（模郷）

正面：模郷［身分］［姓］［名］【新／故】戸【上／中／下】品出銭［銭額］（銭）臨湘侯相　（確認符号）嘉

禾五年十二月十八日模郷典田掾烝若白

背面：記載なし

以下、前稿と同様の手順で、戸品・身分の分布、書式の簡上配置、簡の分布と編綴状況、他簡との比較を検討する。

①戸品の分布　戸・品の種類と銭額は、模郷・中郷とも前稿で掲出した故戸上品一万二千、同中品八千、同下品四

【表１】戸品の分布（郷別）（改訂）

	故戸				新戸				不明				合計
	上品	中品	下品	不明	上品	中品	下品	不明	上品	中品	下品	不明	
都郷	22	43(6)	42(5)	14	1(1)	4(1)	6(1)	0	1	1	2	120	256(14)
模郷	13(5)	15(3)	3(1)	2	1	13	15(2)	1	0	0	1	42	106(11)
中郷	0	16	50	3	0	0	0	0	0	0	0	4	73
合計	35(5)	74(9)	95(6)	19	2(1)	17(1)	21(3)	1	1	1	3	166	435(25)

＊カッコ内は、左記数値のうち、出銭数等から戸・品を推測したものの数。
＊＊ゴチック体になっているところは、前稿掲載の表に新たに追加・変更を加えた部分である。
＊＊＊都郷型と模郷型の特徴を兼ね備える弐八七九〇は例外として除いた。

千四百、新戸上品一万三千、同中品九千、同下品五千五百九十四と変わりなかった。ただし今回はいずれの郷にも故戸上品は出現していない。前回明確に確認できなかった新戸上品については、［簡1］の実見にて戸・品の別と銭額を確認した。この戸品の郷ごとの分布状況について集計し、前稿の表を改訂したものが**【表1】**である。

前稿ではこの集計表に基づき、ここにみえる上品・中品の比率が「戸品内訳簡」でのそれに比して高いことから、「戸品出銭」簡は全ての戸を対象としていない可能性が高いと推定した。今回この件で注意を要するのは、前述の『竹簡　柒』掲載のⅡ区c坨⑯の中に、下品に関する集計簡が確認できることである。

［簡18］・右一百六十[一]戸下品出錢四千四百合七十萬八千四百　（柒四〇七七）

Ⅱ区c坨⑯の出土時の状況は、『竹簡　柒』下冊九四〇～九四一頁掲載の図三十三にまとめられているが、これにより位置を確認すると、この簡は同坨に四十八点含まれる中郷の「戸品出銭」簡としては一点を除き最も内側にある[八]。なお前述の通り、同坨の「戸品出銭」簡は全て中郷の簡である。さらに同図によれば、同坨中の故戸中品の簡十六点（柒四一六二～四一七四・同四一七八・同四一八一・同四一八二）は同図右下のやや離れた場所に分布しており、残る三十二点の故戸下品の簡は、一点（柒四一八三）を除き中品の簡より冊書中心に近い位置にある。従って同坨の簡は故戸中品・下品の順に編綴され、下品の最後にこの集計簡が付いていたと考えられる。これは中郷の故戸下品の集計簡とみなしてよいであろうが、その場合、現時点で確認できる中郷の故戸下品の簡はその総数の三割弱となる。

しかしこの故戸下品一六一戸という数を郷の総戸数と比較した場合、これは相当に大きい数と言わざるを得ない。**【表1】**に挙げた都郷の上中下品の比率（上品一九・七％、中品三九・三％、下品四一・〇％）をもとに、この下品一六一戸から、試みに「戸品出銭」の対象となった中郷の戸の合計を推計すると三九三戸となる。郷の総戸数については、かつて［侯二〇〇六］は臨湘侯国の郷数を概ね十～二十前後、各郷の戸数を五〇〇～三〇〇〇前後と推定した。もっとも郷担当官吏の事務量からは二〇〇戸前後を想定していたようだが、しかし以下に挙げる吏民簿の「集凡」簡に拠れば、郷の総戸数は下限とされた五〇〇戸を下回り、むしろ二〇〇戸の方に近い。

［簡19］・集凡樂郷領嘉禾四年吏民合一百七十三戸口食七百九十五人　（壹八四八二）

［簡20］□凡廣成郷領吏民□□五十戸口食二千三百一十人　（弐二五二九）

［簡21］☑集凡中郷領吏民三百卌九戸口食一千七十一人　（肆八九九）

中郷の戸数を三四九戸とする［簡21］は年次不明だが、周辺にみられる紀年簡は大半が嘉禾元年である。仮に嘉禾六年でも中郷の戸数は大きく変化せず総計三五〇～四〇〇戸程度だったとすると、この値は先に推計した「戸品出銭」の対象となる中郷の戸数三九三戸と大差なく、中郷のほぼ全ての戸が「戸品出銭」の対象となっていたことになる。［簡20］の広成郷の戸数は、［簡19］［簡21］での戸口比率から推計すれば五五〇～七五〇戸程度と考えられるが、仮に嘉禾六年の中郷の戸数がこの水準まで大幅に増加していたとしても、三九三戸ではその五割から七割に達する。以上から見ると、「戸品出銭」の対象が一部の戸に限定されていたとはとらえにくく、むしろほぼ全ての戸が「戸品出銭」の対象となっていたと考える方が妥当であるように思われる。

②身分の分布　①と同様に前稿の表を改訂したものが【表2】である。新史料の追加のあった模郷・中郷においても、吏は都郷と同様五％程度にとどまること、またこれが必ずしも上位の品等に偏らぬことは前稿と同様である。注目すべきは、模郷・中郷に大女が現れたこと、また都郷と同様の書式を持つ中郷で男子が現れず、模郷と同様にすべて大男と記されていることであろう。前稿では大男と男子の使い分けは書き手に依存する可能性を指摘しておいたが、中郷の簡の正面側は保存状態の悪いものが多く、この点の検証は困難である。引き続き史料の公開を俟ちたい。

③書式の簡上配置　今回新たに検討した『竹簡　肆』・『竹簡　柒』掲載の「戸品出銭」簡も、正面の郷名が簡頭から書き出されて「侯相」までひとまとまりとされ、年月日以下「白」までは簡下側三分の一にやや窮屈な形で書かれること、背面は数文字分字下げした形で書き出されることなど、書き出しの位置や配置は前稿で検討したものと共通している。

また編綴予定部分の空格について、前稿と同様に実見結果・写真版を用いての計測結果を整理し、【表4】・【表5】にまとめた。なお【表3】は新史料の追加のなかった都郷のものであるが、比較のため再掲する。この三表を比較すると、共通する書式を持つ都郷・中郷は正面・背面ともに空格を設ける傾向が顕著であり、その幅もほぼ等しいことが認められる。ただし背面下部についてみると、一センチ程度空けている例の多い都郷に対し、中郷では空格を設けていないものが六割強を占める。これは背面の文面を下部編綴の来る位置より上に追い込んで書くことが多いためであり、(九)都郷には見られなかった特徴である。空格に関しては、前回はほとんど見られなかった模郷の簡の中にも、正面上部にこれを設けるものが出現しており、これらの点は先述の大男と男子の使い分けとともに、書き手の異なる可

【表２】郷別・身分の分布（改訂）

	州吏	郡吏	県吏	軍吏	州卒	郡卒	大男	男子	**大女**	不明	合計
都郷	2	2	2	1	2	1	15	86	0	145	256
模郷	0	4	1	0	0	0	**36**	0	**2**	**63**	**106**
中郷	**0**	**0**	**3**	**0**	**0**	**0**	**60**	**0**	**2**	**8**	**73**
合計	2	6	**6**	1	2	1	**111**	86	**4**	**216**	**435**

＊ゴチック体になっているところは、前稿掲載の表に新たに追加・変更を加えた部分である。
＊＊都郷型と模郷型の特徴を兼ね備える弐八七九〇は例外として除いた。

【表３】都郷型・編綴部分の空格幅

幅（cm）	正面	背面	
	上部（点数）	上部（点数）	下部（点数）
0.0	13	2	1
0.1	0	0	0
0.2	0	0	1
0.3	2	1	1
0.4	3	9	1
0.5	10	7	5
0.6	**20**	18	4
0.7	12	13	5
0.8	9	**26**	2
0.9	6	12	7
1.0	10	17	**13**
1.1	2	10	3
1.2	0	1	4
1.3	0	2	2
1.4	0	0	2
1.5	0	0	1
1.6	0	0	0
1.7	0	0	0
1.8	0	0	1
不明	43	4	14
平均（cm）	0.7	0.77	0.89

＊ゴチック体は中央値を含む箇所を示す。

【表４】模郷型・編綴部分の空格幅（改訂）

幅（cm）	正面
	上部（点数）
0.0	**22**
0.1	0
0.2	0
0.3	1
0.4	3
0.5	4
0.6	4
0.7	5
0.8	2
0.9	0
1.0	0
1.1	0
1.2	1
1.3	0
1.4	0
1.5	0
1.6	0
1.7	0
1.8	0
不明	29
平均（cm）	0.29

＊ゴチック体は中央値を含む箇所を示す。

【表５】中郷型・編綴部分の空格幅

幅(cm)	正面	背面	
	上部(点数)	上部(点数)	下部(点数)
0.0	0	0	**45**
0.1	0	0	0
0.2	0	0	0
0.3	0	1	0
0.4	1	4	3
0.5	3	13	7
0.6	4	10	2
0.7	**6**	**16**	2
0.8	3	9	0
0.9	2	6	0
1.0	0	1	0
不明	54	13	14
平均(cm)	0.67	0.65	0.1

＊ゴチック体は中央値を含む箇所を示す。

能性を考えるべきであろう。引き続き今後の実見調査の課題としたい。

④竹簡中での分布状況　『竹簡　柒』掲載の中郷の簡の分布、およびそこから窺える冊書状況については既に触れた。一方今回新出の模郷の簡は全て『竹簡　肆』に掲載されているが、いずれも坨の周囲に散乱していた部分から発見されており、示意図等は公開されていない。しかしその簡番号とほかの示意図を対照すれば、うち三十三点がＩ区ｂ段、三点がＩ区ｃ段②に属していると判断できる。Ｉ区ｃ段②の三点はいずれも上半分を欠き、戸の種別・品等が判別できないが、Ｉ区ｂ段の三十三点は新戸上品一点（[簡１]）、新戸中品十三点、新戸下品十五点、不明七点（品等不明の新戸一点を含む）といずれも新戸に属し、かつ中品・下品に偏っている。『竹簡　壱』～『竹簡　参』に掲載されていた既知の模郷の簡はすべて故戸であった。かつ前稿で論じたように、実見調査の成果に基づけば、模郷の簡の標題簡と思われる弐八二五六の後ろに、弐八二五七以下五点の故戸上品の簡が続けて編綴されていたと判断できる。従って少なくとも模郷の「戸品出銭」簡は、故戸上品・中品・下品、そして新戸上品・中品・下品の順で簿に編綴されていたのではないかと考えられる。そして[簡18]の例にみられるように、各戸品ごとに集計簡が附されていたのであろう。

⑤吏民田家莂・他の竹簡との関連　今回新出の「戸品出銭」簡に対象者として登場した人物は、姓名とも判明している者で五十一名、名前の一部が分かる者を含めれば七十一名にのぼる。なお今回は同姓同名の事例はない。このう

ち吏民田家莂に同一姓名が出現する者は七名、「戸品出銭」簡以外の竹簡中に出現する者は十一名を数える。しかしこの中に身分や居住地等の一致から同一人物と判断できる事例はほとんどない。ほぼ唯一の例外と言ってよいのが、[簡13]と[簡22]（吏民田家莂四・三二〇）、および[簡23]（弐八九一八）に登場する文誼である。なお吏民田家莂は全長五十センチ近い大木簡に数段に分けて記載されているが、ここでは改段を改行と一字下げで示した。同じ段に並列されているものは改行のみで字下げをしていない。＝は「同」字を模した符号を示す。

[簡22] ＝郭渚丘男子文誼佃田八町凡五十八畝皆二年常限

　其卌一畝旱敗不收畝收布六寸六分
　定收廿七畝爲米卌一斛四斗畝收布二尺
　其米卌一斛四斗四年十二月十日付倉吏李金
　凡爲布一匹三丈四寸六分四年十二月十日付庫吏潘有
　　其旱田▨
　　其熟田▨　（四・三二〇）

[簡23] ▨税米十二斛＝嘉禾二年二月廿九日曼溲丘大男文誼關邸閣郭據付倉吏黄諱潘慮受　（弐八九一八）

文誼が[簡22]で属す郭渚丘と[簡23]で属す曼溲丘は、いずれも他の賦税納入竹簡で中郷に関わる丘として出現する。[十]
[阿部二〇〇四]の検討によれば、郭渚丘は一町あたりの畝数が全ての丘の中央値より大きく田畑一枚が広大であり、平坦部の、おそらくは水ぎわに位置する丘であり、比較的早くに開発された場所であろうという。文誼の佃田はこの郭渚丘の莂三十二枚のうち二番目に大きい畝数を有しているが、町あたりの畝数では五十畝以上を有する五枚の中では最も小さく、郭渚丘の中央値をやや下廻る。一町あたりの畝数が小さい田畑は傾斜地にあり、平坦部より遅れて開

発されたとする阿部の所説に従えば、文誼の田畑は郭渚丘の中では後から開かれた、不利な場所にあったとも考えられる。(十一)［簡23］にみえる税米の斛数もとりたてて多いものではない。前稿では都郷邑下に居住する楊樊の事例から、「戸品出銭」の対象に商業活動に従事する者が含まれることを指摘した。この楊樊も今回挙げた文誼も戸の種別と品等では共に「故戸下品」とされているが、両者の状況にはかなりの違いがあるとみるべきであろう。

以上、前稿での検討に沿う形で、『竹簡　肆』・『竹簡　柒』に新出の「戸品出銭」簡について整理を行なった。冊書の形状や書式の簡上配置の揺れと書き手の問題などはこれまでの検討結果を補充・補強するものであったが、都郷型に都郷の簡と中郷の簡が存在し、ともに都郷典田掾が関与していること、また［簡18］の出現により、郷のほぼ全ての戸が「戸品出銭」の対象となっていた可能性が強まったことは新たな知見と言える。特に後者は前稿の結論に修正を要する点であり、当該制度の位置づけを考える際には今後留意せねばならない。

では前者の、中郷に都郷典田掾が関与していること、つまり都郷典田掾が中郷・都郷の両郷をまとめて扱っている点はどのように考えるべきであろうか。長沙呉簡中には従来も二つの郷を併称した事例がいくつか見られる。

［簡24］環樂二郷謹列嘉禾四年吏民田家莂如牒　(四・二)

［簡25］□集凡小武陵西二郷新住限佃客卅四戸口食卌一人故戸中□　(弐三五)

［簡26］入桑樂二郷嘉禾二年布九十七匹一丈一尺　(弐六二二六)

［簡27］小武陵西二郷領▨　(参四一七三)

［簡28］桑樂二郷謹列嘉禾四年租税襍米已入未畢要簿　(柒二九九〇)

［簡29］都中二郷領粢租米……斛□斗　(柒二九九一)

［簡24］は嘉禾四年の吏民田家莂の標題簡、［簡28］は要簿の標題簡であり、ほかの諸簡も要簿等の集計簡である。［髙

村二〇〇四］が論じたようにこれら標題簡は「送り状」としての機能を備えており、簡の性質からみてこれらは冊書に編綴する際に二郷を合わせて作成したと考えられるから、これら二郷は行政処理上も一括して処理されたと言える。注目すべきは、これらの中に小武陵郷と西郷、桑郷と楽郷の組み合わせがそれぞれ二回現れること（十二）、そして［簡29］には都郷と中郷の組み合わせが出てくることであろう。これらは、二郷の租米徴収・管理等を一括して行う場合特定の組み合わせがあり、都郷と中郷はそうしたものの一つであったことを示唆する。

しかし郷の相対的位置関係を明らかにした［侯二〇〇六］によると、上記三つの郷の組み合わせはいずれもやや離れた郷同士となっており、位置関係によって二つの郷が組み合わされているとは見做しにくい。もっとも［侯二〇〇六］は『竹簡 壱』までの史料に依拠しているため、この問題は『竹簡 弐』以降を用いて見直した後に再考すべきであろうが、郷同士の間にも、里と丘の間にみられた派生関係（十三）に類似する何らかの相互関係があることを想定し得るかも知れない（十四）。前稿で明らかにした郷ごとの行政手続きの差異と併せ、長沙呉簡段階での郷の実態を考えていく際の手掛かりとしておきたい。

三　典田掾の職掌と勧農掾・屯田掾

「戸品出銭」簡の作成に関与し侯相へ「白」する主体となる典田掾については、従来同簡以外の関連史料が乏しく、その職掌についても名称から直接、または秦・前漢期に存在した田部との関連を想定して田産管理と理解されることが多かった（十五）。これに対し前稿では、「戸品出銭」簡の対象者に商業活動に従事する者が確認できることから田産管理にとどまらず家産の把握に及ぶ可能性を示唆したが、『竹簡 肆』・『竹簡 柒』では、特に「草言」「某曹言」から始まる簡の中に、しばしば典田掾とその職掌に関わる具体的記述がみえている。関係するものを挙げると以下のようになる。

[簡30]草言府□私學烝弭還詣典田掾區光自首事
　　四月廿三日兼部曲田曹史孫□白　（柒一四九九）

[簡31]兵曹言部諸郷典田掾蔡忠等重複隱核鍛師事
　　嘉禾六年三月一日書佐呂承封　（柒二五八五）

[簡32]草言府部諸郷典田掾温光等逐捕假僮子呉和不在縣界事
　　六月十六日兼戸曹別主史張惕白　（柒二九〇〇）

[簡33]戸曹言部典田掾蔡忠呉樂區光答私學廿人事
　　三月廿六日領書佐魯堂封　（柒四四三三）

[簡34]戸曹言理出小男利臣付典田掾蔡忠復民事
　　嘉禾五年十一月十二日……　（柒四四四六）

[簡35]兵曹言部諸郷典田掾蔡忠等詣求石厚金如等書
　　三月卅日領書佐番逢白　（柒四四六二）

[簡36]草白理出叛吏五□子士子孖等三人付典田掾五陵□□□□事
　　四月十八日兼中賊曹史象□白　（柒四四七一）

[徐暢二〇一一]は「草言」「某曹言」簡を集成・検討し、[李均明二〇〇八]の指摘を踏まえてこれを県廷で起草し郡府へ発送した文書を記録したものとする。J二二号井出土の文書は田戸曹に関連するものであり、従って内容が田

戸曹に偏っている可能性はあるが、しかしここから典田掾の職務の一端を窺うことは許されよう。その内容を見ると、［簡30］は私学の自首、［簡31］は鍛師の調査確認、その他もいずれも私学・師佐や復民などの個別的な身分確認・身柄確保にかかる内容である点が注目される。典田掾は「戸品出銭」の処理のほか、こうした身分確認も職務としていたことになる。また典田掾就任者として、「戸品出銭」簡にみえる都郷典田掾の蔡忠・監□・烝若のほか、区光・温光・呉楽・五陵[十六]、および後述の郭宋の名がみえる。このほか既知の典田掾としては典田掾文騰（弐四三六）・黄欣（弐三一六七）・李嵩（弐六七四六）が挙げられ、全体で十二名を数える。

この身分確認・身柄確保に関し、［簡31］ではそれが「隠核」と記されているが、この語について、［凌二〇一二］は『通典』巻一食貨典一および巻十四選挙典二にみえる「隠覈」の記事によりつつ、これを権宜の措置で簿書という根拠に基づき調査対照を行なうものとしている。注目すべきは、凌文超はこれを「事によって設置される」勧農掾の性質を如実に示すものと理解していることである。［高村二〇〇四］［侯二〇〇六］が詳述するように、郷を担当する勧農掾については従来史料が乏しく、長沙呉簡に見えるそれは原則として郷嗇夫にかわり郷を主管する官吏として置かれたと理解されてきた。これに対し［凌二〇一二］は勧農掾の職務を、勧農のほかに、後掲する［簡38］J二二—二五四六にみられるように私学・軍吏・州吏らを検め、陂田の検査を実施することとするが、これらは「隠核」を必要とする権宜の措置、つまり事に応じて生ずる臨時的職務であって、勧農掾の非常設官としての性格を説明するものと見なす。

先に挙げた典田掾の職務は、陂田に関することを除き凌文超の挙げる勧農掾の職務と共通しており[十七]、かつ「隠核」という語が使用される点も同じい。さらに次の事例より、従来郷吏の称が勧農掾を含む郷の担当にあてられた県吏の汎称と推測されてきたとおり［王子今二〇〇五］［孫二〇〇九］［凌二〇一二］、典田掾も郷吏と称される場合があると確認できる。

［簡37］兵曹言部郷吏蔡忠等布告……復言事　／　　（柒四四六五）

［簡37］はⅡ区ｂ坨㉑中にあり、この坨は『竹簡　柒』に図三十八として掲載されている。Ⅱ区ｂ坨㉑は柒四四一九から同四四七一の五十三点を含むが、うち五十点は「草言」・「某曹言」簡ならびにこれと同形式をもつ「草白」簡である。紀年のある簡七点をみると、嘉禾五年二点、嘉禾六年五点であり、月は嘉禾五年十一月から同六年十一月に分布する（月不明一点を含む）。従ってⅡ区ｂ坨㉑は、嘉禾五年～同六年の「草言」等の簡を冊書にしたものが主体であると見なしてよいであろう。同坨中には［簡33］～［簡36］も含まれているから、［簡37］に紀年はみえないものの、ここに出現する「部郷吏蔡忠等」は実質的には「部諸郷典田掾蔡忠等」と同義と見なし得る。かつ前稿で触れたとおり、都郷典田掾蔡忠は模郷所属の「縣吏」として「戸品出銭」簡中に出現しており（弐八三七八）、この時期に身分が県吏であったことは疑いない。従って典田掾も勧農掾と同じく、郷の担当にあてられた県吏として郷吏と称されていたと考えられる。

以上のように見れば、典田掾と勧農掾は、担う職務・身分・郷吏としての位置づけが共通していたことになる。さらに興味深いことに、典田掾就任者には勧農掾を勤めた経験のある者が複数存在しており、以下に挙げるように、蔡忠は嘉禾二年四月に平郷勧農掾を、また区光は嘉禾四年八月に広成郷勧農掾を勤めている。ほかにⅡ区ｂ坨㉑中に含まれる［簡41］で典田掾蔡忠・区光と共に現れる郭宋も木牘［簡42］に都郷勧農掾として、また黄欣も［簡43］で勧農掾として見える。

［簡38］廣成郷勸農掾區光言被書條列州吏父兄子弟伙處人名年級爲博輒隱核郷
界州吏七人父兄子弟合廿三人其四人刑踵聾歐病一人被病物故四人眞身已送及

随本主在宮十二人細小一人限佃一人先出給縣吏隱核人名年紀相應無有遺脫
若後爲他官所覺光自坐嘉禾四年八月廿六日破莂保據　（J二二―二五四六）

［簡39］☐斛二嘉禾二年四月廿三日平郷勸農掾蔡忠付彈溲丘大男鄧☐守錄☐　（肆四三四六）
［簡40］廣成郷勸農掾區光叩頭死罪白前被制紋促二郷粢租米有入上道言　（柒二六二九）
［簡41］☐寫部諸郷吏蔡忠區光郭宋文☐☐　（肆四五〇〇）
［簡42］都郷勸農掾郭宋叩頭死罪白被曹敇條列郷界方遠☐居民占上戶籍
分別言案文書輒部歳伍五京陳☐毛常等隱核所部今京關言州吏姚達
誠裕大男趙式等三戶口食十三人☐在部界謹列人名口食年紀右別爲簿如牒謹
列言宋誠惶誠恐叩頭死罪死罪　詣　戶　曹　（肆四五二三（一））[十八]
［簡43］☐　・右諸郷勸農掾☐　定訂部黄欣☐　（肆一三二二）

なお区光は、長沙簡牘博物館にて展示されている「破莂保據」木牘中では「平郷勸農掾」として見える。[十九]この木牘の紀年も［簡38］と同じく嘉禾四年八月廿六日であり、区光はこの当時、広成郷・平郷の勧農掾を兼任していたことが明白である。また前節で徴税等で特定の二郷の組み合わせがみられることに触れたが、この広成郷と平郷もその一つであることが考えられよう。

さらに関連する官職で典田掾・勧農掾経験者が就任しているものを探すと、屯田掾と典田掾の兼任が見いだされる。

［簡44］草言府西部屯田掾蔡忠區光等當署丘里不得使民舟入吳界事
十二月三日領列曹史李☐白　（柒一四三六）

［簡45］草言府部屯田掾蔡忠□□□叛士鄭馬等四人事

二月十五日兵曹掾□□白　（柒一四五七）

［簡46］草言□□屯田掾鄭欣隠核郡吏王衣不郷界事

十二月十六日戸曹史□□白　（柒二九〇一）

［簡44］［簡45］はⅡ区b坨(52)に属するが、同坨に属する柒一四二二から同一五〇一の竹簡八十点のうち七十七点が「草言」・「某曹言」簡ならびにこれと同形式をもつ「草白」簡であり、そのうち紀年を確認できる簡十四点は、釈文に疑議のある一点を除き嘉禾五年二月から嘉禾六年十二月に分布する。従って蔡忠と区光は同時期に典田掾と屯田掾を兼ねていたと考えられる。また職務内容としては、交通に関わると思われる［簡44］のほか、担当郷内での叛士や郡吏の所在を確認する［簡45］［簡46］が含まれており、「隠核」の語も使用されている。

従来、長沙呉簡中の屯田にかかわる官職としては屯田司馬や郡屯田掾の存在が知られており、前者が軍屯に関連すると推測されるのに対し、後者は民屯の管理に携わる郡レベルの官職と理解されてきた。[二十] しかし県レベルで民屯管理に関わる官職の存在は「縣佃吏」が散見することから推測されるに止まり、わずかに見える屯田掾は郡屯田掾の略称と見なされ、その詳細は明らかでなかった。しかし蔡忠が県吏であったことばかりでなく、先述の「草言」簡の性質や、「部」が郷を意味するとする［孫二〇〇九］の指摘を踏まえれば、［簡44］～［簡46］にみえる屯田掾は県レベル、おそらくは県廷に属する官職であり、［徐暢二〇一一］［蒋二〇一二］が推測するように、県の司屯曹・屯田曹あるいは田曹に属する可能性があろう。

以上からみて、長沙呉簡が田戸曹に関連する帳簿・文書に偏っているとみられる点を顧慮する必要はあろうが、典田掾、勧農掾と屯田掾は、ともに県吏として担当の郷を持ち、吏や私学・叛士らの所在を確認し「隠核」することを少なくとも職務の一端としていたこと、そしてこの官職を兼任・歴任する者がいたことになる。なお[簡44][簡45]がともに嘉禾六年のもので、蔡忠・区光は同年一月後半以降に揃って典田掾から屯田掾へ異動したという可能性もなくはないが、いずれにせよ彼らが職務・身分の上で共通する性格を持つ典田掾・勧農掾・屯田掾を歴任したことは疑いない。

では典田掾、勧農掾と屯田掾の間の共通性はどのように理解すべきだろうか。先に取り上げた［凌二〇一二］は勧農掾を「事に応じて設置されるもの」とした。これは従来、勧農掾の職務と位置づけを『漢書』百官公卿表・『続漢書』百官志にみえる郷有秩らと対応させる形で把握し、常設官と見なしてきたことへの批判であり、『続漢書』百官志・『晉書』職官志が勧農掾を非常置と明記していることを重く見てこれとの整合を図るものと言える。前稿で明らかにしたとおり、「戸品出銭」簡にみえる銭の徴収は臨時の制度としての体裁を保持しており、後漢代に郷を単位として実施されていた戸等に基づく階層的な賦税徴収を引き継ぐ性格を有すると考えられる。この立場からすれば、典田掾が「事に応じて設置される」勧農掾と共通する性格を有することは整合的であり魅力的な解釈と言えるが、しかし屯田の管掌という任務を持ち別系統の所属をもつ可能性もある屯田掾はともかく、「事に応じて設置される」郷吏が同時に二つ存在するのは不可解と言わざるを得ない。

現時点で長沙呉簡中からこの解答を得るのは困難と言わざるを得ず、今後の史料の充実を待つほかないが、現時点の史料状況にのみ基づけば、勧農掾には[簡38]などにみえる嘉禾四年八月二十六日より遅い紀年は確認できず、また典田掾にも「校米數書」(『三国呉簡』五冊)にみえる嘉禾五年三月六日の典田掾烝若以前の紀年をもつ事例は見られない。嘉禾四年と五年の交に、勧農掾から典田掾への転換が行なわれた可能性があることに留意しておきたい。

四　結

以上、前稿の手法と成果を踏まえつつ、あらたな実見調査の所見と『竹簡　肆』・『竹簡　柒』で多く公開された分布図を活用し、検討を行なった。結論としては、まず新たに出現した中郷の「戸品出銭」簡は従来の都郷型に分類可能であった。またこの都郷型では都郷の簡と中郷の簡のいずれでも都郷典田掾が関与しているが、竹簡中にみられる標題簡・集計簡との比較から、行政処理上特定の二郷が組み合わされる場合があり、都郷・中郷もその一例とみられることを示した。ただしこれは位置関係とは別の理由によるようであり、この点は［侯二〇〇六］が示した郷の相対的位置関係とともども今後検討の必要がある。また戸品・身分の分布の検討からは、［簡18］の出現により、郷のほぼ全ての戸が「戸品出銭」の対象となっていた可能性が強まった。これは前稿での結論の見直しを要する点であり、今回の新たな知見と言える。ほかに竹簡の分布状況から、「戸品出銭」簡は故戸上品・中品・下品、新戸上品・中品・下品の順に配列され各品等ごとに集計簡が付されて冊書とされていたこと、また書式の簡上配置の揺れからは書き手を分類し得る可能性があった。

つづいてこの「戸品出銭」簡を主管する典田掾について、新出の「草言」「某曹言」から始まる簡を用いて検討を行ない、典田掾、勧農掾と屯田掾は、ともに県吏として担当の郷を持ち、吏や私学・叛士らの所在を確認し「隠核」することを少なくとも職務の一端としていたこと、そしてこの官職を兼任・歴任する者がいたことを示した。［凌二〇一二］の所説に従えば、これは典田掾も勧農掾同様「事に応じて」設置されていたように解釈でき、臨時的制度としての体裁を保持している「戸品出銭」簡のあり方とは適合的であるが、同時にこのような官職が複数設置されるのは不可解と言わざるを得ない。現時点の史料状況からは嘉禾四年と五年の交に勧農掾から典田掾への転換が行なわれた可能性が考えられるが、これも今後の史料の増加を待って検討していくほかなく、［王子今二〇〇五］［孫二〇〇九］が主張する典田掾と田曹の関係もその中で考える必要があろう。引き続き、実見調査を踏まえて検討を深めていきたい。

註

（一）『竹簡 肆』附録一「簡牘総平面分佈図、総立面示意図、掲剝位置示意図」の総説明（七五五～七五七頁）、および［宋二〇一二］参照。

（二）［安部二〇一四］参照。

（三）『竹簡 柒』釈文ではここが「模」と釈されているが、二〇一四年八月の実見調査の際に、旁がおおざとであり「都」と釈し得ることを確認した。『竹簡 柒』には、中郷の「戸品出銭」簡で同部分が「模郷典田掾蔡忠」と釈されているものが他に六点あるが（二五二〇、二五二二、二五二八、二五二九、二五三一、二五三二、二五三四）、このうち二五三四を除く五点についても同調査時に実見を行ない、二五二〇と二五三二も同様に旁がおおざとであることを確認している。特に二五三二はそれが明瞭であった。これらも「都郷」と釈すべきであろう。なお他三点はいずれも簡正面下部の劣化が著しく、赤外線カメラを用いても文字を確認するのが困難な状態であった。

（四）上述の実見調査の際に「都郷」と釈し得ることを確認した。註（三）参照。

（五）ただし柒二五二四のみ、中郷と明記されているにもかかわらず背面の記載がない。この点については二〇一四年八月の実見調査の際にも確認した。中郷に属することは明白だが、一種の例外としておくべきであろう。背面の記載が欠落しても文書・帳簿として通用していることは、「戸品出銭」簡の背景にある制度を考える上では留意すべき事柄である。なお背面の記載が、個別にではなくまとめて行なわれるルーティンワークであった可能性は［安部二〇〇九］でも実見結果を基に論じている。

（六）模郷の新戸下品とみられる簡十五点のうち例外は一点（肆一三八三）のみ。また新戸中品十三点中にも一点だけ同様に「錢」

を付したものがある（肆一三九八）。

（七）「模郷典田掾蔡忠」と釈されているものが「都郷」の誤りであることについては註（三）参照。

（八）簡の正面を向き合わせる形で出土している柒四一〇六・同四一〇七・同四一〇八・同四一〇九を冊書の中心と見做すと、当該簡は中心から数えて上方の第九列から出土している。これより内側にあることが確認できるのは、上方の第八列から出土した故戸下品の柒四〇八一だけである。

（九）追い込みが顕著な例としては、柒四〇七三、同四一四二、同四一七〇が挙げられる。いずれも末尾の「及帥」二文字合わせて直前の「吏」一文字分程度の大きさしかなく、編綴の来る位置を意識して無理に詰め込んだことが明瞭である。もう少し前の「還」字あたりから詰めて書いた例としては柒四一六一、同四一六二が、また背面上部の編綴部分で「牒」字を追い込んだ例として同四〇七一が挙げられる。

（十）郭渚丘は弐二七二〇・同七七二九で中郷として、また曼溲丘も同五五四九に中郷としてみえる。

（十一）なお前稿にて、壱一三〇三に登場する郡吏潘慎が嘉禾四年に五唐丘に属していたことを指摘したが（吏民田家莂四・一一〇）、［阿部二〇〇四］は五唐丘も郭渚丘と同様に一町あたりの畝数が大きく、同名の里も存在することから、古くに開発された丘とみている。潘慎はその中では相対的に町あたり畝数が小さな田畑を有しており、文誼とよく似た状況に置かれている。ただし潘慎は故戸上品である。

（十二）なお［簡24］の『環樂二郷」部分は、［簡26］写真版と比較すると残存する字画が類似しており、「桑樂二郷」と釈し得るのではないかと思われる。

（十三）［關尾二〇〇一］。

（十四）なお次節で触れるように、区光は嘉禾四年八月に広成郷と平郷の勧農掾を兼任していたことが明らかであるが、中郷の「戸品出銭」簡を都郷典田掾として管掌している蔡忠の場合と異なり、区光の官職名は使い分けられている。これがふたつの郷の関係と関わるのか、それとも「戸品出銭」簡を支える制度に関わるものなのかは、今後の史料の公開を俟って再考したい。

（十五）［侯二〇〇六］［王・汪二〇〇七］［孫二〇〇九］参照。秦漢期の田部・田嗇夫に関しては、さしあたり［山田一九九三］参照。

（十六）典田掾五陵は壱五五八九にもみえる。

（十七）なお［關尾二〇一四A］は、勧農掾が食用の穀物の貸与に関わっていたことを指摘する。現時点では、同様の職務を典田掾が担っていたかは確認できていない。

（十八）本木牘の釈文は、本論集所収の伊藤敏雄「長沙呉簡中の「叩頭死罪白」文書木牘」に拠って改めた。

（十九）この木牘については、伊藤敏雄氏より特にご教示にあずかった。この場を借りて深く御礼を申し上げる。

（二十）［高敏二〇〇八］［蔣二〇一二］。ただし高敏と蔣福亜では、郡屯田掾が民屯に関わる点は共通するものの、所属官庁・系統の理解に差がある。

長沙呉簡にみえる佃客と限米

谷口建速

はじめに

長沙呉簡には種々の客に関する記録が数多く含まれている。例えば名籍類には衣食客・僮客・吏客・大常客・常限客・限客・限佃客・子弟佃客・子弟限客・家種客等、財政関連の簿籍には吏帥客（吏客・帥客）・佃客・僮客・復客・適客（過客）等の語を確認できる。魏晋期の客については、鞠清遠の先駆的な研究に端を発し［鞠一九三五］［鞠一九三六］、良賤制・身分制の観点から濱口重圀［濱口一九六六］や堀敏一［堀一九七五］をはじめとする多くの研究成果が蓄積されている。客は魏晋南北朝時代を通じて次第に社会的地位が低下したと理解されるが、呉簡中の客の記録は、魏晋期の基層社会における客の存在形態をうかがい知ることのできる具体的実例である。そのため早くから個別の客や客全般について研究が進められ、断片的な記録の中からも、所謂私属の客と官に編成された広義の佃客の存在が明らかとなっている［侯二〇〇一B］［陳爽二〇〇六］［王素二〇一一C］［沈二〇一三A］［蔣二〇一四A］。

呉簡中の客は、郵卒や子弟等の特定の身分・職役従事者に課された賦税「限米」と関連が深く、右に挙げた吏帥客以下はいずれも限米の賦課対象として見えるものである。またその田地の耕作には、負担者自身のほか限佃客等の佃客も従事したことがうかがえる［谷口二〇〇八］。このように彼ら佃客の実態の問題は、孫呉の税役制度全般や勧農政策とも相関する課題であるが、関連記録が少なく限定的な検討にとどまっていた。

近年、簡牘群の公表が進み、全体像を復元し得る簿籍のまとまりが多数確認されるようになり、客についても各種の名籍類や財政関連簿を総合的に検討することで、より具体的な実態の解明が期待される。本稿ではその一環として、名籍類に見える客を概括的に分析し、官が客をどう把握したのか、当時の客の本質的な存在形態の一面について検討する。特に田地の耕作に従事する広義の佃客は、各名籍の中で多様な表記が見られるため、相互の関連を整理し、また彼らが負担する限米の記録とあわせて分析することで、実態の解明を試みる。（一）

一　吏民簿中の客

呉簡には吏民簿・吏父兄子弟簿・師佐簿等の各種名籍が含まれ、このうち客の記録が最も豊富なものは、所謂吏民簿である。吏民簿は、郷・里が管轄する吏民の戸口の記録をまとめた簿で、表題簡のもと本文に相当する①戸主、②家族、③戸の集計からなる各戸の記録が列ねられ、最後に里ないし郷全体の戸口の集計及び各種の内訳記録が置かれて構成される。吏民簿は、戸主の記録に本籍地の情報が記されるか否かにより、体式上二種に大別できる。（二）

Ⅰ型（本籍地が記されるもの）

高遷里戸人公乘張喬年卅筭一　給縣吏　（壱一〇四一二）

喬妻大女健年廿五筭一　（壱一〇四一五）

喬子女土年二歳　（壱一〇三九九）

喬兄□年廿八筭一　刑左足　（壱一〇四〇〇）

凡口四事　筭三事　訾　五　十　（壱一〇四二二）

Ⅱ型（本籍地が記されないもの）

郡吏鄧建年廿三　（弐一六四四）

□妻大女收年十九　□建弟仕伍川年七歳　（弐一六四八）

●右建家口食三人　（弐一六三七）

Ⅰ型の戸主の記録は、冒頭に里名が記され、「戸人」、爵位もしくは性別・年齢区分、姓名、年齢、特記事項の順に記される。[三] 特記事項の部分には、「筭」（算賦）、「復」（復除）、障害・疾病、「給役」等の情報が注記される。家族の記録は、続柄対象者の名と続柄、爵位もしくは性別・年齢区分、当人の名、年齢、特記事項が記される。Ⅱ型の戸主の記録は、まず身分が記され、姓名、年齢、特記事項と続き、[四] 家族の記録はⅠ型と同様である。以上が基本的な記載内容であるが、簿ごとに簡の長さや一簡に連記される人数、特記事項等の記載に相違も認められる。[五]

客は、吏民簿では二つの書かれ方で見える。まず一つは、主人の戸に列ねられる形である。

1　□依食客五役年廿五刑左足　僮客□年十六　（壱七七五四）[六]

2　絢弟仕伍黒年七歳　衣食客成年十五刑右足　（弐一八四二）

3　姪子男[狶]年三歳　依食少[交]年十二盲左目　（柒三五九〇）[七]

4　戸下奴有長三尺　[限][佃]客義年廿六　（柒二八九）

1～3に「衣（依）食客」、1に「僮客」、4に「限佃客」が見える。[八] 2・3の冒頭に弟・姪とあるように、いずれも家族の記録に相当する簡であり、これらの客が主人の戸の籍に列記されたことが明らかである。

衣食客は、『晉書』巻二六・食貨志の給客制の記事等に見え、[九] 濱口重國により後代の部曲・客女の前身として位置付けられた［濱口一九六六］。給客制では、佃客とともに官品に応じた所有数（課役が免除される）が規定されるが、佃客が戸数であるのに対し衣食客は人数である。このことは、呉簡中で衣食客が個人で登記されることと共通する。衣食客は文字通り〝主人から衣食を支給された客〟と見なされるが、主家との関係については隷属者や雇傭人等、理解の相違も認められる。(十) なお、呉簡の衣食客の事例は、文献史料に先行するものである［王素二〇一一D］。

僮客は、両漢代から見える語で、もとは奴婢と賓客を含む客を総称する語であったが、(十一) 次第に奴婢と卑賤な客の汎称、賤民階級に属する客を示す語へと内実が変化した［濱口一九六六］。呉簡では、事例は少ないが僮客に関わる賦税の記録も見える。

5　入廣成郷嘉禾二年州卒蔡通僮客限米二斛冑畢＝嘉禾三年四月廿日桑都丘民□將闞邸閣董基付倉吏鄭黒受　（柒四三五九）

限米は、一般吏民の田に課された「租米」・「税米」に対し、特定の身分や職役従事者に課された賦税である。5は、吏民が所有する僮客に対して賦税が課されたことを示している。

魏晋期の客と主家の関係について見解が分かれる要因の一つとして、『隋書』巻二四・食貨志に見える東晋代の給客規定に「客は皆な家籍に注す」（註九参照）とある一文の理解がある。すなわち、「家籍」を主家の戸籍と見なし、当時の客（佃客・衣食客）が編戸としての自立性を失っているとする理解と、客自身の家籍に主家の情報が注記されたとする理解である。(十二)［蔣二〇一四A］が早くから指摘するように、1～4は客が主家の籍に登記された実例である。客が主家の籍に登記されることは、私奴婢（「戸下奴」・「戸下婢」）と同様である。

6　孫子男□年六歳　孫戸下奴士長六尺　（壱四一四一）

7　紹戸下婢心年廿二苦腹心病　（壱九三二〇）

1の「依食客五役」の一例を除き、客も奴婢も名のみが登記されている。[十三] また8は、諸郷の吏が「郎吏以下の有する所の客・奴婢」及び「県吏の死子弟」を報告したことに関する記録であるが、私属の客と奴婢が併記されており、官が両者を一定の共通性を有する存在とみなしていたことが分かる。

8　草言府記諸郷吏依書注條列郎吏以下所有客奴婢縣吏死子弟事　七月……白　（柒三一八七）

なお、南朝宋の車服の制によると、衣食客は奴婢と同列に置かれており、両者は賤民層を構成したと理解されている［玉井一九四二］［濱口一九六六］。[十四] 呉簡の吏民簿は、その萌芽が魏晋期に遡ることを示す具体例といえよう。以上の諸記録はいずれも、客が私人の属下に置かれたことを示すものである。

一方、吏民簿には自らの独立した戸を有する客も見える。まず散見するのは、「吏客」である。

9　陽貴里戸人公乘蔡霸年七十六刑左手　□吏客　（肆一七二七）

10　富貴里戸人公乘吏客唐光年卌八風病　刑左手　（柒五二五二）

11　陽貴里戸人公乘吏客文□年卅四筭一　妻思年十九筭一　（柒一九六三）

12　東扶里吏客朱設年五十一腫兩足〼　（壱一二六四）

9には注記の形で「□吏客」、10〜12には身分表記の形で「吏客」と見える。[十五] 12には「戸人」の語が見えず、吏客の朱設が戸人ではないことを示すようでもあるが、誤脱の可能性がある。9〜11の蔡霸・唐光・文某は、みな民爵の最高位「公乘」を有し、戸人として独立した戸を形成している。第三節に提示するように、吏客は賦税関連の記録では「帥客」と併せて「吏帥客」と総称され、「吏帥客限米」を負担している。ただし、9〜12には主家の情報は無く、誰の客か不明であることに注目される。

また吏民簿には、民が「給役」として負担する各種の客を確認できる。給役は、「駅卒」や「養官牛」等、唐代の

色役に類する労役の一種で、負担者である戸主や家族の記録に「給某」の形で注記される。（十六）

13　思子男伸年六十常限客　仲子男碓年廿六　（壱八三九六）

14　〼年卅一盲右目　□貴年六十八常限客　貴妻譽年五十三踵右足　（壱八五一四）

15　嘉禾五年緒中里戸人公乗黄囊年五十給限客□□苦腹心病　（肆六七六）

16　□姪子公乗客年廿五給冢種客　（弐二五〇一）

17　蘇次公乗遝年卅給家種客　遝子仕伍□年□歳　（弐二五二五）

13・14に「常限客」、15に「限客」、16・17に「冢（家）種客」が見える。（十七）限客と冢種客は、公乗の黄囊・某客・某遝が負担する給役として注記される。常限客は「給」字を伴わないが、次節で分析するように別の吏民簿で他の給役に読みかえられているため、給役の一種と見なした。常限客の語からは、吏民田家莂に広範に見える田種「常限田」が想起される。（十八）常限客はその耕作に従事する客、すなわち佃客の一種と考えられよう。限客についても、呉簡中では限米に関する田地が「限田」と記されることから、同様に佃客の一種と考えられる。（十九）冢種客もまた、「種」字を含むことからやはり耕作に関連する可能性が高い。吏民簿には、これらの客の他にも「士限佃」・「常佃」等、耕作に関する給役が見える。彼らはみな民が労役として耕作に従事する存在であり、官が編成した広義の佃客である。

本節では、吏民簿中の客の記録を分析し、主家の戸の籍に登記される客、すなわち主家に対する従属性の強い客と、独立した自身の戸及び籍を有する客の両種を確認した。後者には自身が客の身分を有する者と、給役として佃客の役務に従事する者とが含まれるが、彼らは自立した編戸の民として吏民簿に登記されており、また少なくとも当人の記録からは特定の主家との関係はうかがえない。したがって、あくまで名籍上ではあるが、彼らは私人の依附民や隷属民と表現される存在ではないことが明らかである。次節では、このような佃客について引き続き検討する。

二　限佃客と子弟

前節で分析した吏民簿の各戸の記録は、「右廣成里領吏民五十戸口食二百九十□人」（弍一六七一）・「●集凡五唐里魁周□領吏民五十戸口食二百八十九人」（肆三八〇）等の戸口の集計記録でまとめられ、その後には男女の口数及び各種の戸の内訳が列記された。例えばあるⅡ型の吏民簿では、里内の戸を①戸主が吏卒等の身分を有する戸、②戸主か家族が諸々の給役に従事する戸、③役負担免除の対象となる戸、④「応役民」戸（①～③に該当しない、所謂「正役」を負担する戸）に区別して把握している[二十]。これらの内訳記録にも客が見える。

18　●其四戸給子弟佃客　（弍一九八一）

19　其六戸給子弟限客　（肆二九八）

18・19には、「子弟佃客」・「子弟限客」と「子弟」に関する客が見える。子弟は、「吏子弟」及び「帥子弟」すなわち吏や帥の男性家族を示し、吏民簿本文では戸主の身分及び家族が従事する給役として見える。

20　子弟鄧沐年卅九　▼　（弍一九一四）

21　子弟謝狗年六十二　▼　（弍一九六八）

22　・□従兄公乗囊年□□給子弟　（弍二〇三三）

23　兄子男公乗蒴廿雀左手給子弟　（弍二〇三四）

右に挙げた諸簡には、興味深い問題がある。18・19等の戸の内訳記録は、本文の各戸の記録を反映し、里内における当該の戸の総数を示すものである。しかし戸主や家族の記録には、これらに対応する「給子弟佃客（限客）」の注記は確認できない。一方、20～23のように子弟・給子弟の戸主・家族は散見するが、「其若干戸（給）子弟」のような子弟・給子弟に限定した内訳記録も確認できないのである。これらのことから、戸主・家族の記録における子弟・給子弟は、内訳記録では子弟限客・子弟佃客としてまとめられた可能性が想起される。では両者はいかなる関係にあったのか。子弟については、［孟二〇〇八］［谷口二〇〇八］［侯二〇一一］等の専論があり、筆者も限米や給役との関連で検討したことがあるため［谷口二〇一五］、以下に子弟と佃作との関係に限定して論を進める。

孫呉では吏の家族に一定の税役負担が義務付けられていた。『三國志』呉志巻三・孫休伝永安元（二五八）年条に、

詔に曰く、「諸吏の家に五人有り三人兼重して役と爲る。父兄は都に在り、子弟は郡縣吏に給す。既に限米を出だし、軍出づれば又た従い、家事に經護する者無きに至る。朕甚だ之を愍れむ。其れ五人有りて三人役と爲らば、其の父兄の留めんと欲する所を聴し、一人を留むと爲し、其の米限を除き、軍出づれども従わざらしめよ」と。

とある。この詔は、第三代景皇帝（孫休）が永安元年十月の即位後に発布したもので、当時の吏の家の状況がうかがえる。すなわち、吏の家に男手が五人あるとしても、吏本人（父兄）が都で勤務し、子弟が地元の郡県の吏に給して不在となるのみならず、その家では限米を供出し（そのために耕作に務め）、軍の出動時には従軍者を出さねばならなかった。孫休はこの「家事に經護する者無きに至る」現状をみて穀物供出と従軍を免除したが、それまでは吏の家に限米供出（のための耕作）が課されていたことが分かる。呉簡においても、多くの「子弟限米」の記録より、吏の家族に限米が賦課されたことが明らかである。また吏の家族の税役従事については、次のような文書がある。

24　廣成郷勸農掾區光言、被書條列州吏父兄子弟伙處人名年紀為簿。輒隱核郷界、州吏七人、父兄子弟合廿三人。其四人刑踵・聾・頤病。一人被病物故。四人真身已送及隨本主在宮。十二人細小。一人限佃。一人先出給縣吏。

隠核人名・年紀相應、無有遺脱。若後為他官所覺、光自坐。嘉禾四年八月廿六日、破莂保據。
（J二二―二五四六）

24は、広成郷の勧農掾区光が、郷内の州吏の父兄子弟の現況を調査し、結果をまとめた簿「吏父兄子弟簿」と併せて提出した送り状である。(二十一)内容を整理すると、広成郷内には州吏の父兄子弟が計二十三人居り、その内訳は①障害・疾病を有する者（「刑踵・聾・頤病」）四人、②病により死亡した者（「被病物故」）一人、③父兄子弟自身が真身＝真吏であるため現地に送られた（「真身已送」）、或いは州吏の戸主に従い「宮」（州都の武昌宮か）に居る者（「隨本主在宮」）四人、④幼少者（「細小」）十二人、(二十二)⑤「限佃」一人、⑥既に県吏に給する者「先出給縣吏」一人とある。⑤の「限佃」の語からは、限米や限田及びその耕作が想起されるが、具体的内容を示すのが24等の本体に当たる「吏父兄子弟簿」である。(二十三)この簿では、「限佃」に対応する注記として「給限佃客」の語が見える。

25　臺姪子男唐適年卅九給限佃客以嘉禾三年九月十日被病物故　（参三〇五三）

26　仨侄子男昗年卅給限佃客以嘉禾三年十二月七日被病物故　（参三八四一）

27　□男姪南年卅三給限佃客以嘉禾四年八月十一日叛走　（参三〇八〇）

28　☑其三人給限佃客一人叛走□□人已送□□　（参一七八七）

25～28より、彼らが「限佃客」の役務を負担したことが明らかである。吏の家族であっても「客」と表記されることに注目されるが、彼らが耕作する田地を明示するのが次の簡である。

29　祐男姪南年卅五給祐子弟限田以嘉禾四年八月十一日叛走大男　（弐七〇四八）

29は、は［侯二〇〇九］が指摘するように、吏本人との続柄、自身の名、叛走した年月日が27と一致することから、同一人物の記録とみなされる。29によると、吏である某祐の甥の南は、祐の「子弟限田」の耕作に給している。すなわち24の「限佃」は、吏の「子弟限田」を「限佃客」として耕作する役務ということになる。

24の⑤・⑥は、吏の家族が限田の耕作や地元の郡県の吏役に給したことを示すが、二十三人中僅か二人であり、各家にその義務が課されたことを示唆する「永安元年詔」の状況と齟齬するようである。しかし残りの者は、いずれも郷内に不在（②・③）、障害疾病を有するか或いは年少（①・④）等、負担を減免される要件を有している。また24と同類の文書には、従事すべき父兄子弟の居ない負担を「下戸民」が肩代わりする事例を確認でき、呉簡の時期においても、吏の家に限米負担（＝限田耕作の従事）が義務付けられたと考えられる。（二十四）なお、25〜29はいずれも負担者の父兄子弟が死亡もしくは叛走しており、実際の従事者の少ない24の状況と合致する。

以上より、吏の家族が負担する耕作の役務は、呉簡内で「限佃」・「子弟限田」・「限佃客」と多様に表記され、文字通り佃客として従事するものであることが明らかとなった。本節はじめに挙げた「給子弟佃客」・「給子弟限客」は、まさに当該の役務を指すのであろう。本文でこれらに対応する「給子弟」は、民が給役として〝吏の子弟の限田を限佃客として耕作する役務〟に従事したものと考えられる。彼らもまた、官に編成された広義の佃客と見なせる。

ところで、前節で確認した常限客・限客・家（冢）種客等の佃客に関する給役は、18・19のような内訳記録には見えず、別の名称でまとめられた可能性がある。このうち常限客について以下に分析したい。まず13の記録は、人名等の照合から次の二簡と関連する可能性がある。

30　民大女郭思年八十二　（壱八四七一）

13　思子男伸年六十常限客　伸子男碓年廿六　（壱八三九六）再掲

31　碓妻汝年廿一　碓男弟圭年十六苦腹心病　（壱八六三一）

13・30・31からは、①戸主の「民」で大女の郭思、②子の伸、③伸の子の碓、④碓の妻の汝、⑤碓の弟の圭の五人家

族を復元し得る。三簡は簡番号が離れているが、30の郭思は別の吏民簿中にも見え、ほぼ同様の戸を復元できる。[二十五]

32　民大女郭思年八十三　　思子公乘□年六十一給子弟　（弍一八一八）

33　・卓子公乘碓年廿七刑左足　　碓妻大女汝年廿二筭一 ▼　（弍一八〇八）

34　・碓弟公乘圭年廿腹心病　　圭妻大女譙年廿三踵（腫）足　（弍一七九二）

32～34からは、①戸主の「民」で大女の郭思、②子の□（卓？）、③卓の子の碓、④碓の妻の汝、⑤碓の弟の圭、⑥圭の妻の譙の六人家族を復元できる。二つの「郭思の戸」を整理すると、次のようになる。

郭思一家対応表（第一三盆・第一六盆）

	続柄	姓名	年齢	注記
1	戸主	郭思	八二	大女
	戸主	郭思	八三	大女
3	伸の子	碓	二六	
	卓の子	碓	二七	公乘・刑左足
5	碓の弟	圭	一六	苦腹心病
	碓の弟	圭	二〇	公乘・腹心病
2	思の子	伸	六〇	常限客
	思の子	□	六一	公乘・給子弟
4	碓の妻	汝	二一	
	碓の妻	汝	二二	筭一
6				
	圭の妻	譙	二二	腫足

各人の名や続柄がほぼ対応するのみならず、五人中四人の年齢が一歳ずつズレること、⑤の圭は年齢が齟齬するが、「腹心病」の注記が共通すること（写真図版によると、31の圭の年齢は「十九」の可能性がある）から、復元及び対応の妥当性は高いと考えられる。13で「常限客」の注記がある「伸」の名は、32では未読字、33では「卓」と釈読さ

れるが、13と33の当該文字の墨痕は酷似する。

14もまた、別の簿の一簡と対応する可能性がある。

14　▨年卅一盲右目　□貴年六十八常限客　貴妻譽年五十三踵右足　（壱八五一）再掲

35　・張父公乘濟年六十五給子弟　齎妻大舉年五十四踵右足　（弐一九〇四）

両簡は一見共通する点は無いようであるが、35の整理組注に「「齎」、或釋爲「貴」」とあり、確かに「濟」・「齎」は14で「貴」と釈読される文字と似ている。また妻の名は14で「譽」、35で「舉」と釈読されるが、同一文字のようである。両簡の内容を整理すると、次のようになる。

貴一家対応表（第一三盆・第一六盆）

	続柄	姓名	年齢	注記
1	戸主？	？	三一	盲右目
	戸主？	某張	？	？
2	？	貴	六八	常限客
	張の父	済（貴）？	六五	公乘・給子弟
3	貴の妻	譽	五三	踵右足
	齎（貴）？の妻	舉	五四	踵右足

郭思一家と同様、妻の譽（舉）の年齢が一歳ズレ、「踵右足」の障害を有する点が共通する（14の貴の年齢は「六十四」の可能性がある）ことから、両記録も対応すると考えられる。

両者の戸の復元・対応が妥当であれば、13・14において「常限客」であった郭仲・某貴は、翌年の吏民簿で「給子弟」として登記されたことになる。このことは、耕作に従事するという共通の内実を持つ常限客と給子弟が、両吏民簿で読み替えられたことを示す。両者の耕作する田地は異なるが、このような読み替えは、「給子弟」の語が給役としての佃客全般を内包する可能性を示しており、関連記録の増加にともなう今後の検討が俟たれる。

以上に検討してきた各種の佃客は、別の吏民簿では「限佃民」と総称されている。

36　其二戸限佃民　下品　（柒二三〇〇）

37　其八戸限佃民　其二戸中品 其六戸下品　（柒三六六二）

38　其二戸限佃民　下品　（柒三九三九）

右は19・20と同類の内訳記録で、戸口の集計記録の後に列記された。[二十六]本文に相当する戸主・家族の記録には対応する注記は確認できないが、既公表の簡において「限佃」に従事する「民」は、これまで検討してきた各種の耕作関連の給役負担者のみである。37～39によると各里の限佃民戸は多くないが、同一簿の内訳記録には「窮女戸不任調（役）」戸と「應役民」戸の他に「郡吏」・「県卒」・「給県吏」・「給州卒」の戸を確認できるのみで、限佃民の戸が吏卒の戸と同様に特別に把握されたことが分かる。[二十七]限佃「客」ではなく限佃「民」という表現は、彼らが給役として耕作に従事する「民」であることを示している。

また呉簡には、限佃に従事する戸に限定された名籍も確認できる。[二十八]

39　小武陵郷謹列嘉禾五年限佃戸口食人名簿　（弐九）

40　南郷謹列嘉禾五年限佃人戸口食人名簿　（弐一一三一）

41　宜陽里戸人公乘潘衣年卌九　妻大紫年卌五　▼　（弐七五）

42　●右衣家口食二人　（弐一〇）

43　緒中里戸人公乘黄懐年卌二　妻大女合年卌　▼　（弐二七四）

44　右懐家口食二人　（弐四二六）

45　□集凡小武陵西二郷新住限佃客卌四戸口食卌一人故戸中□　（弐三五）

46　集凡南郷領限佃戸二戸口食六人故戸　▼　（弐四二七）

右は39・40の表題にあるように「限佃（人）戸」の口食・人名簿の構成要素であり（二十九）、41〜44は戸主・家族の記録及び戸ごとの集計記録、45・46は郷全体の集計記録である。45に「新住限佃客」とあるように、本簿には限佃客の戸口が列ねられるが、本文に登記されているのはいずれも公乗の爵位を有する編戸の民である。本節で検討してきたように、呉簡中の限佃客は、吏の子弟等に関連する限田の耕作に従事する佃客であり、吏の子弟自身や民が給役として負担した。本簿に列ねられているのは彼らであろう。このように限佃に従事する戸に限定した名籍が作成されたのは、当然ながら彼らに特化した簿が必要とされたからであり、限佃民の内訳記録と共に、官が田地耕作に従事する労働力の把握・編成を重視したことを示している。

三　限米と客・子弟

前節では、名籍類に多様な表記で見える佃客について整理し検討したが、彼らは佃客として田地の耕作に従事することを義務付けられた吏の子弟や、給役としてその役務に従事させられた編戸の民であった。彼らが耕作する限田には限米が賦課され徴収されたのであるが、本稿の最後に、限米の納入記録からも佃客について検討を加えたい。

47　入廣成郷嘉禾二年郡吏區頤客限米六斛五斗冑畢＝嘉禾二年十月廿六日東扶丘雷襄關邸閣董基付倉吏鄭黑受　（壱三八八八）

48　入小武陵郷嘉禾二年帥客棋生限米五斛冑畢＝嘉禾二年十月廿五日楮下丘棋生關邸閣董基付三州倉吏鄭黑受　（壱四四五八）

49　入平郷嘉禾五年帥客鄧儘限米廿斛就畢＝嘉禾五年十一月卅日杷丘呉馬關丞皐紀付掾孫儀受　（弐八五九一）

50　入小武陵郷黄龍元年吏帥客限米三斛五斗冑畢＝嘉禾二年二月一日下衆丘番孟關邸閣董基付三州倉吏谷漢受　（参一三九三）

51　・右小武陵郷入吏帥客限米六斛五斗　（壱三一八五）

52　其一千八百廿二斛七斗七升吏帥客黄龍三年限米　（壱一七五〇）

53　其五百九十一斛九斗五升黄龍元年吏帥客限米　（弐四九〇）

右はいずれも「吏帥客限米」に関する記録である。47～51は穀物納入・受領の際に作成された一次的な記録及び集計記録で、「邸閣」・倉吏の署名や同文符号（二一）からうかがえるように、証明書としての機能を有する。[三十] 52・53は二次的にまとめられた「月旦簿」（穀倉のひと月ごとの出納簿）の内訳記録である。47～51の冒頭に郷名が記されるように、限米は郷を通じて賦課・徴収された。これは一般吏民に課された税米・租米と同様である。[三十一] 諸々の限米は税米と並び納入記録の事例が最も多く、財政収入の重要な部分を占めていた。

個別の納入記録を確認すると、47は郡吏區頤の客の限米を雷襄が納入した事例、48は帥（姓名不詳）の客棋生の限米を棋生が、49は帥（姓名不詳）の客鄧儘の限米を呉馬が、50は吏帥客の限米を番孟が納入している。これらは一種の証明書であるが、限米負担者の情報（吏帥及び客自身の姓名）が完備した事例は無く、どの吏帥の客に関わる限米かは必ずしも厳密に把握されていないようである。このことは、吏民簿における吏客の状況と共通する。また49は負担者と納入者が明らかに異なる事例であるが、同様の状況は子弟の限米納入記録においても見られる。[三十二]

54　入平郷嘉禾二年郡吏監訓子弟限米四斛冑畢＝嘉禾二年□月十六日侵頃丘監□關邸閣董▨　（壱四四九七）

55　入東郷縣吏謝彊黄龍三年子弟米三斛冑畢＝嘉禾元年十月十九日□丘男子謝雙付三州倉吏谷漢受中

（参三六八一）

56　入平郷嘉禾二年縣吏呉囟子弟限米七斛冑＝嘉禾三年四月廿五日泊丘呉帛關邸閣董基付三州倉吏鄭黑受

（柒四二八一）

57　入平郷嘉禾二年故帥烝巡子弟限米三斛冑畢＝嘉禾二年十月廿六日杷丘男子石巡關邸閣董〼

（壱四八五九）

58　入廣成郷嘉禾二年郡吏黃何子弟限米廿三斛冑畢＝嘉禾二年十月廿日□丘烝□關邸閣董基付三州倉吏鄭黑受

（壱七四六一）

59　入廣成郷嘉禾二年縣吏楳綜子弟限米一斛六斗冑畢＝嘉禾三年正月九日撈丘烝麋關邸閣董基付倉吏鄭黑受

（柒四二九五）

54～56は吏と同姓の者が納めていて子弟本人の可能性が高いが、57～59のように両者の姓が異なる事例も少なくない。「子弟」には甥等の異姓の者も含まれるが、実際に限田耕作に従事した子弟の少なさを鑑みるに、その多くは給子弟負担者が子弟の限田耕作に従事し、限米を納入した事例であろう。[三十三]

また吏帥子弟限米は、帳簿上の表記の面で一つ大きな問題をはらんでいる。子弟限米は諸々の限米の中で個別の納入事例が最も多いが、月旦簿等の二次的な記録にはその語が全く見えないのである。租米・税米はもちろん、吏帥客限米を含む他の限米はみな月旦簿等に登記されている。したがって、子弟限米は穀倉に納められた後、別の名目のもとで管理・運用されたと考えられるのである。その可能性が最も高いのは、子弟と同様に吏帥と関連し、かつ客としての実態も共通する吏帥客の限米であろう。吏帥客は、名籍中に吏客が散見するのみで帥客は見えず、また個別の吏帥客限米の納入記録も47～50を含めて数少ない。その一方で、月旦簿等の二次的な記録では諸限米の中で最も頻見し、かつ52・53のように高額な事例も多い。このような状況は、吏帥子弟限米が二次的な記録において吏帥客限米に内包されたと考えれば理解しやすい。この想定を傍証してくれるのが、次の三簡である。

60　〼吏帥客子弟限米十三斛五斗冑畢＝嘉禾三年十一月十七日露丘谷□烝關〼　（参四五〇）

61　入樂鄕嘉禾二年吏客子弟限米三斛就畢＝嘉禾三年四月廿日肥狶丘鄭斗關邸閣董基付三州倉吏鄭黑受　（柒一六〇六）

62　入廣成鄕嘉禾二年吏帥客子弟限米□斛五斗僦畢＝嘉禾三年正月九日□丘張濃關邸閣董基付倉吏鄭黑受　（柒四二七六）

60・62では穀物の名目が「吏帥客子弟限米」、61では「吏客子弟限米」と記されている。これらの表現は、吏帥客限米と吏帥子弟限米が官にとってほぼ同一の賦税目であったことを示している。またこのことは、負担者である吏帥客と吏帥子弟も類似の存在であったことを示唆するが、子弟限田の耕作に子弟本人ではなく一般民が給子弟＝限佃客として多く従事したことを反映しているのかもしれない。

おわりに

本稿では、長沙呉簡に見える客について名籍類と財政関連記録を総合的に分析してきたが、特に佃客について呉簡中の内的論理の解明を重視し議論が雑駁となったため、今一度論じたことをまとめておく。

吏民簿によると、孫呉の基層社会には主人の戸の籍に列ねられる客と独立した戸を形成する客とが存在し、前者は私奴婢と同様に主人に私属した。後者には自身が客の身分を有する者と、労役の一種である給役として田地の耕作―広義の佃客に従事する者とが含まれ、当該の給役には常限客・限客・家（家）種客・士限佃・常佃と諸々の具体的職名が見える。また孫呉では、吏の家族（子弟）が限佃客として限田の耕作に従事し、限米を負担することが義務付けられていた。しかし実際の従事者は少なく、官は田地を耕作する労働力を確保するために民を編成した。彼らは吏民簿中で給子弟と注記され、子弟限客・子弟佃客とも表記された。以上はみな広義の佃客であるが、「限佃民」とも総称されるように、あくまで官に割り当てられた労役を負担する民であり、また彼ら「限佃戸」のみを対象とする簿も作成された。佃客は限米を負担し納めたが、穀倉では吏帥の子弟や給子弟負担者が納入した限米を吏帥客の限米とまとめて管理した。このことは、両者が共通性を有する存在であったことを示している。

では、佃客を負担する民は基層社会においてどのような存在であったのか。［于二〇〇七A］・［張二〇一〇A］によると、各種の給役は品級の低い赤貧の戸が負担する傾向があり、内訳記録中の限佃民の戸品もやはり低級であった。また限佃戸の名籍に登記される戸の大半は、単身や夫婦二人等の口数の少ない戸であり、［鷲尾二〇一〇B］はその要因として経済的条件を挙げている。「新住限佃客」と表現される移住者も当然経済的基盤は無かったと推測される。すなわち彼らは、郷里の中で戸を形成するものの相対的に経済状況が厳しい下層の人々であった。各種の名籍類からは、官が彼らを田地耕作の労働力として編成する一方、編戸の民として維持しようとしたことがうかがえる。

これらの佃客は、限米や給役という点において孫呉の税役制度と深く相関し、彼らの耕作する田地の性格をはじめとしてなお多くの解決すべき課題が残されている。関連記録のさらなる公表を俟ちつつ、機会を改めて考察したい。

註

（一）　呉簡の釈文は図録本に依拠し、変更がある場合は明記した。また簿のまとまりを示す際には、竹簡群の出土・整理時の盆番号を提示したが、この盆番号は『竹簡　参』までの収録簡に一～三九が振られた後、『竹簡　肆』より再度一から振られている。そのため『竹簡　肆』・『竹簡　柒』収録簡については、便宜的に「新第〇盆」と「新」字を付した。

（二）名籍簡の体式上の分類については、［安部二〇〇四］を参照。

（三）これらの簡は、『竹簡 壱』の第十三・十四盆、『竹簡 肆』の新第一・新第三盆、『竹簡 柒』の新第十九・新第二十盆に集中して見える。うち新第一盆の範囲には、本文中に例示したものの他、「嘉禾四年廣成里戸人公乘郭當年廿七給習射」（肆二〇四三）のように冒頭に年次を記すものも混在するが、両者は異なる里の簿である。

（四）これらの簡は、『竹簡 弐』の第十六盆に集中して見え、表題簡から大半が広成郷と管下の諸里の吏民簿（「廣成郷嘉禾六年吏民簿」）の構成要素と見なされている［侯二〇〇九］［侯二〇一三］。

廣成郷謹列嘉禾六年吏民人名年紀口食為簿　（弐一七九八）

廣成里謹列領任吏民人名年紀口食為簿　（弐一七九七）

当該の記録には、民の他、県吏・郡吏・州吏・軍吏・県卒・郡卒・州卒・郡士・子弟の身分呼称が見える。

（五）名籍の簡の長さや連記については［鷲尾二〇一〇A］［鷲尾二〇一一］、記載の相違については［石原二〇一〇］を参照。

（六）釈文は［王素二〇一一D］に従った。

（七）「依食少」の「少」字は「客」字の一部が磨滅しているようであるため、「依食客」の事例として提示した。

（八）4の「限佃」の二字は墨痕が判然とせず、判読し難い。特に一字目は、残画からも「限」字とは読み難い。ここでは整理組の釈文を提示したが、本節では「限佃客」を検討の対象とはしなかった。

（九）『晉書』巻二六・食貨志の「戸調之式」の後半部分に次のように見える。

而又得蔭人以爲衣食客及佃客。品第六已上得衣食客三人。第七第八品二人。第九品及擧輦・跡禽・前驅・由基・強弩・司馬・羽林郎・殿中冗從武賁・殿中武賁・持椎斧武騎武賁・持鈒冗從武賁・命中武賁武騎一人。其應有佃客者、官品第一第二者佃客無過五十戸（『冊府元龜』邦計部・田制では「十五戸」）。第三品十戸。第四品七戸。第五品五戸。第六品三戸。第七品二戸。第八品第九品一戸。

この制度は後代に継承され、『隋書』巻二四・食貨志には東晋の制度として次のように見える。

都下人多爲諸王公貴人左右・佃客・典計・衣食客之類、皆無課役。官品第一第二、佃客無過四十戸。第三品三十五戸。第四品三十戸。第五品二十五戸。第六品二十戸。第七品十五戸。第八品十戸。第九品五戸。其佃穀、皆與大家量分。…（中略）…官品第六已上、并得衣食客三人。第七第八二人。第九品及轝輦・跡禽・前驅・由基・強弩・司馬・羽林郎・殿中冗從武賁・殿中武賁・持椎斧武騎武賁、持鈒冗從武賁・命中武賁武騎一人。客皆注家籍。

（十）例えば［唐二〇一一C］は、衣食客を主人から衣食を供給され、随従或いは駆使の雑役に充当された存在とする。また主人との関係について［濱口一九六六］は隷属者とみなし、［堀一九七五］は傭客との関連から雇傭人とする。

（十一）『漢書』巻五七・司馬相如伝上に「臨卭多富人、卓王孫僮客八百人、程鄭亦數百人」とあり、顔師古注に「僮謂奴」とある。

（十二）前者の見解として［鞠一九三五］［玉井一九四二］［堀一九八七］等、後者の見解として［河地一九五七］［濱口一九六六］等がある。

（十三）呉簡中の私奴婢については、［陳爽二〇〇四］・［王子今二〇一一］の専論がある。奴婢は年齢で登記される事例と身長で登記される事例とがあるが、例えば第十三・十四盆（Ⅰ型が多い）の範囲の簡では年齢、第十六盆（Ⅱ型が多い）では身長で登記されており、簿ごとに異なる可能性がある。

（十四）『宋書』巻一八・禮志五に

諸在官品令第二品以上、其非禁物、皆得服之。第三品以下、加不得服三鏌以上・蔽結・爵叉・假真珠翡翠校飾纓佩・雜采衣・杯文綺・齊繡黼・鑷離、袿袍。……（中略）……第八品以下、加不得服羅・紈・綺・縠、雜色真文。騎・士卒・百工人、加不得服大絳紫襈、假結・眞珠璫珥・犀・瑇瑁・越疊、以銀飾器物、張帳乘犢車、履色無過綠・青・白。奴婢・衣食客、加不得服白幘・蒨・絳・金黃銀叉・鐶・鈴・鑷・鉺・履色無過純青。

とある。衣食客・奴婢の上の「騎（［濱口一九六六］は「騶」の誤りとする）・士卒・百工人」は、良民中最下層に当たり、［濱口一九六六］は、劉宋代において衣食客が上級賤民、奴婢が下級賤民として定められたとする。

（十五）爵位と姓名の間に身分を記すタイプの記録は、新第一・新第十九・新第二十盆に散見する。

陽貴里戸人公乘縣吏孫五年卅四　五母汝年七十七　（柒一七四二）

高遷里戸人公乘軍吏徐就年卅三　（柒四七八〇）

（十六）吏民簿中に「給某」の形で注記されるものとして、①県吏・郡吏・州吏・軍吏・県卒・郡卒・州卒の各級の吏卒と、②郵卒・駅卒・郡園父・養官牛等の具体的な職名とがあり、本稿の給役は②を指す。吏民田家莂や賦税納入記録では、①の従事者は県吏・県卒等が自身の身分として記される一方、②の従事者は一般民（「男子」等）として記されており、両者は性質の異なる負担のようである。詳しくは［谷口二〇一五］を参照されたい。

（十七）「冢」・「家」と釈読される両字は墨痕が酷似し、同じ文字と考えられる。以下、本文では種冢客と表記する。

（十八）　吏民田家莂は納税台帳としての機能を有する大型木簡であり［關尾二〇〇一］、耕作者が擁する田地と賦税納入の状況等の情報が記される。この中で最も広範に見える田地が「常限（田）」である。
二石下丘男子劉方、田十町、凡廿四畝、皆二年常限。其十二畝旱敗不收、畝收布六寸六分。定收十二畝、畝收税米一斛二斗、爲米十四斛四斗。畝收布二尺。其米十四斛四斗、四年十二月三日、付倉吏鄭黑。凡爲布三丈一尺九寸、准入米一斛五斗、四年十一月二日、付倉吏鄭黑。其旱田畝收錢卅七、其熟田畝收錢七十。凡爲錢二千二百八十四錢、准入米一斛四斗二升五合、四年十二月二日、付倉吏鄭黑。嘉禾五年三月十日、田戸經用曹史趙野・張惕・陳通校。（四・二〇四）
他に類似の給役の名目として「〼尾兄成年五十給常佃　□妻……踵兩足」（弐二三〇六）と見える「給常佃」がある。

（十九）「〼……租税雜限田百廿頃卌七畝二百〼」（弐七六〇五）とある簡では、租米を課された「租田」、税米を課された「税田」と諸々の限米を課された雑「限田」をまとめて「租税穕限田」と表記している。

（二十）　前掲註（四）の「広成郷嘉禾六年吏民簿」。この簿の復元については［侯二〇〇九］［侯二〇一三］を参照。当該吏民簿の内訳記録として、①「其二戸州吏」（弐二一一五）・「・其四戸郡縣卒」（弐一七〇五）、②「其三戸給驛兵」（弐一七〇一）・「其二戸給郡園父▼」（弐一七〇二）、③「其五戸厎羸老頓貧窮女戸」（弐一八六一）、④「●定應役民廿戸」（弐一七九三）等がある。

（二十一）　24と同類の文書として、次の二点が公表されている。これらの文書については［高村二〇〇四］［王素二〇〇九］［關尾二〇一三C］等を参照した。
東郷勸農掾殷連、被書條列州吏父兄人名年紀爲薄。輙科核郷界、州吏三人、父兄二人。刑踵・叛走、以下？民自代、謹列年紀、以（已）審實、無有遺脱。若有他官所覺、連自坐。嘉（禾）四年八月廿六日、破莂保据。（J二二―二五四三）
都郷勸□掾郭宋言、被書、條列軍吏父兄子弟人名年紀爲簿。輙隱核郷界、軍吏□人、父兄弟合十一人。其一人被病物故。四人叛走。定見六人、其三人刑踵、二人守業、已下戸民自代一人。□□隱核人名、年紀、死・叛相應、無有遺脱、若為他官所覺、宋自坐。嘉禾四年八月廿六日、破莂。（資料番号不明『湖南省展』）

（二十二）「細小」は、名籍では十四歳以下の者の記録に注記されることから、当時は十五歳以上が諸々の負担の対象となったと考えられる［王子今二〇〇九］。

（二十三）「吏父兄子弟簿」は、『竹簡　参』の第二十四・二十七盆に集中して見える。

（二十四）　前掲註（二十一）の東郷の文書では、州吏の父兄二人は、障害を有し或いは叛走したため、「下戸民を以て自らに代」

えたとある。また都郷の文書では、軍吏の父兄十一人は、既に死亡（物故）した者一人、叛走して郷内に不在の者四人、残りの六人は郷内に確認できるが（定見）、うち三人が障害を有し、「守業」は二人であり、残りの一人は「下戸民を已（以）て自らに代」えたとある。

（二十五）　13を含む第十三盆と32を含む第十六盆には、郭思と同様に同姓同名の事例が複数確認できる。例えば「民周明年卅五亶左亘」（壱七六二三）と「民男子周明年卅□」（弐一八一一）、「民張卒年六十二」（壱七六七八）と「民男子張卒年六十一」（弐一七八六）、「民楊明年八十五」（壱八四〇五）と「民男子楊明年八十六給驛兵」（弐一七七八）等が対応する。

（二十六）　当該の記録の前後には、Ⅰ型の吉陽里・高遷里・庾陽里・宜陽里・新成里の吏民簿がまとまっている。これらの多くは『竹簡　壱』の第十三・十四盆の吏民簿と共通し、同一人物に関する記録も多数確認できる。

（二十七）　同一簿の本文に相当する記録には、給吏・給卒に対応する注記は見えるが、具体的な職役名は見えない。吏民簿には給吏・給卒のみを注記するものと、具体的な職役名の給役も注記するものとがあり、当該の吏民簿は前者に相当する。なお当該の範囲には、「故戸」と「新占民」戸の内訳記録も見える。

（二十八）　本簿については、「限米」との関連から［谷口二〇〇八］で簡潔に扱った。［鷲尾二〇一〇Ｂ］は、関連簡の集成及び詳細な分析から、限佃人戸を自己の所有しない田地を耕作する小作人の戸としている。

（二十九）　39の釈文では「限佃」と「戸」の間に未読字が置かれるが、当該部分には編綴痕が確認でき、文字は記されていなかった可能性が高い。

（三十）　本記録の書式や機能については、［關尾二〇〇一］［伊藤二〇〇三］［伊藤二〇〇七］［伊藤二〇一二］等を参照。

（三十一）　吏帥客について［陳爽二〇〇六］は、限米を屯田に関わる収入とみる理解に基づき、屯田の耕作者とする。また［蔣二〇一四Ａ］は、限田を官府依附民が耕作する土地とみなす理解に基づき、郡県吏が統率する官の客とする。ただし現段階の資料状況では、全ての限米や限田を屯田ないし国有の地に関するとはみなし難い。

（三十二）　吏子弟限米の納入記録には、次のような吏帥の姓名が記されないものも散見する。

入平郷三年子弟限米十斛＝嘉禾元年十月廿一日上桐丘番萿付三州倉吏谷漢受　（参二七二九）

入廣成郷元年子弟限米十三斛胄米畢＝嘉禾元年十月十九日三州丘謝成付三州倉吏谷漢受　（参二七五八）

（三十三）　例えば私学限米も負担者本人が納入した事例と別人が納入した事例を確認できる。

入樂郷私學由闔元年限米十一斛二斗胄畢＝嘉禾元年十一月六日敷丘大男萌甘付三州倉吏谷漢受　（参二六九五）

入□郷私學烝咄限米六斛胄畢≡嘉禾元年十一月十七日周丘私學烝咄付三州倉吏谷漢受　（肆一二六〇）

また吏民簿の内訳記録には、「其三戸私學吏子弟限」（肆七〇一）のように「私学」と「吏子弟限（客？）」が併記される事例もあり、両者の近似性が示唆される。このように吏帥子弟・吏帥客の他にも限佃客の給役負担者が耕作に従事し限米を納入した可能性があり、今後の検討課題である。

分異の時期と家族構成の変化について
――長沙呉簡による検討――

鷲尾祐子

序

家族（一）という組織の実態の解明は、中国史研究の大きな課題であった。とりわけ一般的な家族構成について、盛んに研究が行なわれてきた（二）。しかし、典籍史料に見える家族形態は多様であるため、その問いに一つの答えを出すことは困難である。漢～魏晋期の家族には、核家族もあれば、父母と息子夫婦が同居する世帯もあり、既婚兄弟が同居する形態も存在すれば、伯父叔父や従兄弟まで同居する三世不分財の大家族も見える。一家族あたりの平均口数は小さいことから、前二者が多数を占めた可能性は高いが、後二者の社会的な重要性を軽視してよいわけではない。このため、通説としては、核家族が主要な形態であったが、家族規模は漢代以降しだいに拡大に転じ（三）、核家族と直系家族・複合家族など多様な家族形態が併存した（四）と了解されている。

ところで、一般的な家族構成をめぐる論争において、諸説の分岐点となるのは、子が分異（分家）する時期である。日本で提唱された三族制家族説（父の生存中は父子が同居共財し、父が死去してのち兄弟で財産を均分して別個の世帯を形成する形態。［加藤一九四〇］［宇都宮一九五五］などを参照）の場合、父母の死去をもって子の分異の時期とするが、それを否定する説の場合、父母の生前の分異を想定する。たとえば［守屋一九六八A］は、分家分財の契機として、第一に子が壮年（守屋の引く『後漢書』周黨伝によれば成年にあたる）に達して自立する能力をもち、分家を望む場合を挙げる。そのほかに貧困・不和などの家や個人の状況に即した事由を挙げるが、さらに兄弟それぞれが妻を娶れば分家の可能性は高くなったとする。確かに、子の結婚とともに戸内には新たな核家族が形成されるのであり、結婚後も分異しなければ、その家庭は父母と同居する三族制家族に変化する。結婚によって分異することが一般的であったか否かは、核家族と二世代同居のどちらが家族構成として主要であるかの分岐点となる。

また、当時における実際の状況から言っても、核家族と三族制家族は、全く別個に存在するわけではないのである。たとえ父母兄弟の同居家族が存在したにせよ、人生のある段階で三族制家族の一員である某人は、結婚前と父母・兄弟の死後などに核家族を経験するのであり、三族制家族と核家族とは家族変化の過程のなかで連続して出現するともいえる。(五)家族は絶えざる変化の過程中にあり、個人は一生のうちに異なる幾つかの家族構成を経験する。典籍には個人の人生の一断面の説話が記載され、その段階での彼の属する世帯の構成がうかがえるが、それは一過程にすぎない。(六)本来、三族制家族説も、父母と未成年子同居の形態（核家族）—既婚子と父母同居の形態（三族制家族）—父母死去後兄弟が分家した後の形態（核家族）の転換を想定する。そして転換の契機となるのは、結婚・分異（分家）・死亡・誕生の四者であり、この四者の時期についての検討は、家族構成の一般的な傾向を考察する上で重要である。

つまり、家族が変化するサイクルの一環としては、三族制家族・核家族の双方が現われてくるのであるが、どのように現われるかについての検討は、一般的な家族構成の説明に繫がり得る。

本論では、分異の時期に着目し、男性が成年に達することと結婚とが、分異の契機になるか否かを中心に、分異の時期について検討し、複数の家族構成が併存する状況に一定の説明を与えるための一助としたい。

一　吏民簿と家族研究

長沙呉簡には、長沙郡臨湘侯国を本籍とする吏民を記載した名籍を多数含む。とりわけ、多く出土しているのが、「吏民簿」と称される吏民を戸単位で記載した簿である（吏民簿については、本書關尾の論考で検討されているため、ここでは割愛する）。これには上級機関への提出を前提に厳密に調査された結果が記載されており、戸口調査である案比と関連する簿である［鷲尾二〇一二］。

この吏民簿を完全な状態で見ることができれば、すべての戸の家族構成が把握できる。しかし、既発表の呉簡は編綴が切れて散乱した状態で出土し、簡相互の接続が不明であり、同一名籍内の簡をまとまった数で把握することが困難である。このために、戸の成員の繋がりが不明となり、一戸全体を把握することができる例は、極めて少数である。また、往々にして作成年代や対象の相違する史料を、区別せずに用いざるを得ない。

このような困難な史料状況の中でも、三国時代における長沙の家族をめぐって、様々な検討がなされている。(七) 中でも、家族構成を正面から論じたのが［于二〇〇七B］であり、家族成員の続柄（父・母・妻・子・兄・弟・姪など）ごとに人数を集計し、当時の家庭には父・母と一組の息子夫婦が同居する直系家族や、複合家族（複数の核家族が同居する）が相当数存在するが、依然として戸の規模が小さい家族が主体であり、直系家族や複合家族にしても核家族を主としており、相互扶助のために核家族に親族中の不完全な家族の成員を収容しているものであるとする。また［孫二〇一〇］は、家庭の形態は核家族を中心とするが、扶助のために親族を収容して多様な家族形態を現出していることを説き、この点において于振波説に共通するが、さらに親族の生老病死による家族の変化も指摘する。一方、［町田二〇〇七」は、名籍簡複数を接続して戸全体を復元し、核家族以外に多様な家族形態が存在することを明らかにする。このほか、核家族が最も一般的な形態であったとする説もある［賈二〇一〇］。〔八〕

以上の研究にとって、吏民簿のまとまりのない状態が、大きな障碍となっている。吏民簿をいかにして秩序づけて集成し把握するかは、各戸を研究する上でも重要な課題であるが、簡冊の状態をある程度は留めた形で出土した名籍も存在し、その出土時における竹簡相互の位置は、掲剝位置示意図（以下、「示意図」）によって明らかである。簡冊の形状を留めている場合、その竹簡群は同一名籍に属すると見なし得る。また、吏民簿であることを示唆する表題や集計の記述が存在し、これに近い簡番号に書式や形状・サイズや編綴痕の位置が類似する各戸の記述が現われている場合、これらを吏民簿として集成することが可能である。本稿では、上記の手続きを経て集成した吏民簿六種を資料として用いる（論文末［資料］【吏民簿1】〜【吏民簿6】参照）。すべて臨湘侯国に属する郷の名籍であり、嘉禾四（二三五）年〜嘉禾六（二三七）年に作成されたものである。

ただし、吏民簿のある程度の集成が可能でも、一戸全体の完全な復元が可能な例は限られている。吏民簿から当時の戸の世帯構造自体を直接的に把握することは困難である。

この障碍を前提としつつ、何らかの形で家族構成の研究につなげるために、本論では成年男性の分異傾向に一つの焦点をあてる。これを知るための一つの手がかりとなるのが、有世帯主率である。有世帯主率とは、人口を男女・年齢・配偶関係別に区分して、それぞれ区分された人口のどれだけが世帯主であるかを示す指標である。この比率が高いほど、核家族化あるいは単独世帯（単身者の世帯）化の程度が高い［河野一九八六（第二版）：一四六頁］。

吏民簿において世帯主である戸主に相当するのが戸人である。戸人の死後、その地位は近親によって継承されるが、〔九〕生前に次世代の継承者に戸人の地位が異動することも有り得る。〔十〕実際、吏民簿にみえる戸には、父子同居する世帯で子が戸人である例も存在する（【表３：吏民簿にみえる妻帯男性とその妻・家族】のNo. 2, 6, 8など）。

ある男性が戸人でない場合は、彼と彼の妻は、第三者が戸人である家に属していることとになり、生家に留まっている状態である可能性が高い。このため、戸人でない者の割合が高ければ、分異した者も少ないと考えられる。そこで、まず、年代別に有戸人率を算出し、戸人と非戸人の割合が年齢とともにいかに変化するかを探る。これは、成人後、いつ戸を分けるのかを明らかにするための試みである。

しかし、戸人の中には、生家に留まったままの者もいる。また、結婚と分異との関連は、有戸人率のみでは不明である。この点について知るために、妻帯していることが明らかな男性の記述を集め、年代別に戸人か否か状況を把握し、さらにできるだけ家族構成を復元し、彼らがいかなる家族の中にいるかを検討する。

以上の検討を通して、男性のライフサイクルの過程で、家族形態（もしくは構成）がいかに変化するかを考える。

二　年代による有戸人率の変化

本節では、吏民簿に現れた世代別有戸人率によって、男性について世代別の分異傾向を考察し、成年に達する年齢（十五歳）との関連を探る[十二]。

まず、【吏民簿１】～【吏民簿６】すべての記録を合算したデータについて、年代別に、戸人と非戸人の割合を見ていく（【表１：全吏民簿年代別有戸人率】を参照[十二]）と、十代男性の有戸人率は四・三％であり、いまだ低い。ちなみに最年少の戸人（郡吏の黄士・十三歳＝弐一六二二三）以外はみな十五歳以上である。

二十代に入ると、戸人数は増加し、有戸人率は四四・四％に上昇するが、一方で非戸人が六割近く存在している。

以降有戸人率は上昇を続け、三十代では七三・七％、四十代で七九・七％に至り、約八割の者が戸人となる。五十代でもこの傾向を維持するが、六十代では、六九・一％とやや下降し、七十代で約六割となる。

以上の有戸人率の変化から、十代では戸人となる者は極めて少なく、二十代でもまだ四割五分程度だが、これ以降上昇し、四十代では八割が戸人となり、六十代以降下降するといった傾向が読み取れる。

特に注目すべき点は、二十代～三十代の間で有戸人率が増大する傾向にあることである。二十代と三十代を前半と後半に分けて推移を見ると、二十代前半では三二・七％だが、後半で六四・四％となり、三十代前半では六七・〇％だが、三十代後半では八四・一％に達する（【表2：全吏民簿十～三十代有戸人率】を参照）。

つまり、十代半ばで成年の年齢に達しても、すぐに分異する者は少ない。さらに、六十代以降、老年に達すると、再び戸人ではない者が増加する。これを男性のライフサイクルに置き直すと、成年以降、男性はしばらくもとの家族にとどまり、二十代後半以降戸人となるも、老年に達すると他の者が戸人を担う家族に属することになる。また、三十代～四十代の最も有戸人率が高い時期においても、二割の成年男子は戸人とならず、他者が戸人の戸に属していることがわかる。

三　結婚と分異

1．夫婦の復元

序で述べたように、従来の研究において、家族構成に関する説明の分岐点は、分異の時期であり、子が成年に達すると分異するか否かにあった。この点については前節で、成年に達してもすぐには分異しないことを確認した。

また、分異時期が子の結婚と同時であれば、核家族が基本的な家族構成と考えられるが、結婚後も父母と同居し、父母の死後核家族になるのであれば、核家族はサイクルの一環として現われる形態であると説明し得る。

では当時、男性の婚姻年齢は一般的にいつ頃なのであろうか。漢～南北朝期の男性の結婚年齢について、従来の研究では、おおむね十代後半とする。[十三] この説を吏民簿に見える男性について検証しようとすると、資料上の困難に逢着する。本簿では、女性については配偶者がいれば必ず「妻」と書かれるため、配偶者の有無を確定することが容易であるが、男性については、妻帯か否かを、本人に関する表記から直接的に把握することはできない。[十四] 一方、有戸人率のデータの場合、個々の男性が置かれている状況が明らかでなく、戸人が結婚しているか否かは把握できない。結婚した男性の動向を知るためには、夫婦とその所属する世帯を復元する必要がある。

戸の復元は、まず同簿である竹簡群を集成し、次に続柄の記述に依拠する。

吉陽里戸人公乘孫潘年卅五筭一　(壱一〇三八一／示意図一-一三〇)
潘妻大女蔦年十九筭一　(壱一〇三八二／示意図一-一三一)
潘子女□年五歳　(壱一〇三七九／示意図一-一二八)
凡口三事二　筭二事　訾　五　十　(壱一〇三八〇／示意図一-一二九)

この家族は【吏民簿1】に見える。この例が示すように、某人の妻には、彼の名を付して某の妻と書かれ（ここでは潘の妻）、その子も某の子女と書かれる。すべて『竹簡　壱』示意図一に含まれる簡であり、これらの簡が一三〇-一三一-一二八-一二九の順に反時計回りに編綴されていたことが、示意図によって確認可能である。このように、続柄によって繋がりを把握した上で、写真・実物で簡牘の形状、編綴の位置、および文字を確認し、同一戸の可能性が高いものを同一戸成員とした。続柄が記載されない書式でも、示意図によって連続するデータであることが確実な場合は、家族員と見なした。ただし同じ簿に同名が複数おり、同戸が確定し得ない例は採用しなかった。

このようにして【吏民簿1】～【吏民簿6】全体およびこれと関連する簿(十五)から夫婦の記述を抜粋し、夫の年齢順に配列し、夫が戸人か非戸人かの区別も明記して掲出したものが、【表3：吏民簿にみえる妻帯男性とその妻】である。夫婦の事例は全一八五件であり、うち一一七人が戸人である（全数の六三・二％）。

まず、妻帯者中の戸人の割合について、年代別に見ていく（【表4：年代別妻帯者数】を参照）。十代の妻帯者は、件数が少ないため判断材料とはなし難いが、八人中二人が戸人であり、戸人ではない者が多い。二十代では、戸人がやや多いものの、約四五％は非戸人である。三十代の事例では七割が戸人となる。四十代、五十代と八割近くが戸人という傾向が続くが、六十代で全三十一人中戸人は十九人となり、戸人の割合はやや低下する（六一・三％）。七十代、八十代と、六十代以降は妻帯者中の戸人の割合は五～六割程度となる。このような、二十代で五割だが三十代～五十代で七～八割となり、六十代以降低下するという、妻帯男性に占める戸人の割合が変動する傾向は、総じて先に示した有戸人率の推移と類似する。

2．十代～二十代妻帯夫の傾向

とりわけ注目されるのは、妻帯男性の十代から二十代にかけての戸人の割合が、十代は二五％、二十代で五五％程度であることである。これらの例のなかには、家族員をある程度は復元可能な世帯もある。戸の復元結果を参照すると、たとえ戸人であっても、元の家から分異しているとは限らないことが明らかとなる。例えば【表3】のNo. 8の夫は十八歳の戸人であるが、父とその配偶者（No. 173）・未成年の妹が同居している戸に属す。

縣卒區象年十八　　象妻大女沾年廿一筭一　　（弍二一一九）

象小妻大女汝年廿　象父公乘專年七十六　（弐二一一七）
專妻大女□年六十　象女弟汝年十六筭一　（弐一五三六）
・右象家口食廿二人　（弐一七二八）【吏民簿2】（十六）

一方、十代二十代の戸人ではない妻帯男性は、十九人存在する（【表3】のNo. 1, 2, 3, 4, 6, 7, 9, 10, 11, 13, 15, 16, 19, 21, 22, 24, 25, 33, 34）。彼らが、どのような親族と同一世帯を形成しているかは、名前の前に付されている続柄によって部分的に知り得る。最も多いのは、子（九例。No. 2, 4, 7, 13, 15, 19, 22, 25, 33）、弟（七例。No. 1, 6, 9, 10, 11, 16, 34）、および姪（兄弟の子・二例。No. 3, 24）などとして記述されるような、尊属・同世代の年長者と同居している者である。この表記から、彼らが結婚後も父・兄・おじなどと、同一世帯を形成していることが明らかであり、生育した家に留まっている状態であることが察知される。父母と妻帯した息子が同居する例（【吏民簿2】／【表3】のNo. 15）を挙げる。

民男子蔡喬年六十二給驛兵　橋妻大女典年卌八筭　（弐一九〇三）
橋子公乘種?年廿?二腹心病　種妻大女孫年十六筭一　（弐一七五九）

次に、兄と同居する妻帯男性の例（【吏民簿2】／【表3】のNo. 11）を挙げる。

子弟蔡囷年六十二　（弐二〇一五）
・囷妻大女蒜年卌一　子小女□年七歳　（弐二〇一〇）
囷弟公乘大年廿一　妻大女□年廿一　（弐二〇一三）
囷小妻大女濯年廿六盲左目　囷弟仕伍□年九歳　（弐二〇一九）（十七）

甥が妻帯後もおじと同居する例は、次の通りである（【吏民簿1】関連2／【表3】のNo. 24）。

安陽里戸人公乘何高年五十五　（弍四六七八）

高姪子男檐?年七歳　□男姪子沮年廿五筭一　（弍四七八八）

・沮妻大女青年十四腹心病　腫兩足　（弍四七八九）

甥が、幼少時おじに扶養されるケースは、吏民簿に散見する（【吏民簿2】／【表3】のNo. 79)。

子弟黄樂?年卅八腹心病　樂?妻大女暉年廿二筭一　（弍一九四五）

樂?姪子公乘延年十歳　（弍一八〇七）

【吏民簿1】～【吏民簿6】では、十五歳未満で続柄として甥・めいに相当する称謂を有する者は、全六二四人中五十五人存在するが、その弟妹は某の弟妹と記述されるため、実際はこれより多数存在していると考えられる。父母がいれば某の子と書かれることから、彼の父母は戸内に不在であり、おじ・おばに引き取られていると判断される。このようなおじ・おばに扶養される子が、成長後もおじと同居しているのが、【表3】のNo. 24の例である。

総合すると、十代～二十代夫婦が、父母・兄らの尊属・年長者と同居する例は、二十九件に達する（【表3】のNo. 1, 2, 3, 4, 5, 6, 7, 8, 9, 10, 11, 12, 13, 15, 16, 17, 19, 20, 21, 22, 24, 25, 27, 29, 32, 33, 34, 35, 36)。つまり、少なくとも、十代～二十代の妻帯男性の七八%は、結婚後も分異せず、生まれ育った元の戸に留まっているのである。

この結果を、前節の有戸人率についての検討とあわせて考えれば、十代後半に成年に達し、その後結婚して妻を得ても、十代～二十代の間は、分異しない者が大半を占めると判断される。

3. 三十代～五十代の傾向

三十代以降になると、戸人である夫の例が増加する。戸人でない妻帯男性の名に附される続柄も、三十代では弟・

子・男姪などの卑属・年少者の称謂が多いが、四十代以降では、父・兄などの尊属の称謂が見えるようになる。ところで、吏民簿の書式では、名前の前に付す続柄で某人とその人との関係を示す場合、関係の近い者相互を尊属・年長者→卑属・年少者の順に記載する。非戸人相互が卑属→尊属の順に関係づけられることはほとんど無いため、尊属・年長者の親族称謂が続柄の箇所に見えるならば、続柄で関係づけられる対象は彼にとって卑属・年少者にあたる戸人である（ただし、女性の場合は例外も存在する）(十八)。五十代非戸人の例（【吏民簿2】／【表3】のNo. 2, 125）を挙げる。

郡吏黄蔦年廿五　　蔦父公乘署年五十七　（弐一七二〇）
署妻大女客年五十三　　署子公乘解年十三刑目　（弐一七一九）
解妻大女頃年十五踵(腫)　解弟士伍致？年八歳腹心病　（弐一七一八）
署姪子女咄年十二　（弐一七二二）

蔦の父とされている署は、戸人蔦との関係で続柄を表示され、署の妻と子は署との関係で続柄を表示されている。

そして、【表3】によれば、三十代妻帯男性が非戸人である場合の続柄では、弟・子・男姪などの卑属・年少者が十一人（No. 40, 41, 45, 46, 47, 50, 64, 65, 70, 82, 83）、兄・小父などの尊属・年長者が三人（No. 42, 63, 69）というように、卑属・年少者である当人が尊属・年長者の戸人と生活している例が多い。しかし、四十代では年少者（弟）が一人（No. 99）、尊属・年長者（兄・舅・父）が四人（No. 89, 95, 104, 107）となり、五十代では卑属・年少者（弟・子）が二人（No. 112, 115）、尊属・年長者（兄・小父・父）が三人（No. 122, 124, 125）となる。この続柄の傾向から、三十代～五十代男性の非戸人には、子・弟・おい（姪子）として父・兄・おじなどとともに生活する者が依然多く、つまり分異せずに元の戸にいる者が非戸人として存在するが、年齢が上がるにともない、逆に父・兄・おじとして、彼らの子・弟・おいが戸人を担う戸に属している事例も、次第に増加してくることが明らかになる。兄弟の場合、弟が年少時からすでに戸人である事例があるため、一概には言えないが、父の場合は、戸人を継承した可能性が高い。どちらにせよ、舅（母兄弟）の例以外は、兄弟父子おじ・おいが分異しない状況を表しているのではないだろうか。

また、三十代～五十代妻帯男性の戸人には、核家族の一員でない者が、少なくとも二十四人存在する（No. 38, 43, 44, 48, 49, 51, 54, 55, 58, 61, 73, 74, 76, 79, 80, 84, 86, 87, 93, 98, 101, 110, 123, 127）。そのうちには、兄・父母などと同居し、分異していない状態にあることが推測される例があり（No. 38, 48, 49, 54, 55, 58, 61, 74, 84, 86, 87, 98, 101, 110）、これに本人が戸人で弟と同居している例（No. 73）、従兄夫婦と同居の例（No. 51, 93, 123）を合わせると、計十八組の夫婦は、分異していない可能性が高い。さらにこれを、先述した夫が非戸人でありかつ分異していない二十四組と合算すると、分異していない夫婦は四十二組、三十代～五十代夫婦全九十二組の約四割を占める。

そして、夫が戸人で核家族以外の戸に属する夫婦二十四組と、夫が非戸人で核家族以外の戸に属する夫婦二十四組（No. 40, 41, 42, 45, 46, 47, 50, 56, 63, 64, 65, 69, 70, 82, 83, 89, 95, 99, 104, 112, 115, 122, 124, 125）[十九]を合算すれば、少なくとも合計四十八組の夫婦は、核家族でない家族構成の戸に居住していることになる（夫が三十代～五十代の夫婦全数九十二組の五二・二%）。

4．六十代以上の傾向

六十代以上になると、三十代～五十代に比べると戸人の占める割合が減少する。そして、非戸人に附される親族称謂の傾向としては、尊属・年長者のそれが圧倒的多数を占めるようになる。たとえば、【表3】の例では、六十代の非戸人で某の尊属・年長者として記載されている者（父・兄・従兄・小父など）が九例（No. 130, 139, 140, 144, 150,

153, 154, 158, 159）、子・姪など卑属が二例（No. 135, 155）である。

六十代の非戸人が某の尊属・年長者として記載されている例を挙げる（【吏民簿2】／【表3】のNo. 130）。

州吏潘釘年卅三　　　　　　　　　　　　　　　　　　　（弐一五五二）

・釘兄公乗桐年六十盲左目　桐妻大女梨年六十二　　　　（弐一五八八）

□妻大女紂年卅六　　　　釘子女婢年八歳　　　　　　　（弐一九四八）

六十歳の桐は、戸人である釘の兄と記載されている。成人の弟が、老年の兄と同居している。つまり、六十代非戸人に尊属の称謂が多く附されることから、彼らは、卑属・年少者である者が戸人となっている家に帰属していることが明らかである。

七十代以上も、総じて六十代と同じ傾向にあり、【表3】に見える七十代以上の夫は二十五人、そのうち戸人は十三人（五二・〇％）である。非戸人に附される続柄は、父・従兄が十二人見えるのみであり（No. 164, 165, 168, 170, 171, 173, 174, 175, 176, 178, 179, 181）、非戸人の妻帯者は皆尊属・年長者として卑属・年少者が戸人である戸で生活している。

また、六十代以上の妻帯戸人中、成年の卑属・年少者と共に生活している者は、九人存在する(No. 132, 133, 142, 146, 147, 148, 151, 160, 177)。六十代以上の妻帯非戸人二十四人と合わせると、全五十六人中三十三人（五八・九％）は成人卑属・年少者に扶養されている可能性が高い。彼らは、分異せざる状況下で生活していたと考えられる。

以上、主に妻帯する夫の戸の復元から、結婚と分異の関連を検討し、男性につき年齢の上昇にともなう分異傾向の変化を検討した。

十代～二十代男性の大半は、結婚しても分異しない。また、六十代以上に年齢に達すると、少なくとも約六割は、成年の卑属・年少者に扶養されている。有戸人率が最も高い三十代～五十代に関しても、戸人でない二割の妻帯者が存在し、彼らの多くは分異せずに兄弟や父母と生活している。さらに、妻帯している戸人だが生家に留まっていると考えられる者の存在と考えあわせると、三十代～五十代の妻帯男性のうち少なくとも四割は、未だ分異せずに生育した戸に留まって生活していたことが明らかになった。また、この年代の妻帯者の五割は、核家族以外の形態の家族に属していた。

結　　語

家族構成の変化を考察する手段として、分異の時期に焦点を合わせ、成年に達した後・結婚後の分異状況について、吏民簿を史料として検討した。

男性の年代に沿って家族の変化を考えれば、成人し結婚しても二十代までは分異せず、最も有戸人率の高い三十代～五十代でも、少なくとも四割は分異せず、六十代以降になると少なくとも五割は卑属・年少者の扶養下に入って生活していることが明らかとなった。多数の者は若年で三族制家族を経験し、三十代以降分異する者とせざる者に分かれるが、老年に達すると半数の者は直系家族（父母と一組の息子夫婦からなる）・複合家族（複数の核家族からなる）に属することになる。また、四割の者は終生分異しなかった可能性が高い。従来の研究では、核家族が主体であるとされるが、実際はもっと一般的に分異せざる家族が存在すると考えられるのである。

しかしながら、当然、夫婦は家族の基本的な単位である。吏民簿を用いた従来の家族構成の考察でも、核家族が主体となって、その他の核家族を形成できない不完全な家族（単身者・母と子・父と子・兄弟のみなど）を収容する様態を重視する［于二〇〇七B］［孫二〇一〇］。本稿では、生家から子夫婦が分異しないために核家族以外の形態に転じる状況が存在することを論じたが、どちらにしても基本となる単位は夫婦である。至重の家族倫理は父母に対する孝であるが、家族の基本的な単位は夫婦であり、夫婦＋αないし夫婦＋夫婦が家族の基本形態である。夫婦という単位がどのように離合集散するのかが、家族構成研究の課題である。

また、二十代後半から三十代にかけて、戸人比率が高くなる一つの原因としては、父の死去が考えられる。【吏民簿1】～【吏民簿6】全員の性別年代別人口構成を見ると（【表5】を参照）、三十代から四十代にかけて人口が半減している。これは、［彭衛一九八八：一一四頁］が、漢皇帝の平均寿命を算出して四十一歳という数字を得ていることと一致する。当時、四十歳ごろから人々は寿命を迎え始めるのであり、男性が十代後半から二十歳頃に子をもうけ、三十～四十歳に達する頃にその子が結婚し、それから数年で父である男性が死去すると、その死去時に子は二十五歳～三十五歳である。四十代で人口が半減するならば、そのとき半数の親は死に、その子は独立を余儀なくされた可能性が高い。父母生前に分異した夫婦も存在したであろうが、三十代～五十代で四割の非分異の戸が確認されることと、死亡による独立が多いことを考え合わせると、それが多数であったか否かはこれからも引き続き検討すべき課題である。

さらに、扶養される家族といえば、幼少のおい・めい以外に、母の存在が目立つ。【吏民簿1】～【吏民簿6】の六十歳以上の女性で、配偶者のいない者一〇二人中六十五人は「母」として子が戸人の家に包摂されているのであり、夫を喪った老年の女性は一般的に子に扶養されている。これは、扶養のために収容されたというより、もとの戸の後続形態とも考えられるのであり、成年男性の分異についてはさらなる検討が必要である。

註

（一）本論では、同居共財の基礎的な生活単位を「家族」とする。日本における中国古代の家族形態を考察する従来の研究では、「家族」とは同居共財単位を指す概念として用いられてきたため、これに準拠する［鷲尾二〇〇九：第四章］。この意味の「家族」は、実は「世帯」に等しい単位を指す。世帯とは、「住居を同じくすること、親族関係にあること、活動を共にすること」を意味し［ラスレット一九八三］、異なる社会の家族を比較するための基礎的な枠組みとして用いられる。同様の枠組みとしては、他に「家内集団」が考えられるが、どちらも居住・生産・生計などの機能の共同によって単位を析出する［木下二〇〇三］。本論では、従来の研究に準拠した「家族」と、異なる社会を横断する範疇である「世帯」とを、同じ意味で用いる。また、いかなる関係の人々が家族として標準的に同居しているかについて「家族形態」という言葉が用いられてきたが、この語は「家族構成」という語彙と類似の内容を有する（家族構成とは、家族の構成員の親族構成と数のことを言う［上子・増田編一九八一：五頁］）。また「家族構造」という語も当該研究において頻繁に用いられるが、これは「家族・家族構成・家族生活はどうあるべきかに関わる観念、家族成員としての行動、家族成員間での振る舞い方についての考え方」［清水二〇〇八：二八頁］を指し、規範に比重を置く捉え方である。

（二）日本における研究は、［鷲尾二〇〇九：第四章］、中国における家族構造研究は、［邢二〇〇三］［王仁磊二〇一三］に紹介されている。

（三）［守屋一九六八B］［佐竹一九八〇］［稲葉一九八四］参照。また、中国では［黄一九八七］、［岳一九九七］、［王利華二〇〇七］なども規模の拡大を主張する。拡大化傾向については、おおむね二種類の説に分かれる。一つは、単家族から父子終身同居制家族成立への方向［佐竹一九八〇］、もうひとつは、核家族から直系家族への転換である［許一九八二］［杜一九八二］［熊鉄基二〇〇二］。

（四）［王利華二〇〇七］は、核家族が主導的地位にあるとしつつ、直系家族・複合家族と併存している状況を述べる。また、［渡辺信一郎一九八六］参照。

（五）［李根蟠二〇〇六］は、複数の家庭形式は現実生活中不断に相互に転化する中にあり、家庭の動態変化によって家庭構造の類型を区分することが可能と述べる。サイクル内の一断面を静態的に切り取って構造の傾向を判断することは、困難であることを示唆する。

（六）「ところで江戸自体農村の核家族世帯比率四〇％というのは、ふつう想像される以上に高いと思われるかもしれない。しかし、後継ぎになる子（おもに長男）が結婚しても親・兄弟と同居するような、つい最近まで支配的だった日本の家族制度（直系家族制）のもとでも、死亡率が高く、平均余命の短い江戸時代には、家族の周期的変化の一ステージとして、核家族形態はこの程度の頻度で出現するものである。そのゆえ核家族世帯が制度的に広く存在しているのとは全く意味が違うのである。」［鬼頭二〇〇〇：二三一頁］。

（七）主に、世帯規模［于二〇〇四A］［孫二〇一〇］や、婚姻年齢［于二〇〇七C］［鷲尾二〇一五］などが検討されている。［小林二〇〇五］は、資産額と戸の規模が対応するか否かを検討し、［于二〇〇四B］［高凱二〇〇三］は、男女の人口比が不均衡であったことを明らかにした。町田・于・孫・小林前掲論文など、戸にみよりのない親族や外家を含んだことを指摘する。

（八）基本的には、「戸」が居住と生計を共同にする成員からなる集団に相当すると考えられる。［鷲尾二〇〇九：第二章］［劉欣寧二〇一一］参照。ただし、戸が複数集まって一つの世帯を構成する事態も存在し得る（『三國志』巻二三趙儼伝参照）。しかし、戸が不動産所有の単位である以上、通常は戸が所有と生計の単位であったと考えられる。

（九）戦国末秦の「爲獄等狀四種」第一類〇七（『岳麓秦簡』）によれば、同居者に対し財（不動産を含む）を分与し、居住する「室」を与えることが、戸の分異であるように記述されている。

漢初「二年律令」（『張家山秦簡』）に、以下の記述が見える。

死毋子男代戸、令父若母、毋父母令寡、毋寡令女、毋女令孫、毋孫令耳孫、毋耳孫令大父母、毋大父母令同産子代戸。同産子代戸、必同居數。棄妻子不得與後妻子争後。三七九～三八〇（置後律）

（十）［于二〇〇七D：一五六頁］は、家長が高齢に達し、官府の筭賦と徭役を負担する必要が無くなった際に、自己の息子に戸人の地位を引き継がせることが可能であったと述べる。

（十一）女性の戸人は、【吏民簿1】～【吏民簿6】を通じて十七人であり、婢を除く全女性口数九五四人中の一・八％である。事例が少ないため、今回は女性の戸人については検討対象としなかった。

本論で用いた吏民簿記述については、二〇〇九年十二月、二〇一一年三月、二〇一四年三月、二〇一四年八月に長沙簡牘博物館で実物を調査した結果を踏まえ、また先行研究［町田二〇〇七］［侯二〇〇九］［侯二〇一三］の結果を尊重し、さらに同郷同里の簿に見える同一人物の記述に基づく釈文の検討を経て修正した。煩雑になるため、個別の註記は省略した。

（十二）奴・衣食客を除く。両者はともに戸に付属する存在であり、特殊な状況下にないかぎり戸人となる可能性は低いためである。

（十三）例えば、［彭一九八八：八五頁以下］は、漢代では男性十四～十八歳、女性は十三・十四歳から十六・十七歳とする。帝制時代全体を検討対象とする［陳顧遠一九三六：一二五頁以下］は、漢～唐間の成婚年齢を述べて、晋・南北朝期になるとますます早婚が尊ばれるようになったとし、［陳鵬一九九〇：三八五頁以下］も同様に主張する。

一方、［薛二〇〇〇：一〇九頁以下］は、三国時代は女子十七歳、男子十五～十七歳であるとし、その後南北朝にかけて下降したと述べる。

（十四）試みに適齢を迎える十代後半以上の年齢の男性と、有配偶女性の人数を比較すれば、男性七二八人、女性六一七人（小・中妻を除く）であり、有配偶者女性の人口は壮年男性の八四・七％に相当し、単純に考えれば十五歳以上の男性の約八五％は妻帯していることになる。

（十五）【吏民簿1】・【吏民簿2】と記載対象が同じである簿など、関連する簿にみえる夫婦の記録も資料として採用した。詳細は、以下の通り。

［1］小武陵郷2：『竹簡　弐』第十九盆には、【吏民簿1】と同一姓名の者（年齢は同じ者と一歳上の者とが存在する）の記録を複数含み、【吏民簿1】と集計書式が類似する簿が存在する。

［2］小武陵郷3：『竹簡　弐』第十九盆には、【吏民簿1】と同じ小武陵郷に属す安陽里などの簿であるが、集計の書式が相違し、前掲の小武陵郷2とは別個の簿である可能性が高い簿が存在する。

［3］小武陵郷4：『竹簡　壱』第十三盆に、【吏民簿1】と書式・対象地域が同一である記述の簡群が存在する。なかには前掲『竹簡　弐』第十九盆と、同姓同名同年齢の者の記述も見える（壱七七七と弐四五〇四）。

以上の［1］～［3］は、【吏民簿1】と同年ないし近い時期に作成された同一地域の簿であると考えられる。

［4］廣成郷3：『竹簡　壱』第十三盆に、【吏民簿2】と書式が類似し、同一姓名の者の記述を複数含む簿が存在する。同一姓名の者の年齢は、【吏民簿2】より一歳下である。また、【吏民簿6】廣成郷簿と同名同年齢の者も複数見える。この簿は【吏民簿2】・【吏民簿6】に同じく廣成郷の簿である。

（十六）吏民簿によっては、戸人であっても「戸人」と記さない書式のものがある。【吏民簿2】の書式では、民男子・某吏・某卒・子弟などの語句を戸人の冒頭に置く。この簿の場合、このような特色と、書き出しの位置によって戸人か否かを判断す

る。［鷲尾二〇〇九］［侯二〇〇九］［侯二〇一三］を参照。

（十七）［侯二〇一三］の復元に従うが、弐二〇一九の小妻は、通常は妻の後方に書かれることが多いため、記載順に違和感がある。

（十八）下記の例では、弐二〇七九の大女休は、戸人にとって男姪とされる者の母として記載されている（【吏民簿2】／【表3】のNo. 51）。

州卒栂誌?年卅二（弐一五三九）／誌妻大女紫年卅一　誌小妻大女立年卅八（弐一八八三）／誌子男公乗縣年十二

縣男弟公乗伯?年十二苦腹心病（弐一八五八）／伯男弟仕伍錢年五歳　誌?男弟公乗尾年十一腹心病（弐一九七六）

／・誌従兄公乗郭年七十三　郭妻大女思年六十五（弐二〇五七）／郭子男仕伍秃年八歳　誌男姪公乗禺（胥?）年廿

給縣卒（弐二〇六三）／禺妻大女息年十六　禺母大女休年七十九（弐二〇九七）／・右誌家口食十□人（弐一五六〇）

（［侯二〇一三］参照。侯の指摘に基づき、戸人の姓を梅から栂に改めた）

（十九）【表3】を参照。No. 107は戸人の得は妻帯者か否かが不明なため、父母と戸人得からなる核家族の可能性が残るが、それ以外は核家族ではない。

【表1：全吏民簿年代別有戸人率】

年代	男口数	戸人数	有戸人率
10代	235	10	4.3%
20代	162	72	44.4%
30代	156	115	73.7%
40代	79	63	79.7%
50代	68	53	77.9%
60代	94	65	69.1%
70代	43	26	60.5%
80代	25	16	64.0%
90代	5	2	40.0%

※戸下奴・衣食客を除く

【表2：全吏民簿10代～30代有戸人率】

年代	男口数	戸人数	有戸人率
10代前半	148	1	0.7%
20代後半	87	9	10.3%
20代前半	104	34	32.7%
20代後半	59	38	64.4%
30代前半	88	59	67.0%
30代後半	68	57	84.1%

【表3：吏民簿にみえる妻帯男性とその妻・家族】

No.①	収録巻②	吏民簿③	妻帯男性とその妻 夫の名(年齢)/妻の名(年齢) (***太字斜体***は戸人を示す)	続柄④	夫の簡番号	妻の簡番号	夫婦以外の構成員 続柄・名(年齢)[簡番号] (***太字斜体***は戸人を示す)	同戸⑤
1	1	3	阿(10)/不明(26)	弟	9399	9417		
2	2	2	解(13)/頃(15)	署子	1719	1718	***黄蔦***(25)[1720]蔦父・署(57)[1720]署妻・客(53)[1719]解弟・致(8)[1718]署姪子女・咄(12)[1722]	125
3	2	2	坑(15)/歡(14)	男姪	2078	1943	客女弟・勉(7)[2078]	
4	4	5	耳(16)/耒(17)	子男	154	151		
5	1	1	***苗覇***(17)/不明(29)		10048	10060	覇兄・買(31)[10061]	
6	2	2	橋(18)/連(19)	潘弟	1727	1727	***鄧播***(27)[1729]・璠(?)妻・金(21)[1729]潘父・几(72)[1940]几妻・陵(54)[1940]橋弟・不明(4)[1726]	32, 164
7	2	2	農(18)/姑(19)	子	1737	1737		
8	2	2	***區象***(18)/沾(21)		2119	2119	象小妻・汝(20)[2117]象父・專(76)[2117]專妻・不明(60)[1536]象女弟・汝(16)[1536]	172
9	2	小武陵2	了(20)/倉(16)	贊男弟	4644	4644	***謝贊***・22[4511]贊嫂・是(22)[4494]是子男・設(6)[4494]了男弟・啓(16)[『竹簡 柒』3792]啓妻・南(22)[『竹簡 柒』3792]	
10	2	2	圭(20)/譙(23)	碓弟	1792	1792	卓子・碓(27)[1808]碓妻・汝(22)[1808]	33
11	2	2	大(21)/不明(21)	囷弟	2013	2013	***蔡囷***・62[2015]囷妻・蒜(31)[2010]子・不明(7)[2010]囷小妻・濯(26)[2019]囷弟・不明(9)[2019]	147
12	1	廣成郷3	***唐達***(21)/牛(18)		7631	8635	達男弟・得(12)[8635]達母・客(68)[7650]達兄・士(33)[7650]達男弟・屯(5)[8434]	
13	4	5	叱(21)/從(15)	子男	458	457	叱女弟・草(16)[456]	
14	2	2	***不明***(22)/牛(20)		1610	1610		
15	2	2	種(22)/孫(16)	橋子	1759	1759	***蔡喬***(62)[1903]橋妻・典(48)[1903]種弟・諮(5)[1752]橋小妻・□(31)[1752]	146
16	1	廣成郷3	平(22)/姑(18)	桓男弟	8614	8614	***尹桓***(34)[8629]桓父・不明(85)[8472]桓妻・汝(21)[8472]	61
17	1	3	***番覇***(22)/汝(21)		9007	9206	覇母・藥(57)[9220]	
18	2	2	***周[名不明]***(23)/不明(22)		1782	1782		
19	2	2	不明(23)/不明(21)	子	2377	2377		

20	2	2	**潘嚢**(23)/初(26)		1708	1696	嚢父・尋(61)[1696]尋妻・司(44)[1694]嚢男弟・祀(11)[1694]祀女弟・不明(2)[1655]尋姪子女・陵(26)[1655]	139
21	1	3	徳(23)/汝(21)	詔兄	9340	9284	**呂詔**(21)[9345]詔母・妾(61)[9333]徳男弟・羊(16)[9330]	
22	2	2	強(24)/禮(19)	司子	1658	1658	**呉司**(60)[1804]司妻・連(40)[1804]□女弟・説(6)[1744]司姪子・閏(5)[1744]	133
23	2	2	**謝牛**(24)/傅(20)		1698	1699		
24	2	小武陵3	沮(25)/青(14)	男姪子	4788	4789	**何高**(55)[4678]高姪子男・楔(檐?)(7)[4788]	
25	2	2	世(25)/姑(23)	子	1961	1938	(世の父の)妻・梁(73)[1961]世子・曹(10)[1938]	
26	4	5	**周春**(25)/姑(20)		331	330		
27	1	1	**謝高**(26)/不明(31)		10263	10260	高男弟・專(21)[『竹簡 柒』3783]高從兄・至(不明)(20代)[『竹簡 柒』3783]	
28	2	2	**朱蘭**(26)/度(21)		1917	1917		
29	4	5	**鄧展**(26)/惿(21)		403	401	展母・津(61)[402]展・客(7)[400]	
30	4	5	**李糸**(26)/孔(29)		414	413	糸外男姪・陳毛(8)[411]糸男弟・岑(12)[412]	
31	2	2	**呉帛**(27)/貪(23)		1550	1550		
32	2	2	**鄧播**(27)/金(21)		1729	1729	⇒6	6, 164
33	2	2	碓(27)/汝(22)	卓子	1808	1808	⇒10	10
34	2	2	鹿(27)/妻姑(27)	悳弟	2304	2304		
35	1	1	**區張**(28)/不明(29)		10367	10359	張父・不明(75)[10349]張男弟・受(26)[『竹簡 柒』3608]受妻・麗(24)[『竹簡 柒』3608]	
36	1	廣成郷3	**劉露**(28)/箏(20)		8416	8400	露男弟・頭(20)[8400]露父・張(79)[8643]張妻・婢(60)[8643]	175
37	1	3	**張厥**(29)/瞻(21)		9322	9408	厥男弟・世(11)[9374]	
38	1	1	**張喬**(30)/健(25)		10412	10415	□女弟・山(9)[『竹簡 柒』3572]喬母・不明(70代)[『竹簡 柒』3572]喬兄・不明(28)[10400]喬子女・土(2)[10399]	
39	1	小武陵4	**謝脩**(30)/蓋(18)		7419	7433		
40	2	2	毛(30)/不明(28)	韶弟	1979	1598	韶妻・齎(30)[1688]子女・福(8)[1688]福弟・象(6)[1979]毛弟・屈(13)[1598]	
41	2	2	碩(30)/不明(24)	馬男姪	2285	2285		

42	1	廣成郷3	日(30)/金(30)	士小父	8410	8410	***黄士***(12)[7638]	
43	3	4	***區文***(30)/妾(22)		4308	4308	文男弟・弘(25)[4308]	
44	1	1	***朱碩***(31)/蚤(21)		10246	10247	碩子女・□(5)[10195]碩女弟・糸(4)[10187]糸女弟・多(3)[10188]碩姪子女・縣(9)[10198]	
45	2	2	沽(31)/新(36)	野弟	1621	1621		
46	2	2	齎(31)/思(24)	豪子	1657	1657		
47	1	3	客(31)/汝(37)	蓋男弟	9133	9259		
48	4	5	***李果***(31)/世(21)		406	404	果母・小(57)[405]	
49	1	1	***烝平***(32)/取(28)		10480	10481	平母・妾(70)[10479]平子男・各(7)[10488]	
50	2	小武陵3	萇(32)/刺(25)	襄男弟	4793	4793		
51	2	2	***栂誌***(32)/紫(41)		1539	1883	誌小妻・立(38)[1883]誌子男・縣(12)[1858]縣男弟・伯(12)[1858]伯男弟・錢(5)[1976]誌男弟・尾(11)[1976]誌従兄・郭(73)[2057]郭妻・思(65)[2057]郭子男・禿(8)[2063]誌男姪・禹(胥)(20)[2063]禹妻・息(16)[2097]禹母・休(79)[2097]	168
52	2	2	***周托***(32)/汝(27)		1785	1785		
53	2	2	***蔡區***(32)/不明(27)		1822	1822		
54	2	2	***鄧盆***(32)/煎(30)		2047	1879	盆父・巡(73)[1879]	
55	4	6	***蔡廉***(32)/臺(25)		1937	1925	□子・不明(不明)[1925]廉小父・伯(56)[1921]□妻・霞(60)[1921]	124
56	2	2	不明(33)/姑(34)		2153	2153		
57	2	2	***呉遠***(33)/聞(42)		1854	1689	子女・黝(10)[1689]黝女弟・梟(7)[1690]梟弟・奴(2)[1690]	
58	2	2	***蔡庫***(33)/思(38)		1877	1881	庫小妻・移(37)[1881]□男弟・黑(4)[2103]黑男弟・連(2)[2103]庫父・平(72)[1581]連男弟・萴(1)[1609]庫男弟・石(15)[1609]石男弟・恉(9)[1581]	
59	1	3	***文慎***(33)/汝(33)		9309	9121	慎子男・聾(6)[9176]	
60	4	5	***胡萇***(33)/思(32)		637	217		
61	1	廣成郷3	***尹桓***(34)/汝(21)		8629	8472	⇒16	16
62	1	3	***[姓不明]禮***(34)/青(31)		9396	9166	禮子男・幹(4)[9025]	

63	3	4	禮(34)/左(22)	豪兄	4338	4338	***[姓不明]豪***(不明)[4336]豪母・思(75)[4339]豪妻・銀(22)[4339]禮子男・床(5)[4337]床男弟・禿(3)[4337]	
64	4	6	威(34)/姑(31)	級子	2651	2651		
65	4	6	碩(34)/姑(32)	韋子	2696	2696	碩子・不明(3)[2697]碩子・狗(8)[2697]	
66	1	1	***孫潘***(35)/蔦(19)		10381	10382	潘子女・不明(5)[10379]	
67	1	小武陵4	***蘇萇***(35)/易(25)		7599	7373		
68	2	2	***朱謙***(35)/壹(26)		1723	1723		
69	2	2	桐(35)/難(32)	兄	2492	2492		
70	3	4	客(35)/草(23)	子男	4270	4269	***黄風***(68)[4271]妻・不明(77)[4270]客子男・不明(4)[4269]	160
71	2	2	***劉宜***(36)/汝(38)		1710	1710		
72	2	2	***盧文***(36)/署(23)		1906	1906		
73	1	廣成郷3	***呂不***(36)/原(32)		8639	8641	不男弟・晃(30)[8641]	
74	3	4	***謝唐***(36)/登(31)		4356	4355	唐母・貴(63)[4355]	
75	4	5	***何珍***(36)/姑(31)		526	525	珍子女・朱(7)[524]朱男弟・萬(5)[520]	
76	2	2	***呂次***(37)/戻(33)		1714	1714	次子・孫(6)[1631]孫弟・休(4)[1631]次弟・材(7)[2217]次戸下奴・吉(長6尺)[2217]	
77	2	2	***蔡若***(37)/賜(40)		1781	1781		
78	2	2	***不明***(38)/文(35)		1612	1612		
79	2	2	***黄樂***(38)/暉(22)		1945	1945	樂姪子・延(10)[1807]	
80	2	2	***謝張***(38)/泓(38)		2280	2280	張子・訓(6)[2148]訓女弟・不明(4)[2148]張男弟・不明(不明)[2165]不明・不明(31)[2165]	
81	2	2	***區邯***(38)/平(22)		2417	2417		
82	1	3	崇(38)/定(27)	奇男弟	9138	9063	***陳顔***(56)[9156]顔妻・妾(40)[9073]顔小妻・陵(36)[9058]顔子男・格(31)[9084]格男弟・頭(13)[9087]顔從兄・奇(82)[9159]奇妻・青(51)[9061]崇子男・生(12)[9095]	123, 181
83	2	2	盡(39)/不明(30)	盞弟	1635	1635	盡子男・如(6)[1635]	
84	2	2	***潘翔***(39)/嬉(33)		2242	1850	翔小妻・諫(24)[1850]翔父・盡(77)[1873]妻・婢(63)[1873]	173
85	1	3	***劉桓***(39)/不明(42)		8928	8941	桓子男・不明(12)[8941]	
86	4	5	***[姓不明]祖***(39)/告(33)		789	790	祖母・督(66)[791]	

87	4	6	***利禿***(39)/監(30)		2025	2021	禿子・士(3)[2021]禿母・不明(不明)[2680]□妻・姑(48)[2680]	
88	1	1	***張像***(40)/亭(25)		10289	10284		
89	2	小武陵3	何鐵(40)/姑(39)	亮舅	4655	4655		
90	2	2	***黄澤***(40)/濯(38)		1815	1815		
91	2	2	***張褒***(40)/監(31)		1825	1825		
92	1	3	***番麦***(40)/婢(36)		9312	9281		
93	4	5	***黄陽***(40)/恙(40)		663	664	陽從兄・平(78)[665]平妻・尋(48)[666]	174
94	1	1	***烝敦***(41)/思(37)		10269	10264	敦子女・直(5)[10261]	
95	2	2	觀(41)/婢(45)	倫兄	1587	1587		
96	2	2	***李兒***(41)/智(38)		1707	1707	兒子女・小(7)[1695]	
97	2	2	***范宜***(42)/姑(32)		1764	1764	宜子女・從(5)[1758]從弟・足(4)[1758]	
98	2	2	***區汙***(42)/婢(53)		2110	2110	汙兄・客(63)[2043]客妻・招(45)[2043]汙妻弟・民(5)[2108]汙外姪子・庄(7)[2108]	150
99	2	2	堅(42)/秋(41)	陶弟	1886	1851	陶妻・汝(33)[1886]堅小妻・令(35)[1851]陶子女・陽(8)[1878]陽弟・慈(9)[1878]不明・不明(9)[2120]陶男姪・許(7)[2120]	
100	4	5	***鄭佶***(42)/思(40)		341	340	子女・汝(7)[339]汝男弟・增(4)[338]	
101	1	1	***謝車***(43)/然(36)		9820	10471	車母・阿(83)[10466]車子女・不明(3)[10468]車季父・羅(83)[『竹簡 柒』3784]	
102	2	2	***黄鼠***(44)/汝(41)		1801	1801		
103	2	小武陵3	***[姓不明]表***(45)/此(45)		4502	4794	表子男・交(6)[4794]交男弟・饒(4)[4795]饒姊・郵(7)[4795]	
104	2	2	炭(45)/陵(34)	邠兄	1562	1562	***蔡邠***(38)[1568]不明・不明(23)[2191]邠母・持(74)[2191]邠弟・囊(不明)[2735]	
105	2	2	***尹澤***(45)/沌(40)		1633	1633		
106	2	2	***蔡賢***(46)/婢(33)		1706	1538	賢子男・業(5)[1538]	
107	2	2	倜(48)/禱(43)	得父	2083	2083		
108	1	3	***廬仵***(48)/絮(32)		9212	9016		
109	1	3	***秦香***(48)/汝(44)		9196	9245		
110	2	2	***烝尾***(49)/汝(30)		2056	2056	尾兄・成(50)[2306]・□妻・不明(不明)[2306]	
111	1	1	***烝約***(50)/困(39)		10430	10424		
112	1	3	期(50)/事(47)	男弟	8934	8934		
113	4	5	***杜忽***(50)/不明(40)		443	442		

114	1	1	***董得***(51)/難(49)		10371	10356	得子男・貞(7)[10358]	
115	1	3	成(51)/汝(33)	妾子男	9294	9285		
116	4	5	***李苎***(51)/思(47)		419	418	子男・文(6)[417]	
117	1	1	***[姓不明]宜***(52)/導(41)		10286	10288	宜子男・得(7)[10287]	
118	2	2	***張客***(52)/愁(45)		2448	2448		
119	2	2	***周車***(53)/屈(50)		1686	1686		
120	2	2	***黄張***(53)/庶(43)		1724	1724		
121	3	4	***烝陽***(54)/不明(39)		4359	4358	子男・請(11)[4358]請男弟・廟(9)[4357]	
122	2	2	惿(55)/妾(54)	怡兄	1666	1664	邑女弟・賈(6)[1662]賈男弟・武(4)[1662]武女弟・取(2)[1666]惿子女・婢(10)[1664]婢男弟・屬(8)[1665]屬女弟・汝(6)[1665]	
123	1	3	***陳顔***(56)/妾(40)		9156	9073	⇒82	82, 181
124	4	6	伯(56)/霞(60)	廉小父	1921	1921	⇒55	55
125	2	2	署(57)/客(53)	蔦父	1720	1719	⇒2	2
126	1	3	***周禿***(57)/思(26)		9409	9398		
127	1	1	***劉戰***(58)/取(41)		10475	10485	戰姪子女・糸(8)[10486]	
128	2	2	***蔡蒩***(59)/閻(43)		1911	1911		
129	2	2	***陳苴***(59)/思(38)		1922	1922		
130	2	2	桐(60)/梨(62)	釘兄	1588	1588	***潘釘***(33)[1552]□妻・紆(36)[1945]紆子女・婢(8)[1945]	
131	2	2	***唐晊***(60)/妾(60)		1703	1703		
132	2	2	***楊禿***(60)/姑(49)		1795	1795	□妻・事(38)[1796]禿母・妾(84)[1796]禿子・白(4)[1799]禿弟・期(50)[1799]	
133	2	2	***呉司***(60)/連(40)		1804	1804	⇒22	22
134	2	2	桐(60)/若(37)	不明	2467	2467		
135	2	2	猪(60)/妻・緣(50)	敘子	2388	2388	猪中妻・弼(35)[2405]猪小妻・瑣(30)[2405]	
136	1	1	***朱佃***(61)/畢(58)		10476	10477	佃子男・惿(9)[10484]	
137	2	2	***朱賢***(61)/不明(59)		1768	1768	賢子女・姑(16)[1769]姑弟・狗(12)[1769]	
138	2	2	***張卒***(61)/誅(43)		1786	1786		
139	2	2	尋(61)/司(44)	嚢父	1696	1694	⇒20	20
140	1	3	將(61)/姑(48)	嚢従兄	9089	9451	***虞嚢***(35)[9153]嚢男弟・文(12)[9125]嚢伯父・仵(83)[9216]嚢從小父・堅(63)[8913]	
141	1	3	***何統***(61)/汝(25)		9356	9308	統母・妾(53)[9328]統戸下奴・聽(14)[9108]	
142	4	5	***周顔***(61)/縑(57)		347	346	子男・強(22)[345]強男弟・衆(17)[344]強男弟・表(9)[348]衆女弟・路(7)[342]	

143	1	1	***謝囷***(62)/不明(61)		10267	10265		
144	2	2	梁(62)/至(44)	明従兄	1687	1687		
145	2	2	***屈騎***(62)/客(53)		1771	1771		
146	2	2	***蔡喬***(62)/典(48)		1903	1903	⇒15	15
147	2	2	***蔡囷***(62)/蒜(31)		2015	2010	⇒11	11
148	4	5	***周慶***(62)/合(60)		308	309	子男・緷(15)[310]紓女弟・嬰(13)[311]嬰男弟・不明(6)[312]	
149	2	2	***區鄧***(63)/累(50)		1855	1855		
150	2	2	客(63)/招((45)	汙兄	2043	2043	⇒98	98
151	2	2	***[姓不明]文・***(64)/婢(52)		1775	1775	文子・饒(15)[1776]饒女弟・汝(8)[1776]	
152	2	2	***蔡指***(64)/枚(55)		2011	2011		
153	2	小武陵2	巍(65)/思(47)	達父	4496	4496	謝達(26)[4504]	
154	2	2	濟(65)/擧(54)	張父	1904	1904		
155	3	4	刀(65)/汝(53)	姪弟	4320	4320		
156	2	2	***馮石***(66)/營(56)		1889	1889		
157	2	2	***朱萇***(67)/禮(43)		1773	1773	萇子・興(10)[1774]興弟・巡(6)[1774]	
158	2	2	緒(67)/妾(41)	昭小父	2414	2414	緒弟・炭(51)[2528]炭妻・惠(33)[2528]	
159	2	2	司(67)/益(58)	巴父	1675	1937	***惠巴***(19)[1675]巴女弟・思(10)[1937]司戸下婢・不明(長5尺)[1674]司戸下奴・安(長5尺)[1674]	
160	3	4	***黄風***(68)/不明(77)		4271	4270	⇒70	70
161	1	1	***[姓不明]純***(71)/不明(51)		10089	10088	純姪子男・世(11)[10131]	
162	2	2	***殷昷(温)***(71)/聽(70)		1964	1964		
163	1	3	***番廣***(71)/汝(71)		9446	9474		
164	2	2	几(72)/陵(54)	潘父	1940	1940	⇒6	6, 32
165	2	2	足(72)/邁(53)	嚢父	1957	1884	***潘嚢***(21)[1590]妻・姑(18)[1957]嚢女弟・離(9)[1884]	
166	2	2	***[姓不明]漢***(73)/宜(63)		1755	1755		
167	2	2	***區遠***(73)/布(60)		1852	1852		
168	2	2	郭(73)/思(65)	誌従兄	2057	2057	⇒51	51
169	2	2	***謝文***(74)/邽(60)		1762	1762	文小妻・婢(46)[1763]文子女・養(10)[1763]文姪子・祓(3)[1765]文従兄・賢(87)[1765]	
170	3	4	栂戰(74)/妾(62)	□父	4347	4347		
171	1	1	***聶首***(75)/姑(67)		10449	10421	首子女・洽(5)[10420]	
172	2	2	專(76)/不明(60)	象父	2117	1536	⇒8	8

173	2	2	盡(77)/婢(63)	翔父	1873	1873	⇒84	84
174	4	5	平(78)/尋(48)	陽従兄	665	666	⇒93	93
175	1	廣成郷3	張(79)/婢(60)	露父	8643	8643	⇒36	36
176	2	2	利(80)/孰(70)	敢父	1680	1681	敢妻・婢(34)[1682]敢子女・姑(6)[1682]□ 男姪・□萬(9)[1680]從女弟・絹(3)[1681]	
177	2	小武陵3	***宗孝***(81)/汝(80)		4792	4791	孝姪子・升(43)[4791]	
178	2	2	閻(81)/熹(61)	老父	1551	1551		
179	2	2	宿(82)/得(76)	貴父	1645	1645		
180	2	2	***唐金***(82)/貞(52)		1772	1772		
181	1	3	奇(82)/青(51)	顔従兄	9159	9061	⇒82	82, 123
182	2	2	***蔡粱***(83)/姑(52)		2404	2404		
183	1	1	***烝得***(84)/思(66)		10271	10270		
184	2	2	***楊明***(86)/敬(62)		1778	1778	明子・禿(11)[1780]明姪子女・錢(13)[1780]	
185	4	6	***谷兒***(92)/不明(83)		2720	2721		

※本表で用いた吏民簿の記述については、2009年12月、2011年３月、2014年３月、2014年８月に長沙簡牘博物館で実物を調査した結果を踏まえ、また先行研究[町田2007][侯2009][侯2013]を尊重し、さらに同郷里の簿に見える同一人物の記述に基づく釈文の検討を経て修正した。煩雑になるため、個別の註記は省略した。

表注

①以下の資料は、夫の年齢順にNo.を付し掲示した。

②収録巻は、以下の通りである。1 :『竹簡 壱』/2 :『竹簡 弐』/3 :『竹簡 参』/4 :『竹簡 肆』

③吏民簿は、論文末に付した[資料]【吏民簿１】〜【吏民簿６】を示す。これ以外に、関連する簿にみえる夫婦の記録も資料として採用した。詳細は、本文註(15)を参照。

④この欄には、夫の名の前に附された続柄を記載する。戸人以外の家族成員の冒頭には続柄が記載され、各構成員の親族関係を示すことがある。以下の例は、No.6 の家族である。

縣吏鄧播年廿七　　璠？妻大女金年廿一筭(弐1729)
　潘父几年七十二䑕(癃)病　　几妻大女陵年五十(弐1940)
　潘？弟公乘橋年十八盲左目　　橋妻大女連年十九筭一(弐1727)
　橋弟仕伍□年四歳(弐1726)

この例にみえる各構成員の続柄は、戸人の妻・父・弟は戸人との関係で書かれ、父・弟の妻はそれぞれ配偶者との関係で書かれ、弟はすぐ上の兄との関係で書かれている。ここでは繋げられている対象の人名が明らかな場合は付記し、不明な場合は記述しなかった。戸人の場合、書式上続柄は付記されない。

⑤他の夫婦が同一の戸に含まれる場合、そのNo.を記入した。例えば、No.2 の解と頃の夫婦は、No.125の署と客の夫婦と同一の戸に属す。

⑥一字不明の場合、□で代替する。以下同。

【表4：年代別妻帯者数】

年代	夫全数	戸人	非戸人	夫全数に占める戸人の割合（%）
10代	8	2	6	25.0%
20代	29	16	13	55.2%
30代	50	35	15	70.0%
40代	23	18	5	78.3%
50代	19	14	5	73.7%
60代	31	19	12	61.3%
70代	15	7	8	46.7%
80代	9	5	4	55.6%
90代	1	1	0	100.0%
計	185	117	68	63.2%

【表5：【吏民簿1】～【吏民簿6】性別年代別人口構成】

年代	男	女	計
1～9歳	552	267	819
10代	249	185	434
20代	164	204	368
30代	156	205	361
40代	79	112	191
50代	69	85	154
60代	96	96	192
70代	43	57	100
80代	25	21	46
90代	5	6	11
100歳以上	0	1	1
計	1438	1239	2677

［資料］

【吏民簿 1】『竹簡 壱』嘉禾四（二三五）年小武陵郷簿

① 簡番号：『竹簡 壱』10040～10545（第14盆）全493点（『竹簡 壱』示意図 1，2，および前後に連続する同書式簡）．以下の13点を除外．

10201, 10072, 10150, 10201, 10496, 10520, 10526, 10532, 10533, 10536, 10538～10540.

② 作成時期／対象：嘉禾 4（235）年／小武陵郷

③ 把握可能人数：388人（性別・年齢・続柄の三者把握可能な者のみ計数．以下同じ）

④ 研究：［張 2010E］，［凌 2011A］，［鷲尾 2012］，［張榮強 2010F］．

【吏民簿 2】『竹簡 弐』嘉禾六（二三七）年広成郷簿

① 簡番号：『竹簡 弐』1536～2496（第16盆、［宋 2011］参照）全870点．下記の91点を除外．

1543, 1600, 1603, 1605, 1606, 1812, 1882, 1999, 2023～2025, 2062, 2094, 2096, 2099, 2133～2135, 2137, 2138, 2140, 2141, 2143, 2144, 2146, 2150, 2157, 2159, 2160, 2179, 2180, 2193, 2212, 2215, 2218, 2226～2233, 2235～2237, 2240, 2241, 2243～2245, 2247, 2252, 2253, 2257, 2258, 2260, 2261, 2268, 2289, 2294, 2330, 2340, 2345, 2350, 2351, 2361, 2394, 2395, 2421, 2424, 2427, 2430～2432, 2449～2454, 2456～2458, 2461, 2466, 2474, 2479, 2485, 2488, 2490.

② 作成時期／対象：嘉禾 6（237）年／廣成郷

③ 把握可能人数：912人（［鷲尾 2012］の表を再検討し，物故・死者を除外）

④ 研究：［侯 2009］，［鷲尾 2010］，［鷲尾 2011］，［鷲尾 2012］．

【吏民簿３】『竹簡 壱』嘉禾四（二三五）年南郷？簿

① 簡番号：『竹簡 壱』8891～9509（第14盆）全598点．下記の39点を除外．

8908, 8909, 8912, 8919, 8926, 8940, 8942, 8946～8948, 8952, 8957～8959, 8966～8968, 8977, 8990, 8991, 8993, 8996, 8998, 9002, 9004, 9114, 9118, 9155, 9262, 9263, 9277, 9278, 9280, 9297, 9305, 9317, 9319, 9321, 9483.

② 作成時期／対象：嘉禾４（235）年／南郷（ただし，【吏民簿５】に見える中郷の里も混在する）

③ 把握可能人数：459人

【吏民簿４】『竹簡 参』嘉禾四（二三五）年簿（示意図２，４）

① 簡番号：『竹簡 参』4268～4503（第33盆）全137点．下記の簡を除外．

4361～4409, 4414～4434, 4437～4440, 4442～4444, 4446～4448, 4450, 4451, 4453～4456, 4459, 4463～4469, 4471～4475.

② 作成時期／対象：【吏民簿１】嘉禾４（235）年簿と同時期か．同名同年齢同里の例が複数存在する（すべて示意図２の平陽里関連）．【吏民簿１】と同姓同名同年者がいるが，ごく少数であり，また相違する里を含むため，この簿も資料として用いた／小武陵と南郷？【吏民簿１】に同じ高遷里と平陽里が見える一方，新成里・宜都里・宜陽里など小武陵郷以外の里名が見える．宜陽里は【吏民簿３】に見え，南郷に属する［凌 2011A］参照）．

③ 把握可能人数：131人

④ 研究：［凌 2011A］．

【吏民簿５】『竹簡 肆』嘉禾五（二三六）年・六（二三七）年中郷簿

① 簡番号：『竹簡 肆』１～899（井戸内第１盆）．全877点．下記の22点を除外．

198, 213, 225, 497～499, 515, 811, 824～827, 830～835, 886～889, 894.

② 作成時期／対象：嘉禾５（236）・６（237）年（戸人簡に，嘉禾５年緒中里と嘉禾６年東貨里が混在している）／中郷（［楊芬 2011］参照）．

③ 把握可能人数：539人

④ 研究：［楊芬 2011］．

【吏民簿６】『竹簡 肆』嘉禾四（二三五）年広成郷？簿

① 簡番号：1917～2056および示意図10・11の2452～2724（井戸内第３盆）．全340点。下記の73点を除外．

2547, 2554, 2560, 2568～2578, 2584～2590, 2594, 2597, 2602, 2608, 2611, 2613, 2630, 2635, 2653, 2654,

1943～1962, 1970, 1976, 1977, 1980, 1981, 1983, 1986, 1987, 1990, 1992, 1995, 1997～1999, 2002, 2004, 2005, 2008, 2010, 2011, 2013, 2039.

② 作成時期／対象：嘉禾 4（235）年（戸人簡の紀年）／おもに広成里・平楽里であるが，平楽里は，広成郷の里である可能性が高い．なお【吏民簿 3】の南郷の簿にも平楽里が見えるが，相違する郷の簿が混在している可能性もある．

③ 把握可能人数：248人

長沙呉簡の傷病表記の特徴

福原啓郎

はじめに

長沙走馬楼呉簡の名籍類竹簡である吏民年紀簿の戸人簡・家族簡に「記されている場合がある項目」の一つとして「身体の状況」があり[一]、年齢（あるいは「筭」）に続き記されている［安部二〇〇四］。なお、この身体の状況は実際には傷病に絞られるので、小論では「傷病」と称す。この傷病に関する従来の研究の対象は個別の傷病と傷病全体に二分することができる[二]。

個別の傷病に対する研究の多くは個々の傷病の比定に関する研究であり、高凱が積極的に取り組んでいる［高凱二〇〇六A］［高凱二〇〇六B］[三]。しかし、現代の傷病名に比定するには二重の困難さがある。第一に、長沙呉簡や同時代の医書『傷寒論』に見える傷病は症状であり、現代の病理学の病因に基づく病名とは根本的に異なる点である（［籾山一九九九］など参照）。第二に、同じ魏晋時代であるものの、長沙呉簡は『傷寒論』などの医書とは目的が異なる点である。医書が医者の手により執筆され、治療・治癒を目的とするのに対して、長沙呉簡の場合、その名籍を作成した郷・里の担当者の手により記載されたものであり、税役の免除などの判定材料とすることを目的としているのである。猪飼祥夫は、「これら（『竹簡　壱』）の病名は医者によって診断されたわけではない。戸籍を記録する官吏が外的に観察される疾病や傷害を記録したものである。その意味では厳密には病名といえない」［猪飼二〇〇四］と論ず。この二重の困難さ故に、王素が「……既にして諸説紛々とし、一致した結論に達しないことが見て取れる。惜しいことには、大多数の見解は、「文字だけからの推測判断」で、推測憶測、牽強不会であり、賛同するのは難しい。……」と論ずるように［王素二〇〇七］、解釈論に留まる恐れが大きい。

傷病全体に対する研究は、その傷病表記の意味を問うものであり、安部聡一郎は、身体の障碍の記載は「「民籍」が力役へ使役可能な人間の把握に関心を向けていることを示唆する」と指摘する。(四) また張栄強は、「……八戸罰估不注役」（壱九五九）の「罰估」を、「身体有厳重・長期残疾、喪失或部分喪失労動甚至生活能力」を指す「廃痼」と読み、尪羸、老鈍、女戸、下品之下などと同じく、全家が徭役免除の対象であったとする［張二〇一〇B］。私は『竹簡　壱』～『竹簡　参』に見える疾患全般のみを対象として、疾患が一過性ではなく慢性であること、その表記のパターン化、マニュアル化、疾患の種類の少なさ、そして、それらの特徴は、医療や福祉のためではなく、労役に堪え得るか否かの判断基準であるからである、と指摘した［福原二〇〇九］。このように、疾病全般に関しては力役との関連が指摘されるが、研究は十分には進んではいない。

以上のように、前提になる傷病の表記そのものの全体的な検討がなされていない。小論では、二〇一四年までに刊行された『竹簡　壱』～『竹簡　肆』、および『竹簡　柒』所収の竹簡をおもな史料として、これまで専論がなかった、傷病表記そのものに即し、その全体を対象とし、その特徴と意図を明らかにしたい。以下、傷病表記の整理、傷病表記の特徴、傷病表記の意図の順で論を進める。

一　傷病表記の整理

『竹簡 壱』以下に見える傷病の表記は一百種近くある。そして、一〇簡以上の単独の表記を簡数の多い順に列挙するならば（漢数字は簡数）、①踵両足一八三、②腹心病一三二、③腫両足一〇一、④苦腹心病九二、⑤刑右足六二、⑥盲左目五六、⑦刑左足五四、⑧刑左手五三、⑨踵足四七、⑩盲右目四一、⑪刑右手四〇、⑫聾耳三三、⑬聾両耳三〇、⑭刑両足二五、⑮腫足一八、⑮踵左足一八、⑮風病一八、⑱踵右足一六、⑲盲両目一五、⑳刑足一四、㉑盲目一三、㉒雀両足一〇、㉒苦風病一〇となり、とりわけ①踵両足（③腫両足も）と②腹心病（④苦腹心病も）が突出しており、「刑」を含む⑤刑右足、⑦刑左足、⑧刑左手、⑪刑右手、「盲」「目」を含む⑥盲左目、⑩盲右目などが続く。踵両足、腹心病、腫両足という百簡以上の表記もあれば、一簡のみのものも多く、偏りがある。

多種多様な傷病表記を共通する症状や部位を表わす語でもって整理・分類し、簡数が五簡以上のグループを数の多い順でもって配列し、傷病表記の特徴を記し、簡数を集計した。なお、傷病表記に関しては、『竹簡 壱』以下に見える釈文に原則的には従い、□内の補字と?をともなう疑字をも生かし、また、敢えて意をもって改めなかった。

1　腫足類

腫足類の表記には三つの特徴がある。第一に「腫」と「踵」の互通。[五] 第二に「腫」「踵」と足、とりわけ「両足」との結合が大多数を占めること。第三に苦腫病、苦踵病、踵病という「〔苦〕某病」型表記の存在である。

腫右足五、腫両足一〇一、腫足一八、苦腫病六（苦盲腫病一を含む）、踵左足一八（踵佐足二を含む）、踵右足一六、踵両足一八三、踵足四七、踵右手二、踵両手一、苦踵病一、踵病一。計三九九簡。

２　刑　類

刑類の表記には三つの特徴がある。第一に異体字として「刑」「荆」があること。第二に手足と結合していること。(六)第三に「〔苦〕某病」型の表記が一簡もない点である。

刑左足五四（刑左足及左手一、刑佐足二を含む）、刑右足六二、刑両足二五、刑足一四、刑左手五三（刑左足及左手一、刑佐手一を含む）、刑右手四〇（刑右手指一を含む）、刑両手四（刑両手盲一を含む）、刑手五。計二五七簡。

３　〔苦〕腹心病

〔苦〕腹心病の表記はほぼ「〔苦〕某病」型の苦腹心病か腹心病かである。(七)

苦腹心病九二、腹心病一三二（□腹心病で苦腹心病の可能性があるのも含む）、腹心疾五。計二二九簡。

４　盲目類

盲目類の表記はほぼ「盲」と「目」の組合せである。苦盲腫病（苦盲病と苦腫病の組合せか）、盲病という「〔苦〕某病」型表記が二簡存する。

盲左目五六（盲佐目五を含む）、盲右目四一、盲一目一、盲両目一五、盲目両目一、盲目一三、盲一、苦盲病一（苦盲腫病）、盲病一。計一一九簡。

5 聾耳類

聾耳類は多様な表記がある。①聾右耳、聾両耳、聾耳など、盲目類の表記と類似する「聾」と「耳」の結合、②苦聾病、聾病の「〔苦〕某病」型、③苦聾耳、聾耳病、両耳聾病（壱八六四九）、苦龍（聾）両耳（柒九四三）の前二者の組合せとも言うべき表記、④聾のみの表記などである。しかも、「聾」を略した「龍」が用いられた龍両耳、龍耳、龍病、苦龍両耳などもあり、「龍耳」か「聾」か、縦書きのために区別がつきにくい場合もある。

聾右耳四、聾両耳三〇（龍両耳二を含む）、聾耳三三（龍耳一〇を含む）、聾二、苦聾病二、聾病八（龍病二を含む）、苦聾耳三、聾耳病一、苦龍両耳一、両耳聾病一、耳聾病足？一、音龍（闇聾）一、聾苦一。計八八簡。

6 雀類

雀類の表記の特徴としては「截」の代用字である「雀」が用いられていること（『竹簡 柒』では「隹」が見られる[八]）、手足と結合していることが挙げられる。

雀左足四（雀左足指一を含む）、雀右足六、雀両足一〇、雀足八（隹足三を含む）、雀左手（雀佐手一、隹佐手一を含む）、雀右手（隹右手一、雀右手指二を含む）、雀手二、苦雀病一、苦雀手一、雀郤（脚）一。計四四簡。

7 〔苦〕風病

〔苦〕風病の表記は「〔苦〕某病」型である。苦風矢病、風矢病が一簡ずつある。

苦風病一〇、風病一八、苦風矢病一、風矢病一。計三〇簡。

8 〔苦〕狂病・〔苦〕悳病

〔苦〕狂病、〔苦〕悳病の表記は「〔苦〕某病」型である。

苦狂病八、狂病一、苦悳（癲）病四（苦顚病一を含む）、悳（癲）病三、苦悳（癲）狂病一。計一七簡。

9 〔苦〕喉病

『竹簡 柒』のみに見える〔苦〕喉病の表記は「〔苦〕某病」型のみである。

苦喉病四、喉病四。計八簡。

10 〔苦〕癰病

〔苦〕癰病について、『竹簡 弐』の釈文では、雍（癰）病、苦雍（癰）病というように「雍」と釈し、「癰」に通ずるとする。『竹簡 壱』の碓病は睢病（＝疽病）の可能性がある。(九)

苦癰病三（苦雍病二を含む）、癰病二（碓病一を含む）。計五簡。

11 その他

以下、その総数が四簡以下の傷病表記を列挙する。(十)

『竹簡 壱』：害漯病、闇

『竹簡 弐』：闇病、絮病、頼病、張病、苦虐病、疽病、決口病、苦鼠□病、苦□脅病、断足

『竹簡 参』：苦歐病、苦軀病、苦暗口病、篤隆病

『竹簡 肆』：苦塡宮病、長病、病痱、屈両足、辟両足
『竹簡 柒』：苦信病、苦傴病、苦彊病、彊病、鼠病、苔病、殥苔病、護病、疢病、欧背
多くは〔苦〕腹心病、〔苦〕風病などと同じく「〔苦〕某病」型の表記である。

二 傷病表記の特徴

前節での整理により、傷病表記の特徴の一つとして、多種多様であるにもかかわらず、傷病表記全体を通して個々の表記ほぼすべてが「〔苦〕某病」型と「症状＋部位」型という二つのタイプのいずれかに属すことがわかる。以下、この両型の特徴について検討する。

1 「〔苦〕某病」型

「〔苦〕某病」型の表記は「苦」字の有無により、「苦某病」型と「某病」型に二分される。(十二)「苦某病」型と「某病」型のそれぞれの簡数を比較するならば、たとえば、最多の苦腹心病九二簡と腹心病一三二簡をはじめ、とくに特定の傾向は見出せない点、「〔苦〕某病」か「某病」以外のヴァリエーションは、「〔苦〕腹心病」の場合、腹心疾、苦腹信病、腸心病、腹心萇病、腹心があるのみであるというように、ごくわずかである点、「病」を省略した「苦某」という表記はごく少数である（「苦聾耳」など）点などを勘案するならば、「〔苦〕某病」の型はマニュアル化していたことがわかる。

「〔苦〕某病」型の表記に関して示唆的であるのは［籾山一九九九］の居延漢簡の病卒名籍である。病頭痛、病苦心

腹丈満、病苦傷寒（4・4A）と「病苦某」と「病某」の両タイプの表記が並存しており、長沙呉簡の「苦某病」型と「某病」型の並存と対比するならば、「病」字の位置が異なるものの（居延漢簡は動詞、長沙呉簡は名詞）、「病」「苦」という要素が共通しているのである。[十二]「症状＋部位」型である腫両足などの表記と共通する「苦」（述語、動詞）＋「某病」（目的語、名詞）の構成であり、しかも、「症状＋部位」型の場合、動詞の「刑」「雀」「腫」などは可変であるために省略することができないのに対して、「苦某病」型の動詞は「苦」のみであるので、「苦」を省略することは可能である。本来は「苦某病」型であり、「苦」が省略された「某病」型が派生したのであり、書き手のくせや状況に応じて選択されたのであろう。「苦」は、高凱が主張する「はなはだ」の意である副詞［高凱二〇〇六B］ではない。

2　「症状＋部位」型

「症状＋部位」型、すなわち、身体の患部である部位と結びついた型は、その部位により手足と耳目に大別される。まず、手足と結びついている症状は「腫（踵）」と「刑」と「雀」であり[十三]、前節のそれぞれの集計に基づき、手足との結合を整理したのが、以下の表である。「腫（踵）」は手と結びついているものも若干あるが、大半は足であり、しかも左足や右足よりも両足が圧倒的に多い。それに対して、「刑」は手足ともに結びついており、手との結合が足との結合とほぼ同数見られ、片方の手足との結合が両方の手足との結合より多い。「雀」も「刑」と同じく手足ともに結びついているが、片方の足よりも両足が多く、両手がまったくないのは、腫足との繋がりが想定される。それ故に苦雀病（柒四六二三）という表記が存するのではないか。ただし、それならば、「雀」も「両足」と結びついているのが多いはずであるが（雀類四十三簡中、雀両足は十簡）、その点は微妙である。

症状＼部位	左足	右足	両足	足	左手	右手	両手	手
腫（踵）	18	21	286	65	0	2	1	0
刑	54	62	25	14	53	39	4	5
雀	3	6	10	8	11	3	0	2

一方、「盲」と「目」の結びつきでは「目」は両目よりも左右片方の目が多いのに対して、「聾」と「耳」の結びつきでは「耳」は片耳の場合がほとんどなく（聾左耳はなく、聾右耳は四簡のみ）、多くは両耳か耳である。

表記の句形に注目するならば、症状＋部位であり、部位に「左」「右」「両」が形容する三字の表記が一般であるが、「左」「右」「両」を省略する二字の表記（腫足、踵足、刑足、刑手、盲目、聾耳、雀足、雀手）も見られ[十四]、さらに部位そのものを省略した一字の表記（聾）も若干見られるのであり、「〔苦〕某病」とは対照的にヴァリエーションが多い要因である。

以上、傷病表記の二つの型について検討した。興味深いのは、「症状＋部位」型に属す腫足類、刑類、盲目類、聾耳類、雀類の中で、刑類以外は、「〔苦〕某病」型の表記も存する点である。たとえば腫足類の場合は、苦腫病（内、一簡は苦盲腫病）、苦踵病、踵病である。このことは、腫足類、刑類、盲目類、聾耳類、雀類という障碍の原因が疾病であることを、逆に、「〔苦〕某病」型の表記がない刑類という障碍が疾病由来でないことを示しているのである。

それを示すのが、吏民簿の帳尻簡の内訳簡「其四人老鈍刑病」（参一九九四）の「刑」と「病」を対比的に組み合わせた「刑病」という表現である。

では何故に二つの型があるのであろうか。「症状＋部位」型は障碍であり、免役の判断基準であろう。「〔苦〕某病」型は疾患であるが、「はじめに」で述べたように、その疾患は慢性であり、労役に堪え得るか否かの判断基準であり〔福原二〇〇九〕、「症状＋部位」型では汲み取れない免役対象者を記すためのマニュアル化であり、郷・里での担当者に示したのではないか。

三　傷病表記の意図

ひるがえって、長沙呉簡と、それが作成された三世紀前半の孫呉の領域内の長沙一帯からは離れた時代や地域で作成された簡牘と、傷病をも含む身体的特徴に関して、本節では対比・検討する。

漢代の簡牘には身体的特徴として、人定を目的とする、身長や皮膚の色、ほくろの有無などが記されていた。たとえば、居延漢簡の出入簡名籍に「河内郡温西故里大夫蘇罷軍年卅五長七尺三寸黒色」（334・28.）とある。また、西晋初期と推定されるコータンのニヤ川下流廃址出土の過所文簿の木簡に「月支國胡支柱、年卌九、中人、黒色」（Nxv53）、「……卅、中人、黒色、大目、有髭鬚」（Nxv152）など、肌の色やひげの有無などの身体的特徴が記されていた（『籍帳研究』）。それに対して、長沙呉簡の場合、たとえば、「〼　戸下婢小長五尺」（壱四九九）、「□戸下奴右長六尺　戸下奴進長五尺」（壱七六三七）や、「次弟公乘材？年七歳　　次戸下奴吉長六尺」（弐二二一七）などのように、確かに存在することは存在するが、吏民簿の家族簡に記載されている〔戸下〕奴婢、しかもその一部に限られており、その内容は身長（「長某尺」）のみであり（年齢の記載がなく、［于二〇〇七E］は十四歳以下と推定する。［陳爽二〇〇四］［安部二〇〇四］［沈二〇一三B］［蔣二〇一四B］など参照）また『竹簡　肆』に見られる私学関係の名籍には、たとえば「私学長沙鄭狗年□狀狗白衣居臨湘樂鄉□□丘帥黃……」（肆五二二五）というように、「狀俗」「狀客」「狀広」「狀喿」など、容貌などを表現する「狀某」という表記が見られる［李・宋二〇〇七］。しかし、全体としてはごくわずかであり、長沙呉簡の身体的特徴の圧倒的多数は人定を目的としない傷病であった。

興味深いのは、同じ湖南省長沙市から出土した二世紀後半の簡牘の記載である。『東牌楼漢簡』の戸籍簡（七九／一一〇四）に、

建寧四年益成里戸人公乘某卅九筭卒篤夅　子公乘石……
□□　……卅七筭卒篤夅

とあり、二か所であるが、年齢、「筭卒」に続いて「篤夅」とある。この「篤夅」は、［王素二〇一一C］の解釈によると、『後漢書』本紀にも見える「篤癃」であり[十五]、廃疾の意であろう（あるいはせむしのことか）という。［猪飼二〇〇六］は「癃は膀胱の病気ないしは小便の流れが悪い疾病の総称」であるが、王素の所論を踏まえて、この場合の意味は異なり、筭賦が免除される「重い病気や障害」をさす、と。［張二〇一〇C］は、「篤癃」は官側が障碍の実態を確認し、その障碍の程度を確定し、記載されており、走馬楼呉簡が各人の障碍疾病を具体的に記すとは異なると論ず［鷲尾二〇一三］［張二〇一〇D］[十六]。

さらに、［湖文他二〇〇九］によると、西晋の恵帝治世（二九〇～三〇六年）下の郴州晋簡には「口一百卌篤癃　男」（一―三六）、「口七百六微癃　男」（一―六〇）、「口三百九十四微癃　男」（一―四六）、および「口七百卌三篤癃　女」（一―七一）という「篤癃」「微癃」の表記が見え、「以県郷為単位記録人口総数・男女・免老・罷癃（分篤癃・

微癃、即重度残疾和軽度残疾）、年度内人口死亡数（分別男女）等」と解説しており、東牌楼漢簡に見える「篤癃」のみならず「微癃」が見える。[十七]

実は、長沙呉簡にも、一簡のみであるが、「篤癃」と通じる「篤隆」の表記が見える。「妻大女惹年卅篤隆病」（参五九〇一）であり、この釈文に注が附されており、「「隆」為「癃」之通假」とある。だが、この「篤隆」は東牌楼漢簡や郴州晋簡に見える「篤癃」とは異なり、具体的な病名、たとえば、腰が曲がり、背が隆起する疾病である「癃疾」、あるいは膀胱の病気ないしは小便の流れが悪い疾病である「癃」［猪飼二〇〇六］であろう。何故ならば、第一にあれほど多く傷病の表記があるにもかかわらず、一例のみであり、第二に「篤隆病」の表記は長沙呉簡の表記パターンの一つ「某病」型にあてはまるからである。むしろ、［張二〇一〇Ｄ］も指摘するように、長沙呉簡の具体的な傷病の表記全体が東牌楼漢簡や郴州晋簡の総括的・抽象的な「篤癃」、ないし「篤癃」と「微癃」に対応するのではないか。

降って南北朝時代、「西魏大統十三（五四七）年瓜州効穀郡計帳様文書」（B. L. S. 613v）には、「口六男隆老中小」、「口一隆老」と、「隆（癃）老」が二か所見える（『籍帳研究』[十八]）。『南齊書』巻三四虞玩之伝には、建元二（四八〇）年の黄籍に関する詔勅の一節に「身強而六疾」（身体は丈夫であるにもかかわらず病気と称している）とあり、[十九]この詔勅に対する虞玩之の上表の一節にも「疾病長臥」（病気で寝込んでいる）とあり、南朝の黄籍にも、具体的な表記は未詳であるが、傷病に関して記されていたことがわかる（『籍帳研究』）。

そして、唐代の戸籍の規定として、『白氏六帖事類集』疾、三疾令などに基づき復元された［仁井田一九三三］［仁井田・池田一九九七］の戸令九（開元二十五年令）には、「諸一目盲、兩耳聾、手無二指、足無三指、手足無大拇指、禿瘡無髪、久漏、下重、大瘿瘇、如此之類、皆爲殘疾。癡瘂、侏儒、腰脊折、一肢癈、如此之類、皆爲癈疾。惡疾、癲狂、兩肢癈、兩目盲、如此之類、皆爲篤疾」とあり、［張二〇一〇D］は、唐代の等級区分「三疾」は「残疾免除正役、但要交納租調和服雑徭・差科、廃疾・篤疾課役全免、同時、篤疾還可享受給侍一人的優待」と論ず。[二十] 岸俊男によるならば［岸一九七三］、日本の養老令戸令目盲条に、「凡一目盲、兩耳聾、手无二指、足无三指、禿瘡无髪、久漏、下重、大瘻瘇、如此之類、皆爲殘疾。癡瘂、侏儒、腰背折、一支癈、如此之類、皆爲癈疾。惡疾、癲狂、兩支癈、兩目盲、如此之類、皆爲篤疾」と規定されていることからわかるように、律令においては、不具・痼疾者を症状に応じて、残疾・癈疾・篤疾の三等級に分けており、養老令戸令戸主条、同戸令給侍条、同賦役令調絹絁条、同賦役令舎人史生条などに規定されている課役との関係では、癈疾・篤疾は不課（調・庸・雑徭の免除）、残疾は老丁と同じく次丁とし、調を正丁の二分の一に減らすことと徭役（庸・雑徭）の免除、給侍の規定では、篤疾は八十歳以上と同じく侍人一人が給される。[二十一] 両者は唐と日本の規定の違いに由来するか、残疾の調と雑徭に関しては見解を異にするが、その他は同じである。

以上、居延漢簡などの場合は人定を目的とする身体的特徴が記載されていたのに対して、東牌楼漢簡、長沙呉簡、郴州晋簡では傷病の有無が記載され、長沙呉簡を除き一貫して重度の傷病を意味する篤癃が使われており（郴州晋簡では微癃もあり、軽重による二等級を示す）、それが残疾・癈疾・篤疾という課役の減免などの基準である三等級に繋がるのであろう。その中で、長沙呉簡のみ具体的な傷病が記載されていたのである。

興味深いのは、「三疾」の等級のそれぞれに分類される具体的な症例が長沙呉簡の傷病表記と対応している点である。たとえば、残疾に属する一目盲と篤疾の両目盲はそれぞれ盲一目、盲左目、盲右目と盲両目に対応するであろう。では、長沙呉簡の傷病表記はそれでもって等級を示したのであろうか。恐らくは、示していないと考えられる。というのは、第一に傷病表記に等級の存在を示す痕跡がないからであり、第二に後漢以来、篤癃で一括されており、郴州晋簡の段階でようやく三等級の萌芽とも言うべき、篤癃と微癃に二分されているからである。

　では、何故に長沙呉簡では、定型化されてはいるが、具体的な傷病が記載されたのであろうか。「知男弟堂年五歳刑左手　堂男弟春年五歳刑左手」（壱八六三八）、「佃父公乘廷年八十二刑右手〼」（壱二六二五）、および「隆戸下奴謹年十三雀兩足　〼」（壱九〇一三）など、本来免役である十四歳以下や六十五歳以上や奴婢の名籍にも傷病が記されている点、「妾子男淬年十三盲目雀兩足」（壱五一三六）、「顔従兄奇年八十二刑左手盲左目」（壱九一五九）、および「義成里戸人公乘李城年七十盲兩目風病」（壱九五〇六）などの一人に複数（二つ）の傷病表記が存在する点などをも勘案するならば、免役の査定基準のみに納まりきらない、たとえば、強いて想像するならば、傷病の猖獗[二十二]と徭役の要請のせめぎあいという当時の長沙一帯の状況を背景に、傷病の実態の把握に資するためという、別の意図が浮かび上がるのではないか。

おわりに

　長沙呉簡の一百種近くある傷病表記は「〔苦〕某病」型と「症状＋部位」型に二分され、「〔苦〕某病」型（「苦某病」と「某病」）は居延漢簡の病卒名籍の「病苦某」と「病某」の両タイプの表記の並存と、「病」「苦」という要素が共通する。身体の患部である部位と結びついた「症状＋部位」型は手足と耳目に大別され、「腫（踵）」は両足との結合が圧倒的に多い。「症状＋部位」型の「〔苦〕某病」型の表記も存する腫足類、盲目類、聾耳類、雀類という障碍の原因が疾病であることを、それがない刑類という障碍が疾病由来でないことを示唆する。二つの型があるのは、「症状＋部位」型は障碍であり、「〔苦〕某病」型は疾患であるが、その疾患は慢性であり、ともに労役に堪え得るか否かの判断基準であり、「症状＋部位」型では汲み取れない免役対象者を記すためのマニュアル化である。

長沙呉簡の、定型化され、偏りがあるものの多種多様な傷病表記は、漢簡の人定を目的とした身体的特徴とは異なり、東牌楼漢簡や郴州晋簡と同じく身体的特徴として傷病を表記し免役対象を明示していたのであるが、長沙呉簡は具体的な傷病を表記していたのである。それは免役の査定基準のみに帰すことができない別の要素があったのではないか。

今後、十分に論究することができなかった問題に対して、［侯二〇〇九］［侯二〇一三］［凌二〇一一A］など新たな吏民簿研究を踏まえ、「老鈍」「細小」や、「単身」、「物故」「叛走」などの表記との関連などをも考慮に入れ、今後刊行されてゆくであろう『竹簡　伍』以下の続巻をも新たな史料に加え、研究を進めたい。

註

(一)［王他一九九九］［安部二〇〇四］［安部二〇〇六］［關尾二〇〇六A］［關尾二〇〇六B］［王素二〇〇七］。なお吏籍に属する家族簡にも可能性がある［安部二〇〇四］。

(二)猪飼祥夫は「病名研究は、疾病や傷害の程度を把握できると思われる。それらの傷害のある人には税法上の作用があったのかどうかも研究できそうである。さらに官吏が記録する病名の性質も分析できそうである。興味がつきない資料群と思われる」と述べている［猪飼二〇〇四］。

(三)「腫足」の成因である疾患の比定は、侯旭東による整理［侯二〇〇六B］によると、汪小烜のフィラリア症説（私も賛同した［福原二〇〇四］）、高凱の、腫両足は日本住血吸虫病、踵左足・踵右足はハンセン病（麻風病）という二種の病因説、侯旭東自身の重度の凍傷説があり、于振波は病名を確定せず、水田での労働との関連を指摘する。またこの他、曲柄睿はフィラリア症とハンセン病という二種の病因説［曲二〇一一］をとる。

「刑」は、徐世虹の肉刑説に対して、非肉刑説として謝桂華の「残疾病症」説・「作戦致残」説、胡平生の「傷残」説、于振波の「自残」説、張栄強・王素・福原の「傷」説が続出し、非肉刑説は確定的となった。「刑」は「刑傷」、すなわち傷を意味するが、他に手足の障碍を表記するのがないことから、広く手足の障碍をも意味する可能性がある。〔福原二〇〇四〕は以下のように論じた。「刑」は手足と結びついた表記が大部分であり、手足と結びついた他の傷病は「腫（踵）＋手足」と「雀＋手足」のみである。そして、「腫（踵）＋手足」は「腫」は足のみ、しかも大部分は「两足」と結びついている。そして、老若男女を問わず分布し、自然災害や不慮の事故で被る外傷に該当するものが「刑」「雀」以外に見当たらず、また、ともに「苦某病」「某病」という疾患を示す表記パターンとはほとんど無関係であることから、両者ともに外傷関連であることは確かであろう。両者の差異は、手足の各部位の「刑」（＝「刑傷」）が傷、「雀」（＝「截」）が缺損ではないか、と。

〔苦〕腹心病の病因は日本住血吸虫病である〔汪二〇〇一〕〔高凱二〇〇六A〕〔高凱二〇〇六B〕。ちなみに、同じ長沙の馬王堆一号漢墓の長沙国丞相軑侯利蒼夫人の遺体の直腸と肝臓から「〔日本〕住血吸虫卵」が発見されている〔湖博他一九七三〕〔湖南医学院一九七九〕。猪飼祥夫は同時代の『傷寒論』に見える心腹痛に相当すると論ず〔猪飼二〇〇五〕。〔飯島二〇〇六〕によると、日本住血吸虫病は「皮膚炎を起こし、腹部がふくれ、血筋が腫れ、ついには吐血して絶命することが多かった」。その流行地域は、江南開発の結果、形成された水田が広がる、と。『左傳』哀公六年条に「腹心之疾」の語が見え、また、「腹心」ではなく「心腹」であるが、居延漢簡の病卒名籍に「病心腹」「〔疾〕心腹丈（脹）滿」〔籾山一九九九〕、『素問』に「病心腹滿」、『傷寒論』に「心腹痛」、『金匱要略』に「治心腹卒中痛者」「心腹脹滿」「心腹堅滿痛」とあり、「丈（脹）滿」とは、膨張のさまの表現であり、張（漲）病の「張（漲）」が『苦腹心病』の症状を表現しているからである〔王他一九九九：註八〕〔福原二〇〇四：註二〇〕。

〔高凱二〇〇六B〕は〔苦〕風病の病因をハンセン病、〔苦〕風矢病は風湿病（リューマチ）とする。

盲目と聾耳は障碍であるが、〔高凱二〇〇六A〕は盲目についてハンセン病との関係を指摘し、聾耳はフィラリア症の結果の可能性を示唆する。〔高凱二〇〇六B〕は両者のヨード缺乏との関係をも指摘する。

精神疾患である苦狂病、苦悳病について、苦悳病（壱五五一七）の釈文の注では「悳」を「怒」「恚」と解釈するが、胡平生はそれを否定し、俗字の「悳」を「瘨」「顛」の通仮であり、「癲」「狂」と同義とする〔胡二〇〇五〕。あるいは、苦狂病（弐四四二七）、苦瘨□（参一八〇三）など、日本住血吸虫病が進行した癲癇症状を示す可能性がある〔高凱二〇〇六B〕。

(四)　〔安部二〇〇四〕は、当時の孫呉における労働力確保という課題に対処するために郡県の正戸に対して厳しい力役が課されなければならない情勢下において、戸ごとの集計を記す口数簡に見える「筭」（算賦・力役を納入する義務をもつ男女を数える単位)、「事」(力役への使役可能な人数)、「復」の解釈と関連させる。

(五) [王他一九九九] など。たとえば、『竹簡 弐』の釈文では「踵(腫)」と表記されており、本来の意味からするならば、「腫」であろうが、旁の「重」が共通し、偏の「月」と「足」も似ており、とくに竹簡に書いた場合、字形全体が似ており、また、ほぼすべて「足」と結びついていることから、それに引き摺られるのか、「腫」「踵」ほぼ同数あり、書き手のくせなどにより分かれているように考えられる [王他一九九九] [徐世虹二〇〇一] [汪二〇〇一] [福原二〇〇四：註二九]。ただし、高凱は「腫」と「踵」を区別し、踵病、踵足はハンセン病に関連するという [高凱二〇〇六A] [高凱二〇〇六B]。なお、「重両足」は肉月もしくは足偏の部分が欠けている可能性が高い [福原二〇〇四：註一六]。

(六) 若干であるが、手足ではない部位と結びついている刑右眉、刑欧背(以上、『竹簡 壱』)、刑目、刑両膝、刑盧(顱)頭(以上、『竹簡 弐』)、刑耳□、刑面(以上、『竹簡 肆』)がある。

(七) 一部、「病」とほぼ同義の「疾」を用いた腹心疾の表記があり(壱五三三六は、素苦腹心疾病とあるが、「素」は「新」の対語か)、その他、「心」に通じる同音の「信」を用いる苦腹信病(肆八八三)や、おそらくは「腹」を書き誤った腸心病(肆五五〇五)、腹心萇病(柒五一九。腹心病と萇病の組合せか)などが見えるのみである。

(八) 雀類については、胡平生が、切断を意味する「截」と通用する「戳」の省略形と論じ [胡二〇〇五]、侯旭東は、「雀」は悪化した腫(踵)両足の部位の切断ではないか、とする [侯二〇〇六B]。[高凱二〇〇六B] は日本住血吸虫病や小児麻痺症などとの関係を指摘する。註(二)「刑」参照。

(九) [高凱二〇〇六B] は碓病を傴僂と解釈する。弐二二〇二の「□病」の注に、「簡文病名一字不識、或疑為「疽」字之訛。「疽」、癰瘡」とあり、疽病と解釈する。

(十) 以下、それぞれについて、括弧内に簡番号と比定などを示す [福原二〇〇九]。

『竹簡 壱』：害漯病(九一七五。「害」と釈読するが「苦」ではないか。とするならば苦漯病。釈文の注では「漯」を「瘰」の通仮とする。「瘰」は、るいれき。結核性の首の腫れ物 [福原二〇〇四：註二五])／闇(八九三九。暗愚の意か。『竹簡 弐』に闇病がある)。

『竹簡 弐』：絮病(一五九三。未詳)／頼病(一六四七。釈文では頼(癩)病とある。「癩」はハンセン病、レプラ)／張病(一六九五。釈文では張(脹)病。腹部が膨張する〔苦〕腹心病の言い換えか。註(二)を参照)／苦虐病(一六九六。釈文では苦虐(?)病。「虐」は「瘧」、マラリア性の熱病であるおこり、の略か)／疽病(二二〇二。釈文では「□病」とあり、注に「疽」。「疽」は、かさ。悪性の腫れ物で、「癰」の一種）／決口病（二九一四、七四九七の二簡。『竹簡 参』の苦喑口病と「口」が共通する。喑啞であろうか）／苦鼠□病（六六四七。『竹簡 柒』の鼠病と関連があるか）／苦□脅病（六七一〇。未詳。「脅」「脇」、わきばら、と関連する疾病か）／「闇病」（一六九〇。『竹簡 壱』の闇を参照）。

『竹簡 参』：苦歐病（一四五五）・苦軀病（二九七九。『竹簡 柒』の苦傴病とは旁の「區」が共通しており、あるいは「刑事制裁記録」中の頤病を、侯旭東は欧病＝嘔病と解釈するが［侯二〇〇一A］、同じ疾病である傴僂、せむし、の可能性が高い。［福原二〇〇四：註二六］を参照。また楊小亮は「傴」を脊椎の残疾である駝背と解釈する［楊小亮二〇〇七］）／苦喑口病（三〇七八。『竹簡 弐』の決口病を参照）／篤隆病（五九〇一。釈文の注に「「隆」為「癃」之通假」とある。癃疾は腰が曲がり、背が隆起する疾病である。第三節参照）。

『竹簡 肆』：苦塤宮病（一八六九。未詳。「塤」は「瘨」「癲」の書き換えか）／長病（二八〇九。未詳。あるいは、『竹簡 弐』の張病と同義か）／病痱（二五四一。「痱」は中風、小さい腫れ物、の意。『史記』巻一〇七魏其武安侯伝に「病痱」が見える）。

『竹簡 柒』：苦信病（二一〇六、二一七一の二簡。『竹簡 肆』の苦腹信病の注に「「信」通「心」」とあるが、この場合も苦心病の意か）／苦傴病（四八七六、五七六八の二簡。『竹簡 参』苦軀病を参照）／苦僵病（一〇九七。旁が共通する「彊」と同じか）／苦彊病（五二四四）・彊病（五九一四。未詳。あるいは「彊」「僵」は「傴」に通ずるか）／鼠病（一一五二、三七九二、三九九三、五二八三の四簡。「鼠」は「鼠瘻」、瘰癧、結核性の首や腋の下にしこりができる病気か）／苔病（一七八二、五二九四、五六六八の三簡。五三七〇に「聾苔」がある。舌に苔状のものが生えることか。『傷寒論』辨陽明脈証並治を参照）／⿰歹莫苔病（四八五五。未詳。「苔病」と関連するか）／護病（一八三一。未詳）／疢病（五八二六。「疢」は熱病の意）／歐背（四〇三七。未詳。「欧」を［侯二〇〇一A］［謝二〇〇二］は「嘔」、［楊小亮二〇〇五］は「傴」に通ずるとする）。

（十一）「病」を省略した「苦某」型は、身体の部位と結びついた型が主である聾耳類の苦聾耳、苦龍両耳と雀類の苦雀手のみである。

（十二）「第廿四燧卒高自當以四月七日病頭痛四節不擧／第二燧卒江譚以四月六日病苦心腹丈滿／第卅一燧卒王章以四月一日病苦傷寒／鉼庭燧卒周良四月三日病苦☐／第一燧卒孟慶以四月五日病苦傷寒」（4・4A.）。また「病傷頭右手」（149. 19+511. 20.）という表記もある。

（十三）　「腫（踵）」「刑」「雀」以外の手足と結びついた表記として、断足（弍二九三九）、屈両足（肆八五三、柒三八六三）、辟両足（柒五八三四）がある。

（十四）　腫足類は、腫両足が計一〇一簡中、『竹簡 柒』は六簡のみであるのに対して、腫足は計一八簡中、『竹簡 柒』が一四簡であり、踵両足が計一八三簡中、『竹簡 柒』は一四簡のみであるのに対して、踵足は計四七簡中、『竹簡 柒』が三一簡である。とくに際立っているのは、「腫足」が、柒二四二三〜二四二六に四簡連続で見えている箇所である。『竹簡 肆』と『竹簡 柒』は採集簡ではなく発掘簡が収録されており、その発掘時の位置関係が示されている。これによると、「発掘区位号」「発掘分（段）号」「整理号」は二四二三がⅡｃ①、二四二四〜二四二六がⅡｃ②であり、ともに平陽里吏民簿の家族簡である。また、五八一〇の「吉陽里戸人公乘費府年卅四盲目刑手」では、「刑手」・「盲目」というように、ともに省略の表記が重なっている。逆に興味深いのは五八九五であり、「陽貴里戸人公乘□□年……腫足　□妻疎年卅五腫兩足」と、一簡中に腫足と腫両足が併存しているのである。

（十五）　『後漢書』巻一光武帝紀下建武六（三〇）年正月辛酉条に「詔曰、……、其命郡國有穀者、給稟高年・鰥寡孤獨及篤癃・無家屬貧不能自存者、如律」、同建武二十九（五三）年二月庚申条に「賜天下男子爵、人二級、鰥・寡・孤・獨・篤癃・貧不能自存者粟、人五斛」とあり、以後も、光武帝、明帝、章帝、和帝、安帝、順帝、桓帝と、後漢の歴代の皇帝が同様の賑給の詔勅を出している。［張二〇一〇D］は、「廃（癈）疾」「廃（癈）痼」「残疾」は後漢では「篤癃」と称された、とする。

（十六）　睡虎地秦簡の『秦律雜抄』に「占痒（癃）不審」とあり、『周禮』地官、大司徒の「寛疾」の鄭玄注に「寛疾、若今癃不可事、不筭卒、可事者半之也」、賈公彦疏に「云、寛疾、若今癃不可事、不筭卒者、漢時癃病不可給事、不筭計以爲士卒、若今廢疾者也。云、可事者半之也者、謂不爲重役輕處、使之取其半功而已、似今殘疾者也。是其寛饒疾病之法」とある（『睡虎地秦簡』）。

（十七）　郴州呉簡には見えない。［湖文他二〇〇五］参照。

（十八）　「晉（四世紀？）樓蘭戸口簿稿」の断片（B. L. OR. 8212-518/M260.）、「前秦建元廿（三八四）年三月高昌郡高寧縣都郷安邑里籍」断片（06TSYIM4：5-1, 5-2.）、「西涼建初十二（四一六）年正月敦煌郡敦煌縣西宕郷高昌里籍」の断片（B. L. S. 113.）、および「北涼承陽二（四二六）年十一月籍」の断片（Ch6001.）など四〜五世紀の戸籍類には身体状況に関する記載は見えない。

（十九）　「六疾」とは疾病の総称である（『左傳』昭公元年条）。

（二十）　張栄強は、傷病者に対する課役の免除規定や優待規定は、遡るならば、『管子』度地篇、『周禮』の地官や大司徒、「寛疾」の鄭玄注、睡虎地秦簡の『法律答問』、張家山漢簡の『二年律令』傜律などに見えるが、ただし、漢代では、傜役の減免措置はあったが、租賦の免除はなかった、という〔張二〇一〇D〕。

（二十一）　岸は、現存する奈良時代の籍帳では、女は不課であるから、篤疾の記載は男女ともに存するのに対して、残疾・癈疾の記載は男のみに限られているのである、と論ず。

（二十二）　疾病に由来しない刑類を除く双壁は腫足類と〔苦〕腹心病であり、その原因は、前者は未詳であるものの、フィラリア症の可能性が高く、後者は日本住血吸虫病である。フィラリア症と日本住血吸虫病の共通点は、後遺症として、それぞれ、両足の腫れ（さらに悪化したのが象皮病）、腹部の膨満が残る点、亜熱帯に属し、沼沢が多い風土で、しかも水田耕作が主である長沙一帯における二大風土病として猖獗していたのが窺われる点である。興味深いのは、腫両足がフィラリア症の結果であるとするならば、吏民簿の疾患表記の第一位と第二位がともに水田耕作と関連する点である〔阿部二〇一四〕。

資料・文献リスト

本リストには、本書で使用・引用した資料・文献を、図録・釈文、論集、発掘報告、および参考文献の四つのカテゴリーに分けて掲載した。各論稿で引用する際には、このうち図録・釈文と論集については、書名の略号で示し、発掘報告と参考文献については、執筆者と刊行年とを［ ］で示した。執筆者については姓で表記したが、同姓の執筆者がいる場合は、姓名を掲げた。また刊行年については、原則として初出の年次ではなく、最新の年次で示し、本リストに初出の年次を併記した。なお一人の執筆者が同年に複数の公表しているような場合は、本書に登場する順番に従ってアルファベット（大文字）を付した。

【図録・釈文】

［里耶秦簡］

『里耶秦簡』：湖南省文物考古研究所（編）『里耶秦簡』［壱］、文物出版社、二〇一二年。

『里耶校釈』：陳　偉（主編）『里耶秦簡牘校釈』第一巻、武漢大学出版社、二〇一二年。

［睡虎地秦簡］

『睡虎地秦簡』：睡虎地秦墓竹簡整理小組（編）『睡虎地秦墓竹簡』、文物出版社、一九九〇年。

［居延漢簡］

『居延漢簡』：労　榦『居延漢簡　図版之部』、中央研究院歴史語言研究所専刊之二十一、一九五七年。
『居延甲編』：中国科学院考古研究所（編）『居延漢簡』〔甲編〕、科学出版社・考古学専刊乙種第八号、一九五九年。
『居延乙編』：中国社会科学院考古研究所（編）『居延漢簡』〔甲乙編〕全二冊、中華書局・考古学専刊乙種一六号、一九八〇年。
『居延釈文』：謝桂華・李均明・朱国炤『居延漢簡釈文合校』全二冊、文物出版社・秦漢魏晋出土文献、一九八七年。
『居延新簡』：甘粛省文物考古研究所・甘粛省博物館・中国文物研究所・中国社会科学院歴史研究所（編）『居延新簡　甲渠候官』全二冊、中華書局、一九九四年。

〔敦煌漢簡〕

『敦煌漢簡』：甘粛省文物考古研究所（編）『敦煌漢簡』全二冊、中華書局、一九九一年。
『懸泉漢簡』：胡平生・張徳芳（編）『敦煌懸泉漢簡釈粋』、上海古籍出版社、二〇〇一年。

〔長沙東牌楼漢簡〕

『東牌楼漢簡』：長沙市文物考古研究所・中国文物研究所（編）『長沙東牌楼東漢簡牘』、文物出版社、二〇〇六年。

〔長沙走馬楼呉簡〕

『吏民田家莂』：長沙市文物考古研究所・中国文物研究所・北京大学歴史学系走馬楼簡牘整理組（編）『長沙走馬楼三国呉簡　吏民田家莂』全二冊、文物出版社、一九九九年。
『竹簡　壱』：長沙市文物考古研究所・中国文物研究所・北京大学歴史学系走馬楼簡牘整理組（編）『長沙走馬楼三国呉簡　竹簡』〔壱〕全三冊、文物出版社、二〇〇三年。
『竹簡　弐』：長沙簡牘博物館・中国文物研究所・北京大学歴史学系走馬楼簡牘整理組（編）『長沙走馬楼三国呉簡　竹

簡』［弐］全三冊、文物出版社、二〇〇七年。

『竹簡 参』：長沙簡牘博物館・中国文物研究所・北京大学歴史学系走馬楼簡牘整理組（編）『長沙走馬楼三国呉簡 竹簡』［参］全三冊、文物出版社、二〇〇八年。

『竹簡 肆』：長沙簡牘博物館・中国文化遺産研究院・北京大学歴史学系走馬楼簡牘整理組（編）『長沙走馬楼三国呉簡 竹簡』［肆］全三冊、文物出版社、二〇一一年。

『竹簡 柒』：長沙簡牘博物館・中国文化遺産研究院・北京大学歴史学系・故宮博物院古文献研究所走馬楼簡牘整理組（編）『長沙走馬楼三国呉簡 竹簡』［柒］全三冊、文物出版社、二〇一三年。

『湖南省展』：西林昭一（監修）『湖南省出土古代文物展 古代中国の文字と至宝』、毎日新聞社・（財）毎日書道会、二〇〇四年。

『三国呉簡』：宋少華（主編）『湖南長沙三国呉簡』全六冊、重慶出版社・中国簡牘書法係列、二〇一〇年。

『湖湘選集』：張春龍・宋少華・鄭曙斌（主編）『湖湘簡牘書法選集』、湖南美術出版社、二〇一二年。

『湖南選編』：鄭曙斌・張春龍・宋少華・黄樸華（編）『湖南出土簡牘選編』、岳麓書社、二〇一三年。

［その他］

『岳麓秦簡』：朱漢民・陳松長（主編）『嶽麓書院蔵秦簡』［参］全一冊、上海辞書出版社、二〇一三年。

『張家山漢簡』：張家山二四七號漢墓竹簡整理小組（編）『張家山漢墓竹簡［二四七号墓］』釈文修訂本、文物出版社、二〇〇六年（初版：二〇〇一年）。

『吐魯番文献』：栄新江・李 肖・孟憲実（編）『新獲吐魯番出土文献』全二冊、中華書局・吐魯番学研究叢書甲種之二、二〇〇八年。

『籍帳研究』：池田 温『中国古代籍帳研究―概観・録文―』、東京大学出版会、一九七九年。

『漢語文書』：西脇常記『ベルリン・トルファン・コレクション漢語文書研究』、京都大学総合人間学部国際文化学科西脇研究室、一九九七年。

【論集】

『報告 Ⅰ』：長沙呉簡研究会（編）『嘉禾吏民田家莂研究―長沙呉簡研究報告・第一集―』、長沙呉簡研究会、二〇〇一年。

『報告 Ⅱ』：『長沙呉簡研究報告』第二集、二〇〇四年。

『報告 Ⅲ』：『長沙呉簡研究報告』第三集、二〇〇七年。

『研究 Ⅰ』：北京呉簡研討班（編）『呉簡研究』第一輯、崇文書局・崇文学術文庫、二〇〇四年。

『研究 Ⅱ』：長沙簡牘博物館・北京呉簡研討班（編）『呉簡研究』第二輯、崇文書局・崇文学術文庫、二〇〇六年。

『研究 Ⅲ』：長沙簡牘博物館・北京大学中国古代史研究中心・北京呉簡研討班（編）『呉簡研究』第三輯、中華書局、二〇一一年。

【発掘報告】

長沙市文物工作隊・長沙市文物考古研究所（長隊・長文）
一九九九 「長沙走馬楼J22発掘簡報」、『文物』一九九九年第五期。

長沙市文物考古研究所（長文）
二〇〇五　「長沙東牌楼7号古井（J7）発掘簡報」、『文物』二〇〇五年第一二期。
二〇一三　「湖南長沙五一広場東漢簡牘発掘簡報」、『文物』二〇一三年第六期。
湖南省文物考古研究所・郴州市文物処（湖文他）
二〇〇五　「湖南郴州蘇仙橋J4三国呉簡」、中国文物研究所（編）『出土文献研究』第七輯、上海古籍出版社。
二〇〇九　「湖南郴州蘇仙橋遺址発掘簡報」、湖南省文物考古研究所（編）『湖南考古輯刊』第八集、岳麓書社。
宋少華・何旭紅（宋・何）
一九九九　「長沙走馬楼二十二号井発掘報告」、『吏民田家莂』。

【参考文献】

［日文］（五十音順）

安部聡一郎
二〇〇四　「長沙呉簡にみえる名籍の初歩的検討」、『報告 Ⅱ』。
二〇〇九　「長沙呉簡における記載面裏側の状況―名簿簡・「戸品出銭」簡における―」、『長沙呉簡研究報告』二〇〇八年度特刊。
二〇一一　「走馬楼呉簡中所見「戸品出銭」簡の基礎的考察」、藤田勝久・松原弘宣（編）『東アジア出土資料と情報伝達』、汲古書院。
二〇一四　「三世紀中国の政治・社会と出土文字資料」、『歴史評論』第七六九号。

阿部幸信
二〇〇四　「嘉禾吏民田家莂「丘」再攷」、『東洋史研究』第六二巻第四号。
二〇〇八　「長沙走馬楼呉簡所見調納入簡初探」、『立正史学』第一〇三号。
二〇一四　『『三国志』のウラガワ」、中国出土資料学会（編）『地下からの贈り物―新出土資料が語るいにしえの中国―』、東方書店・東方選書。
青木俊介
二〇〇五　「里耶秦簡に見える県の部局組織について」、『中国出土資料研究』第九号。
赤松明彦
二〇〇一　「楼蘭・ニヤ出土カロシュティー文書について」、冨谷　至（編）『流沙出土の文字資料―楼蘭・尼雅文書を中心に―』、京都大学学術出版会。
伊藤敏雄
二〇〇一　「長沙走馬楼簡牘調査見聞記」、『報告 I』
二〇〇三　「長沙走馬楼簡牘中の邸閣・州中倉・三州倉について」、『九州大学東洋史論集』第三一号。
二〇〇七　「長沙走馬楼呉簡中の「邸閣」再検討―米納入簡の書式と併せて―」、太田幸男・多田狷介（編）『中国前近代史論集』、汲古書院。
二〇一〇　「長沙呉簡中の朱痕・朱筆・「中」字について」、『長沙呉簡研究報告』二〇〇九年度特刊。
二〇一二　「長沙呉簡中の邸閣・倉吏とその関係」、『歴史研究』第四九号。
二〇一三　「長沙呉簡中の生口売買と「估銭」徴収をめぐって―「白」文書木牘の一例として―」、『歴史研究』第五〇号。
二〇一四「長沙呉簡中の「叩頭死罪白」文書木牘考―文書木牘と竹簡との編綴を中心に―」、『歴史研究』第五一号。

猪飼祥夫
二〇〇四『長沙走馬楼三国呉簡・竹簡』にみる病名について」、『医譚』復刊第八一号。
二〇〇五「〈長沙走馬楼呉簡・竹簡〉と〈傷寒論〉」、『日本医史学雑誌』第五一巻第二号。
二〇〇六「『長沙東牌楼東漢簡牘』に見る医学資料」、『医譚』復刊第八五号。

飯島 渉
二〇〇六「宮入貝の物語」、田中耕司（編）『岩波講座「帝国」日本の学知』第七巻（実学としての科学技術）、岩波書店。

池田雄一
二〇一四「秦漢時代の戸籍について」、東洋文庫古代地域史研究班（編）『張家山漢簡『二年律令』の研究』、東洋文庫・東洋文庫論叢。

石原遼平
二〇一〇「長沙呉簡名籍考―書式と出土状況を中心に―」、『中国出土資料研究』第一四号。

稲葉一郎
一九八四「漢代の家族形態と経済変動」、『東洋史研究』第四三巻第一号。

宇都宮清吉

一九五五　「漢代における家と豪族」、宇都宮『漢代社会経済史研究』、弘文堂書房。
鵜飼昌男
一九八九　「漢代の文書についての一考察―記という文書の存在―」、『史泉』第六八号。
一九九三　「漢簡に見られる書信様式簡の検討」、大庭　脩（編）『漢簡研究国際シンポジウム'92報告書　漢簡研究の現状と展望』、関西大学東西学術研究所。
植松慎吾
二〇一一　「光武帝期の官制改革とその影響」、『九州大学東洋史論集』第三九号。
王　素
二〇〇七　（市来弘志訳）「中日における長沙呉簡研究の現段階」、『報告　Ⅲ』。
大橋修一
二〇〇九　「三国・晋・東晋」、角井　博（監修）『中国書道史』、芸術新聞社。
尾上八郎
一九五四　（監修）『書道全集』第三巻、平凡社。
加藤常賢
一九四〇　『支那古代家族制度研究』、岩波書店。
上子武次・増田光吉
一九八一　（編）『日本人の家族関係―異文化と比較して《新しい家族像》をさぐる―』、有斐閣・有斐閣選書。
紙屋正和

二〇〇九A 「両漢時代における郡府・県廷の属吏組織と郡・県関係」、紙屋『漢時代における郡県制の展開』、朋友書店（初出：一九九〇年）。
二〇〇九B 「後漢時代における地方行政の変容」、紙屋、前掲『漢時代における郡県制の展開』（初出：二〇〇四年）。
河地重造
一九五七 「晋の限客法にかんする若干の考察―中国三世紀の社会に関連して―」、『経済学雑誌』第三五巻第一・二号。
鬼頭 宏
二〇〇〇 『人口から読む日本の歴史』、講談社・講談社学術文庫。
岸 俊男
一九七三 「籍帳にみえる残疾・癈疾・篤疾」、岸『日本古代籍帳の研究』、塙書房（初出：一九五九年）。
木下太志
二〇〇三 「家族と世帯の研究史―文化人類学と歴史学を中心として―」、木下『人類史のなかの人口と家族』、晃洋書房。
小林洋介
二〇〇五 「正倉院籍帳と長沙走馬楼三国呉簡」、『史観』第一五三冊。
河野稠果
一九八六 『世界の人口』、東京大学出版会。
佐竹靖彦

一九八〇　「中国古代の家族と家族的社会秩序」、『人文学報』（東京都立大学）第一四一号。
清水浩昭
二〇〇八　『家族社会学へのいざない』、岩田書院。
陶安あんど
二〇一一　「書写材料とモノの狭間―日本木簡学との比較を通じてみた中国簡牘学のジレンマ―」、籾山　明・佐藤　信（編）『文献と遺物の境界―中国出土簡牘史料の生態的研究―』、六一書房。
角谷常子
二〇〇三　「簡牘の形状における意味」、冨谷　至（編）『辺境出土木簡の研究』、朋友書店・京都大学人文科学研究所研究報告。
二〇一二　「文書行政の厳格さについて」、中国政法大学法律古籍整理研究所・奈良大学簡牘研究会・中国法律史学会古代法律文献専業委員会（編）『東アジアの簡牘と社会―東アジア簡牘学の検討―』、奈良大学。
關尾史郎
二〇〇一　「吏民田家莂の性格に関する一試論」、『報告　Ⅰ』。
二〇〇五Ａ「史料群としての長沙呉簡・試論」、『木簡研究』第二七号。
二〇〇五Ｂ「「北涼年次未詳（五世紀中頃）貲簿殘卷」の基礎的考察」（上）、『西北出土文献研究』第二号。
二〇〇六Ａ「長沙呉簡中の名籍について―史料群としての長沙呉簡・試論（二）―」、『唐代史研究』第九号。
二〇〇六Ｂ「長沙呉簡中の名籍について・補論―内訳簡の問題を中心として―」、『人文科学研究』（新潟大学人文学部）第一一九輯。

二〇〇八A「湖南省郴州市、蘇仙橋出土呉簡について」、『中国出土資料学会会報』第三八号。

二〇〇八B「ベルリン所蔵、「北涼承陽二年十一月戸籍」初探」、小口雅史（編）『在ベルリン・トルファン文書の比較史的分析による古代アジア律令制の研究』（平成十七～十九年度科学研究費補助金・基盤研究（B）研究成果報告書）、法政大学文学部。

二〇一三A「「呉嘉禾六（二三七）年四月都市史唐玉白收送中外估具錢事」試釈」、『東洋学報』第九五巻第一号。

二〇一三B「出土状況よりみた長沙呉簡―『長沙走馬楼三国呉簡 竹簡』〔肆〕所収の賦税納入簡を中心として―」、『中国出土資料研究』第一七号。

二〇一三C「破莂・別莂考―長沙呉簡を例として―」、藤田勝久（編）『東アジアの資料学と情報伝達』、汲古書院。

二〇一四A「穀物の貸与と還納をめぐる文書行政システム一斑―東アジア古文書学の起点としての長沙呉簡―」、角谷常子（編）『東アジア木簡学のために』、汲古書院。

二〇一四B「「前秦建元廿（三八四）年三月高昌郡高寧県都郷安邑里戸籍」新釈」、『東方学』第一二七輯。

二〇一五「魏晋簡牘のすがた―長沙呉簡を例として―」、『歴史民俗博物館研究報告』第一九四集。

髙村武幸
二〇〇四「長沙走馬楼呉簡にみえる郷」、『報告 Ⅱ』。

二〇〇九「漢代文書行政における書信の位置付け」、『東洋学報』第九一巻第一号。

二〇一二「敦煌・居延漢簡にみえる書信簡牘の分類―書信簡牘試論―」、『国士舘東洋史学』第六号。

二〇一三「秦漢時代の牘について」、『人文論叢』（三重大学人文学部文化学科）第三〇号。

二〇一四「里耶秦簡第八層出土簡牘の基礎的研究」、『三重大史学』第一四号。

鷹取祐司

二〇〇三　「漢簡所見文書考―書・檄・記・符―」、冨谷　至（編）『辺境出土木簡の研究』、朋友書店・京都大学人文科学研究所研究報告。

谷口建速

二〇〇八　「長沙走馬楼呉簡にみえる「限米」―孫呉政権の財政に関する一考察―」、『三国志研究』第三号。

二〇一〇　「従長沙走馬楼呉簡看三国呉的給役与賦税」、『第四届中国中古史青年学者国際研討会論文集』、台湾大学。

二〇一五　「長沙走馬楼呉簡より見る孫呉の「給役」と賦税」（待刊）。

玉井是博

一九四二　「唐の賤民制度とその由来」、玉井『支那社会経済史研究』、岩波書店（初出：一九二九年）。

冨田健之

一九九二　「漢代政治制度史に関する二・三の問題―内朝・外朝及び尚書問題についての近年の研究をめぐって―」、『東アジア―歴史と文化―』創刊号。

冨谷　至

一九九八　「はじめに」、冨谷『秦漢刑罰制度の研究』、同朋舎・東洋史研究叢刊。

二〇〇一　「三世紀から四世紀にかけての書写材料の変遷―楼蘭出土文字資料を中心に―」、冨谷（編）『流沙出土の文字資料―楼蘭・尼雅文書を中心に―』、京都大学学術出版会。

中村威也

二〇〇七　「書評：長沙市文物考古研究所・中国文物研究所（編）『長沙東牌楼東漢簡牘』」、『東洋学報』第八九巻第二号。

仲山　茂
一九九八　「漢代の掾史」、『史林』第八一巻第四号。
二〇〇一　「秦漢時代の「官」と「曹」―県の部局組織―」、『東洋学報』第八二巻第四号。
二〇〇二　「漢代における長吏と属吏のあいだ―文書制度の観点から―」、『日本秦漢史学会会報』第三号。

永田英正
一九八九Ａ「居延漢簡の集成」、永田『居延漢簡の研究』、同朋舎出版・東洋史研究叢刊（初出：一九七四・七九年）。
一九八九Ｂ「簿籍簡牘の諸様式の分析」、永田、前掲『居延漢簡の研究』。

仁井田陞
一九三三　『唐令拾遺』、東方文化学院東京研究所（復刻版：東京大学出版会、一九六四年）。

仁井田陞・池田　温（編集代表）（仁井田・池田）
一九九七　『唐令拾遺補―附唐日両令対照一覧』、東京大学出版会。

濱口重國
一九六六　「唐の部曲・客女と前代の衣食客」、浜口『唐王朝の賤人制度』、東洋史研究会・東洋史研究叢刊（初出：一九五二年）。

福原啓郎
二〇〇四　「長沙呉簡に見える「刑」に関する初歩的考察」、『報告　Ⅱ』。

二〇〇九　「長沙呉簡に見える疾病の表記に関する若干の検討」、『長沙呉簡研究報告』二〇〇八年度特刊。

藤枝　晃

一九五五　「長城のまもり―河西地方出土の漢代木簡の内容の概観―」、ユーラシア学会（編）『自然と文化別編Ⅱ　遊牧民族の研究』、自然史学会。

藤田高夫

二〇〇六　「漢記偶識」、『関西大学文学論集』第五六巻第二号。

堀　敏一

一九七五　「魏晋の占田・課田と給客制の意義」、堀『均田制の研究―中国古代国家の土地政策と土地所有制―』、岩波書店（初出：一九七四年）。

一九八七　「部曲・客女身分成立の前提―六朝期隷属民の諸形態―」、堀『中国古代の身分制―良と賤―』、汲古書院・明治大学人文科学研究所叢書（初出：一九八五年）。

町田隆吉

二〇〇七　「長沙呉簡よりみた「戸」について―三国呉の家族構成に関する初歩的考察―」、『報告　Ⅲ』。

籾山　明

一九九九　『漢帝国と辺境社会―長城の風景―』、中央公論新社・中公新書。

二〇〇六　「秦漢時代の刑事訴訟」、籾山『中国古代訴訟制度の研究』、京都大学学術出版会・東洋史研究叢刊（初出：一九八五年）。

二〇一一　「後漢後半期の訴訟と社会―長沙東牌楼出土一〇〇一号木牘を中心に―」、夫馬　進（編）『中国訴訟社会の研究』、京都大学学術出版会。
守屋美都雄
一九六八Ａ「漢代家族の形態に関する考察」、守屋『中国古代の家族と国家』、東洋史研究会・東洋史研究叢刊（初出：一九五六年）。
一九六八Ｂ「漢代家族の形態に関する再考察」、守屋、前掲『中国古代の家族と国家』（初出：一九六〇年）。
山口英男
二〇一四「正倉院文書に見える文字の世界」、国立歴史民俗博物館・平川　南（編）『歴博国際シンポジウム　古代日本と古代朝鮮の文字文化交流』、大修館書店。
山田勝芳
一九九三「漢代の田租・芻藁税」、山田『秦漢財政収入の研究』、汲古書院・汲古叢書。
一九九四「歴史書に記載されないもの―『守御器簿』をめぐって―」、安田二郎（代表）『中国における歴史認識と歴史意識の展開についての総合的研究』（平成四・五年度科学研究費補助金研究成果報告書）、東北大学文学部。
ピーター・ラスレット
一九八三（林田伸一訳）「過ぎし時代における世帯と家族」、二宮宏之他（編）『アナール論文選　家の歴史社会学』、新評論・叢書歴史を拓く（初出：一九七二年）。
劉　欣　寧
二〇一一「秦漢律における同居の連坐」、『東洋史研究』第七〇巻第一号。

和田　清
一九四二　「序説」、和田（編）『支那官制発達史―特に中央集権と地方分権との消長を中心として―』、中央大学出版部（影印：汲古書院、一九七三年）。
鷲尾祐子
二〇〇九　『中国古代の専制国家と民間社会―家族・風俗・公私―』、立命館東洋史学会・立命館東洋史学会叢書。
二〇一〇A　「長沙走馬楼呉簡連記名籍簡の検討―家族の記録について―」、中国古代史論叢編集委員会（編）『中国古代史論叢』第七集、立命館東洋史学会・立命館東洋史学会叢書。
二〇一〇B　「長沙走馬楼呉簡にみえる「限佃」名籍について」、『立命館文学』第六一九号。
二〇一二　「走馬楼呉簡吏民簿と郷の状況―家族研究のための予備的検討―」、『立命館東洋史学』第三五号。
二〇一三　「書評：張栄強『漢唐籍帳制度研究』」、『東洋学報』第九五巻第一号。
二〇一五　「嘉禾四年～六年（二三五～二三七）長沙の婚姻慣行：婚姻と年齢」（待刊）。
渡辺　明
二〇〇九　「走馬楼出土三国呉簡における字形上の特徴とその位置づけ」、『上越教育大学国語研究』第二三号。
渡辺信一郎
一九八六　「二世紀から七世紀に至る大土地所有と経営」、渡辺『中国古代社会論』、青木書店（初出：一九七四年）。

［中文］（拼音順）
阿部幸信

二〇一一　「長沙走馬楼呉簡所見的〝調〟—以出納記録的検討為中心」、『研究 Ⅲ』。

安部聡一郎

二〇〇六　「試論走馬楼呉簡所見名籍之体式」、『研究 Ⅱ』。

白　謙慎

二〇〇三　「関于長沙走馬楼三国呉簡書法及其相関問題的一些初歩考察」、巫　鴻（編）『漢唐之間的視覚文化与物質文化』、文物出版社。

蔡　淵迪

二〇一一　「俄蔵残本索靖《月儀帖》之綴合及研究」、饒宗頤（主編）『敦煌吐魯番研究』第一二巻、上海古籍出版社。

陳　彬龢

一九三一　『中国文字与書法』、商務印書館（万有文庫本）。

陳　顧遠

一九三六　『中国婚姻史』、商務印書館（第六版：台湾商務印書館、一九八七年）。

陳　鵬

一九九〇　『中国婚姻史稿』、中華書局。

陳　爽

二〇〇四　「走馬楼呉簡所見奴婢戸籍及相関問題」、『研究 Ⅰ』。

二〇〇六　「走馬楼呉簡所見〝吏帥客〟試解」、『研究 Ⅱ』。

鄧瑋光
二〇一三「試論呉簡名籍的製作周期及相関問題」、卜憲群・楊振紅（主編）『簡帛研究』二〇一二、広西師範大学出版社。
杜正勝
一九八二「伝統家族試論」（上）、『大陸雜誌』第六五巻二期。
高凱
二〇〇三「従走馬楼呉簡看孫呉時期長沙郡的人口性比例問題」、『史学月刊』二〇〇三年第八期。
二〇〇六A「従走馬楼呉簡蠡測孫呉初期臨湘侯国的疾病人口問題」、牟発松（主編）『社会与国家関係視野下的漢唐歴史変遷』、華東師範大学出版社（初出：二〇〇五年）。
二〇〇六B「呉簡中的疾病人口信息与現代疾病分類之関係及其影響」、高『地理環境与中国古代社会変遷三論』、天津古籍出版社。
高敏
二〇〇八「長沙走馬楼三国呉簡中所見孫呉的屯田制度―読《長沙走馬楼三国呉簡・竹簡〔壹〕》札記之八」、高『長沙走馬楼簡牘研究』、広西師範大学出版社・簡牘研究文庫（初出：二〇〇五年）。
賈麗英
二〇一〇「従《長沙走馬楼三国呉簡》看三国呉的家庭結構」、『中国史研究』二〇一〇年第三期。
郭世嫻
二〇一二「論長沙走馬楼三国呉簡的書法形態」、『中国国家博物館館刊』二〇一二年第五期。

洪　娟
二〇〇三「従走馬楼呉簡再辨鍾繇書芸」、『第五届中国書法史論国際研討会論文集』、文物出版社。
二〇〇五「嘉禾吏民田家莂書体挙隅」、『長沙三国呉簡曁百年来簡帛発現与研究国際学術研討会論文集』、中華書局。

侯旭東
一九九九「長沙走馬楼三国呉簡釈文補正」、『中国文物報』一九九九年第五七期。
二〇〇一A「三国呉簡両文書初探」、『歴史研究』二〇〇一年第四期。
二〇〇一B「長沙三国呉簡所見〝私学〟考―兼論孫呉的占募与領客制」、卜憲群・楊振紅（主編）『簡帛研究』二〇〇一、広西師範大学出版社。
二〇〇六A「長沙走馬楼三国呉簡所見〝郷〟与〝郷吏〟」、侯『北朝村民的生活世界―朝廷・州県与村里』、商務印書館・中国中古社会和政治研究叢書（初出：二〇〇四年）。
二〇〇六B「長沙走馬楼呉簡〝腫足〟別解」、『研究　Ⅱ』。
二〇〇九「長沙走馬楼呉簡《竹簡》［弐］〝吏民人名年紀口食簿〟復原的初歩研究」、『中華文史論叢』二〇〇九年第一期。
二〇一一「長沙走馬楼三国呉簡所見給吏与吏子弟―従漢代的〝給事〟説起」、『中国史研究』二〇一一年第三期。
二〇一三「長沙走馬楼呉簡「嘉禾六年（広成郷）弦里吏民人名年紀口食簿」集成研究―三世紀初江南郷里管理一瞥」、邢義田・劉増貴（主編）『古代庶民社会：第四届国際漢学会議論文集』、中央研究院歴史語言研究所。

胡平生

二〇〇五　「《長沙走馬楼三国呉簡》第二巻釈文校証」、中国文物研究所（編）『出土文献研究』第七輯、上海古籍出版社。
二〇一二　「長沙走馬楼三国孫呉簡牘三文書考証」、胡『胡平生簡牘文物論稿』、中西書局（初出：一九九九年）。
胡平生・李天虹（胡・李）
二〇〇四　『長江流域出土簡牘与研究』、湖北教育出版社・長江文化研究文庫。
胡平生・宋少華（胡・宋）
一九九七　「新発現的長沙走馬楼簡牘的重大意義」、『光明日報』一九九七年一月十四日。

湖南省博物館・中国科学院考古研究所（湖博他）
一九七三　（編）『長沙馬王堆一号漢墓』上集、文物出版社。

湖南医学院
一九七九　「長沙馬王堆一号漢墓古尸研究綜合報告」、湖南省博物館（編）『馬王堆漢墓研究』、湖南人民出版社。

黄金山
一九八七　「論漢代家庭的自然構成与等級構成」、『中国史研究』一九八七年第四期。

蔣福亜
二〇一二　「呉国前期屯田」（上）、蔣『走馬楼呉簡経済文書研究』、国家図書館出版社（初出：二〇〇八年）。
二〇一四Ａ「長沙走馬楼三国呉簡中的〝客〟」、蔣『管豹集—魏晋南北朝史散論』、国家図書館出版社（初出：二〇〇六年）。
二〇一四Ｂ「長沙走馬楼呉簡所見奴婢雑議」、蔣、前掲『管豹集』（初出：二〇〇六年）。

鷲尾祐子
二〇一一　「長沙走馬楼呉簡連記式名籍簡的探討—関于家族的記録」、『研究 Ⅲ』。
鞠清遠
一九三五　「両晉南北朝的客、門生、故吏、義附、部曲」、『食貨』第二巻第一二期。
一九三六　「三国時代的〝客〟」、『食貨』第三巻第四期。
李　潺
二〇〇〇　「走馬楼呉簡書法三題」、『湖南書画』創刊号。
李根蟠
二〇〇六　「従秦漢家庭論及家庭結構的動態変化」、『中国史研究』二〇〇六年第一期。
李均明
一九九九Ａ　「商承祚先生蔵居延漢簡」、李『初学録』、蘭台出版社・蘭台文史叢書。
一九九九Ｂ　「簡牘文書〝刺〟考述」、李、前掲『初学録』。
二〇〇八　「走馬楼呉簡〝草刺〟考校」、『史学月刊』二〇〇八年第六期。
二〇〇九　『秦漢簡牘文書分類輯解』、文物出版社。
李均明・宋少華（李・宋）
二〇〇七　「《長沙走馬楼三国呉簡》竹簡［四］内容解析八則」、中国文物研究所（編）『出土文献研究』第八輯、上海古籍出版社。
李天虹

二〇〇三　『居延漢簡簿籍分類研究』、科学出版社。
連劭名
一九八九　「西域木簡中的記与檄」、『文物春秋』一九八九年創刊号。
凌文超
二〇一一A　「走馬楼呉簡採集簡〃戸籍簿〃復原整理与研究―兼論呉簡〃戸籍簿〃的類型与効能」、『研究Ⅲ』。
二〇一一B　「走馬楼呉簡両套作部工師簿比対復原整理与研究」、卜憲群・楊振紅（主編）『簡帛研究』二〇〇九、広西師範大学出版社。
二〇一二　「走馬楼呉簡〃隠核波田簿〃復原整理与研究」、『中華文史論叢』二〇一二年第一期。
二〇一三A　「走馬楼呉簡〃小〃〃大〃〃老〃研究中的若干問題」、『中国国家博物館館刊』二〇一三年第二期。
二〇一三B　「走馬楼呉簡簿書復原整理趨議」、彭衛（主編）『歴史学評論』第一巻、社会科学文献出版社。
二〇一四A　「走馬楼呉簡中的所見的生口買売―兼談魏晋封建論之奴客相混」、『史学集刊』二〇一四年第四期。
二〇一四B　「走馬楼呉簡挙私学簿整理与研究―兼論孫呉的占募」、『文史』二〇一四年第二輯。
劉濤
二〇〇二　『中国書法史』魏晋南北朝巻、江蘇教育出版社（改訂版：二〇〇九年）。
二〇〇三　「魏晋新書風在江南的発展与南朝書法的北伝」、巫鴻（主編）『漢唐之間的視覚文化与物質文化』、文物出版社。
劉濤・王素（劉・王）
二〇一〇（主編）『長沙東牌楼東漢簡牘書法芸術』、文物出版社。

劉正成
一九九八「鍾繇与長沙呉簡説」、『中国書法』一九九八年第一期（初出：一九九七年）。
馬怡
二〇〇八「読東牌楼漢簡《侈与督郵書》―漢代書信格式与形制的研究」、卜憲群・楊振紅（主編）『簡帛研究』二〇〇五、広西師範大学出版社。
孟彦弘
二〇〇八「呉簡所見的〝子弟〞与孫呉的吏戸制―兼論魏晋的以戸為役之制」、『魏晋南北朝隋唐史資料』第二四輯。
彭衛
一九八八『漢代婚姻形態』、三秦出版社。
曲柄睿
二〇一一「腫足新解―長沙走馬楼呉簡所見的一種病症考述」、『研究 Ⅲ』。
饒宗頤
二〇〇三「汎論三国碑刻書法」、饒『饒宗頤二十世紀学術文集』第一三巻（芸術・書学叢論）、新文豊出版公司（初出：二〇〇一年）。
沈剛
二〇一三A「客」、沈『長沙走馬楼三国竹簡研究』、社会科学文献出版社・吉林大学哲学社会科学学術文庫（初出：二〇一一年）。
二〇一三B「私奴婢剰義」、沈、前掲『長沙走馬楼三国竹簡研究』（初出：二〇一一年）。

宋少華
一九九八「大音希声―浅談対長沙走馬楼三国呉簡的初歩認識」、『中国書法』一九九八年第一期。
二〇一一「長沙三国呉簡的現場掲取与室内掲剝―兼談呉簡的盆号和掲剝図」、『研究 Ⅲ』。
孫聞博
二〇〇九「走馬楼呉簡所見〝郷〟的再研究」、『江漢考古』二〇〇九年第二期。
二〇一〇「走馬樓簡〝吏民簿〟所見孫呉家庭結構研究」、卜憲群・楊振紅（主編）『簡帛研究』二〇〇七、広西師範大学出版社。
二〇一一「走馬楼呉簡所見郷官里吏」、『研究 Ⅲ』。
唐長孺
二〇一一A「読抱樸子推論南北学風的異同」、唐『唐長孺文集』第一（魏晋南北朝史論叢）、中華書局（初出：一九五五年）。
二〇一一B「論南朝文学的北伝」、唐『唐長孺文集』第四（山居存稿続編）、中華書局（初出：一九九三年）。
二〇一一C「魏晉南北朝時期的客和部曲」、唐『唐長孺文集』第二（魏晋南北朝史論叢続編／魏晋南北朝史論拾遺）、中華書局（初出：一九八一年）。
唐蘭
二〇〇五『中国文字学』、上海古籍出版社（初版：開明書店、一九四九年）。
王彬
二〇一四「呉簡許迪割米案相関文書所見孫呉臨湘侯国的司法運作」、『文史』二〇一四年第二輯。

王国平・鄒　蓬（王・鄒）
一九九七　「長沙呉簡驚世出補写三国紛争史」、『人民日報』一九九七年一月十一日。
王利華
二〇〇七　『中国家庭史』第一巻（先秦至南北朝時期）、広東人民出版社。
王仁磊
二〇一三　「百年来魏晋南北朝家庭史研究述評」、『許昌学院学報』第三二巻第三期。
王　素
二〇〇四　「漢末呉初長沙郡紀年」、『研究　Ⅰ』。
二〇〇九　「長沙呉簡勧農掾条列軍州吏等人名年紀三文書新探」、『魏晋南北朝隋唐史資料』第二五輯。
二〇一一A　「長沙走馬楼三国孫呉簡牘三文書新探」、王『漢唐歴史与出土文献』、故宮出版社・故宮博物院学術文庫（初出：一九九九年）。
二〇一一B　「長沙走馬楼簡牘研究辨誤」、王、前掲『漢唐歴史与出土文献』（初出：二〇〇三年）。
二〇一一C　「長沙東牌楼東漢簡牘選釈」、王、前掲『漢唐歴史与出土文献』（初出：二〇〇五年）。
二〇一一D　「長沙呉簡中的佃客與衣食客——兼談西晋戸調式中的〃南朝化〃問題」、『中華文史論叢』二〇一一年第一期。
王　素・宋少華（王・宋）
二〇〇九　「長沙走馬楼三国呉簡的新材料与旧問題—以邸閣・許迪案・私学身份為中心」、『中華文史論叢』二〇〇九年第一期。

二〇一四　「長沙走馬楼呉簡書法綜論」、『中国書法』二〇一四年第五期。
王　素・宋少華・羅　新（王他）
一九九九　「長沙走馬楼簡牘整理的新収獲」、『文物』一九九九年第五期。
王　素・汪力工（王・汪）
二〇〇七　「長沙呉簡〝戸品出銭〟簡新探」、『中国文物報』二〇〇七年四月二十日。
王元軍
一九九九　「新出土三国呉紀年簡牘所反映的吏階層的書法」、『故宮文物月刊』第一七巻第五期。
二〇〇〇　「三国呉紀年簡牘的発現在書法史研究上的意義」、『書法導報』二〇〇〇年十二月二十六日。
二〇〇二　『六朝書法与文化』、上海書画出版社。
王子今
二〇〇一　「走馬楼許迪剸事文牘釈読商榷」、『鄭州大学学報』二〇〇一年第四期。
二〇〇五　「走馬楼簡牘所見〝吏〟在城郷聯繫中的特殊作用」、『浙江社会科学』二〇〇五年第五期。
二〇〇九　「説走馬楼簡文〝細小〟」、『江漢考古』二〇〇九年第二期。
二〇一〇　「居延漢簡所見〝明府〟称謂」、卜憲群・楊振紅（主編）『簡帛研究』二〇〇七、広西師範大学出版社。
汪小烜
二〇一一　「走馬楼簡所見未成年〝戸下奴〟〝戸下婢〟」、『研究　Ⅲ』。
沃興華
二〇〇一　「呉簡所見〝腫足〟解」、『歴史研究』二〇〇一年第四期。

一九九七「早期草体書法史略」、『中国書法全集』第五巻（秦漢簡牘帛書第一巻）、栄宝斎出版社。
二〇一二「前言」、『湖湘選集』。

鄔文玲
二〇〇八「東牌楼東漢簡牘断簡綴合与研究」、卜憲群・楊振紅（主編）『簡帛研究』二〇〇五、広西師範大学出版社。
二〇一〇「〝合檄〟試探」、卜憲群・楊振紅（主編）『簡帛研究』二〇〇八、広西師範大学出版社。

謝桂華
二〇〇一「中国出土魏晉以後漢文簡紙文書概述」、李学勤・謝桂華（主編）『簡帛研究』二〇〇一、広西師範大学出版社。

邢鉄
二〇〇三「廿世紀国内中国家庭史研究述評」、『中国史研究動態』二〇〇三年第四期。

邢義田
二〇一一「漢代簡牘的体積・重量和使用」、邢『地不愛宝 漢代的簡牘』、中華書局・秦漢史論著系列（初出：二〇〇七年）。

熊曲
二〇一三「論長沙走馬楼呉簡中〝生口〟及相関問題」、中国文化遺産研究院（編）『出土文献研究』第一二輯、中西書局。

熊鉄基

二〇〇二『漢唐文化史』、湖南人民出版社。
徐　暢
二〇一一「走馬楼簡所見孫呉臨湘県廷列曹設置及曹吏」、『研究 Ⅲ』。
徐世虹
二〇〇一A「走馬楼三国呉簡戸籍所見刑事制裁記録」、李学勤・謝桂華（主編）『簡帛研究』二〇〇一、広西師範大学出版社。
二〇〇四「対両件簡牘法律文書的補考」、中国政法大学法律古籍整理研究所（編）『中国古代法律文献研究』第二輯、中国政法大学出版社。
許倬雲
一九八二「漢代家庭的大小」、許『求古編』、聯經出版事業公司（初出：一九六七年）。
薛瑞沢
二〇〇〇『嬗変中的婚姻—魏晋南北朝婚姻形態研究』、三秦出版社。
楊代欣
一九九九「楼蘭漢文簡紙文書墨迹研究」、侯　燦・楊（編）『楼蘭漢文簡紙文書集成』、天地出版社。
楊　芬
二〇一一「孫呉嘉禾年間臨湘中郷所轄里初歩研究」、「中日長沙呉簡学術研討会」（二〇一一年三月、中国・長沙市）提出論文。
楊　濤

二〇一〇　「東晋「新体」書法成因研究」、中国芸術研究院博士論文。
楊小亮
二〇〇五　「走馬楼戸籍簡〝刑（創）〟字性質与成因簡析」、中国文物研究所（編）『出土文献研究』第七輯、上海古籍出版社。
二〇〇七　「走馬楼呉簡中的〝欧〟与〝欧背〟」、中国文物研究所（編）『出土文献研究』第八輯、上海古籍出版社。
于振波
二〇〇四A　「走馬楼呉簡所見戸与里的規模」、于『走馬楼呉簡初探』、文津出版社・文史哲大系。
二〇〇四B　「走馬楼戸籍簡性別与年齢結構分析」、于、前掲『走馬楼呉簡初探』（初出：二〇〇四年）。
二〇〇七A　「略論走馬楼呉簡中的戸品」、于『走馬楼呉簡続探』、文津出版社・文史哲大系（初出：二〇〇六年）。
二〇〇七B　「呉簡所見戸的結構小議」、于、前掲『走馬楼呉簡続探』（初出：二〇〇六年）。
二〇〇七C　「呉簡戸籍文書所見女子婚齢」、于、前掲『走馬楼呉簡続探』。
二〇〇七D　「略説走馬楼呉簡中的「老」」、于、前掲『走馬楼呉簡続探』（初出：二〇〇七年）。
二〇〇七E　「略論走馬楼呉簡中的「戸下奴婢」」、于、前掲『走馬楼呉簡続探』（初出：二〇〇五年）。
岳慶平
一九九七　『漢代家庭与家族』、大象出版社。
長沙東牌楼東漢簡牘研読班（研読班）
二〇〇八　「《長沙東牌楼東漢簡牘》釈文校訂稿」、卜憲群・楊振紅（主編）『簡帛研究』二〇〇五、広西師範大学出版社。

張栄強

二〇一〇A「呉簡中的〝戸品〞問題」、張『漢唐籍帳制度研究』、商務印書館・中国中古社会和政治研究叢書（初出：二〇〇四年）。

二〇一〇B「説〝罰估〞—呉簡所見免役資料試釈」、張、前掲『漢唐籍帳制度研究』（初出：二〇〇四年）。

二〇一〇C「長沙東牌楼東漢〝戸籍簡〞補説」、張、前掲『漢唐籍帳制度研究』。

二〇一〇D「孫呉戸籍結句簡中的〝事〞」、張、前掲『漢唐籍帳制度研究』（初出：二〇〇四年）。

二〇一〇E「孫呉簡中的戸籍文書」、張、前掲『漢唐籍帳制度研究』（初出：二〇〇六年）。

二〇一〇F「《前秦建元二十年籍》与漢唐間籍帳制度的変化」、張、前掲『漢唐籍帳制度研究』（初出：二〇〇九年）。

中国書画全書編纂委員会

一九七九（編）『歴代書法論文選』下冊、上海書画出版社。

あとがき

伊藤敏雄

本書は、「まえがき」や「総説」で示したように、長沙呉簡研究会の活動を基礎にしながら、共同研究「出土資料群のデータベース化とそれを用いた中国古代史上の基層社会に関する多面的分析」（二〇〇八～二〇一一年度日本学術振興会科学研究費補助金・基盤研究（A）（一般）研究代表者：關尾史郎／課題番号：二〇二四二〇一九）の研究成果をまとめたものである。諸般の事情により参加者全員の成果を収録することができなかったのは、残念である。

長沙呉簡研究会のメンバーには、長沙呉簡の研究で初めて簡牘を扱った者が少なくなかった上、簡牘を扱った経験を持つ者でも、長沙呉簡で目にするのが初めてという簡牘の形態（例えば大木簡）もあれば、初めての語句・用語も多数見られた。そのため、個人の研究でも、共同作業の上でも、試行錯誤の繰り返しであった。その試行錯誤の途中経過を示したものが、『長沙呉簡研究報告』第一集～第三集と三冊の特刊である。本書は、「総説」にもあるように、それらを踏まえた研究の到達点であると同時に、試行錯誤の途中経過でもある。

私たちは、研究にあたって、簡牘の文字・内容だけではなく、簡牘の形態や書式を注視してきた。簡牘研究にとって当たり前と言えば、当たり前のことであるが、そこに留意して研究を推進してきたのが、私たちの研究の特徴でもあると自負している。

本書の「社会篇」の論稿の多くが、吏民簿を始めとする簿籍を取り上げているように、長沙呉簡には簿籍類が圧倒的に多く含まれている。簿籍類を分析するには、データ・ベースが有効であるし、それを用いた成果が多く現われているといえる。その意味でも、データ・ベース化を進めてきた私たちの手法は間違っていなかったと思う。

約十四万点といわれる長沙呉簡のうち、現在公表されているものは半分にも満たず、その全貌はいまだ不明である。しかし、それでも私たちが研究に使用してきた簡牘はごく一部であり、研究課題は更に多く存在している。本書の成果をもとに、種々の研究が進展することを期待したい。

王素氏によると、『竹簡 伍』・『竹簡 陸』の刊行が大幅に遅延し、それより先に『竹簡 捌』が刊行される予定で、その後、木牘の特集巻の刊行も計画されているという。これらの刊行を期待しつつ、総説で挙げた東牌楼漢簡・五一広場漢簡・郴州呉簡・郴州晋簡・南京呉簡なども視野に入れつつ、地道に試行錯誤を繰り返して行きたいと思っている。そのためにも、本書に対し、忌憚の無い御批正をいただければ幸いである。

ところで、中国の北京呉簡研討班や長沙簡牘博物館では、近年、長沙呉簡研究に従事する若手研究者が増えて来ているが、長沙呉簡研究会では、本書に収録された王素・宋少華論文の翻訳者である石原遼平氏以後、若手研究者の研究論文が増えていない。このことに、かねてより忸怩たる思いを抱いていたので、本書が、長沙呉簡の研究に挑む若手研究者が増える契機となればと、ひそかに期待している。

一方、「まえがき」でも触れられているように、研究推進の途中で、二人の大切な仲間を失った。二人とも突然の逝去であった。志半ばにして急逝された森本淳氏の屈託のない笑顔と、鶴田一雄氏の周りを包み込むようなほほえみが、今でも脳裏に焼き付いている。お二人が遠いところから私たちの研究の進展を見守ってくれているおかげで、本書も成ったのだと思っている。

最後になるが、長沙呉簡研究会の創設以来代表を務めてこられた窪添慶文先生は、科研の最終年度だった二〇一一年度をもって立正大学を定年で退職された。本書は先生の退職を記念すべく企画されたものであるが、諸般の事情で刊行が大幅に遅れてしまった。このことを先生にお詫びするとともに、今後も壮年の研究者をも凌ぐ旺盛な研究意欲で私たちを教導してくださるようお願いして擱筆したい。

執筆者一覧（執筆順、所属は二〇一五年三月現在）

窪添　慶文（くぼぞえ　よしふみ）　一九四一年生　東洋文庫研究員、お茶の水女子大学名誉教授

關尾　史郎（せきお　しろう）　一九五〇年生　新潟大学人文社会・教育科学系（人文学部）教授

髙村　武幸（たかむら　たけゆき）　一九七二年生　明治大学文学部准教授

伊藤　敏雄（いとう　としお）　一九五四年生　大阪教育大学教育学部教授

王　　素（おう　そ）　一九五三年生　北京故宮博物院研究員

宋　少　華（そう　しょうか）　一九五三年生　長沙簡牘博物館研究員

石原　遼平（いしはら　りょうへい）　一九八一年生　東京大学大学院人文社会系研究科博士課程在学

安部聡一郎（あべ　そういちろう）　一九七五年生　金沢大学歴史言語文化学系（人文学類）准教授

谷口　建速（たにぐち　たけはや）　一九八一年生　大東文化大学文学部非常勤講師

鷲尾　祐子（わしお　ゆうこ）　一九六六年生　立命館大学法学部非常勤講師

福原　啓郎（ふくはら　あきろう）　一九五二年生　京都外国語大学外国語学部教授

A Study of Wooden-Bamboo Manuscripts and Community of the Hunan Province

Edited by
ITO Toshio,
KUBOZOE Yoshifumi,
SEKIO Shiro

2015

KYUKO-SHOIN

TOKYO

湖南出土簡牘とその社会

二〇一五年三月三十一日　発行

編　者　伊藤敏雄
　　　　窪添慶文
　　　　關尾史郎
発行者　石坂叡志
整版印刷　富士リプロ㈱

発行所　汲古書院
〒102-0072 東京都千代田区飯田橋二-五-四
電話　〇三（三二六五）九七六四
FAX　〇三（三二二二）一八四五

ISBN978 - 4 - 7629 - 6552 - 4　C3022